JN270627

教育委員会制度 再生の条件

運用実態の実証的分析に基づいて

共著 —— 堀 和郎／柳林信彦

筑波大学出版会

目　　次

序　章　問題の所在——改廃論議の中の教育委員会制度——……………1
　1　教育委員会制度をめぐる問題状況——廃止か改善か——……………1
　2　教育委員会制度の運用実態の実証的分析　……………………………6
　3　分析の視点と本書の構成　………………………………………………7
　　(1)　教育委員会と教育改革の推進　……………………………………8
　　(2)　教育委員会会議の実態　……………………………………………9
　　(3)　教育委員会と首長との関係　………………………………………10

第1部　教育改革の進展とその規定要因

1章　教育改革の進展と教育長の特性　………………………………16
　1　研究の課題：教育長のどのような特性が教育改革の進展に寄与する
　　　　　　　のか　……………………………………………………………16
　2　分析の方法　………………………………………………………………17
　　(1)　分析に用いるデータ　………………………………………………17
　　(2)　教育改革の進展度(被説明変数)をどう把握するか　……………19
　　(3)　教育長の特性(説明変数)をどう把握するか　……………………20
　3　教育長の特性と教育改革の進展　………………………………………22
　　(1)　教育改革の進展を規定する教育長の特性——クロス集計の結果
　　　　から——　……………………………………………………………22
　　(2)　教育改革の進展に対する教育長の特性の相対的規定力——判別
　　　　分析の結果から——　………………………………………………28
　4　分析結果の考察——教育改革を推進する教育長とは——……………28

2章　教育改革の進展と自治体教育行政の特性(その1)　……………32
　1　研究の課題：どのような自治体において教育改革は進展しているか　32

         2 調査研究の基本的な枠組み ……………………………………………33
         3 調査対象とサンプル ……………………………………………………36
         4 学校支援の教育改革の進展を規定する要因の分析 …………………37
           (1) 教育委員会(狭義)の特性 …………………………………………38
           (2) 教育委員会事務局の特性 …………………………………………42
           (3) 首長の特性 …………………………………………………………48
           (4) 地域住民の特性 ……………………………………………………53
           (5) 教員団体の特性 ……………………………………………………57
         5 分析結果の示唆するもの――教育改革を推進する自治体とは――……59
         6 残された課題 ……………………………………………………………62

3章 教育改革の進展と自治体教育行政の特性(その2)
      ――改革推進要因相互の規定力の判別―― ……………………………65

         1 研究の課題：教育改革の進展に影響を及ぼす自治体教育行政の特性の
            うち，どの特性の規定力が大きいか ………………………………65
         2 分析の方法 ………………………………………………………………65
           (1) 教育改革の進展度(被説明変数)の構成 …………………………66
           (2) 自治体教育行政の特性(説明変数)の構成 ………………………67
         3 分析結果――自治体教育行政の特性と教育改革の進展 ……………71
           (1) 改革推進要因の抽出――相関分析の結果から―― ………………71
           (2) 改革推進要因相互の相対的規定力――重回帰分析の結果から――…72
         4 分析結果の意味するもの ………………………………………………73

4章 自治体レベルにおける教育改革の進展と人口規模 ……………78

         1 研究の課題：教育委員会の教育改革への取り組みに人口規模はどう
            影響するか ……………………………………………………………78
         2 分析の方法 ………………………………………………………………81
         3 人口規模別に見た改革推進要因の存在パターン ……………………82
           (1) 人口規模別の改革推進要因の多寡 ………………………………82
           (2) 人口規模別の改革推進要因のバリエーション …………………84
         4 分析結果の考察――教育委員会設置単位論への示唆―― ……………88

第2部　教育委員会会議の運用実態

5章　教育委員会会議の運用実態と会議の活性化要因 …………96
1　研究の課題：活発な教育委員会会議を支えるものは何か …………96
2　分析の方法 …………97
3　教育委員会会議の運用実態はどうなっているか …………98
4　教育委員会会議の活発度に関わる規定要因の分析 …………103
　（1）教育委員会会議の様相をどう把握するか …………103
　（2）教育委員会会議の活発度に関わる規定要因 …………104
5　教育委員会会議を活性化する条件とは …………111
6　教育委員会会議を活性化することの意義はどこにあるか …………113

6章　教育委員会会議の活性化要因とその相対的規定力
　　　──人口規模別のバリエーションに注目して── …………116
1　研究の課題：人口規模は教育委員会会議の活性化にどう影響するか
　　　…………116
2　教育委員会会議の活性化要因と人口規模 …………117
　（1）教育委員会会議の活性化要因 …………117
　（2）教育委員会会議の活性化要因と人口規模 …………118
3　教育委員会会議の活性化要因相互の相対的規定力と人口規模 …………121
　（1）教育委員会会議の活性化要因相互の相対的規定力 …………121
　（2）人口規模別に見た活性化要因相互の相対的規定力 …………122
4　残された課題 …………124

第3部　教育委員会と首長

7章　自治体教育行政における首長と教育委員会との関係構造
　　　──市町村長に対する面接調査を基に── …………128
1　研究の課題：教育委員会と首長は相互隔離の状態にあるのか …………128
2　調査対象とサンプル …………130
3　首長と教育委員会の関係構造──首長から見た教育委員会── …………130

(1) 首長と教育委員会(教育委員，教育長，事務局)との関係 ………130
　　　(2) 自治体教育行政への首長のスタンス ……………………………136
　　4　首長の認識に見る教育委員会との関係構造の持つ意味合い ………145
　　5　残された課題 …………………………………………………………148

8章　首長から見た教育委員会制度の諸問題
——市町村長に対する面接調査の結果から—— ……………………151

　　1　研究の課題：首長は教育委員会制度のどこに問題を見ているか …151
　　2　首長から見た教育委員会制度をめぐる諸問題 ……………………151
　　　(1) 教育委員会の力量に関わる問題 ……………………………………151
　　　(2) 文部科学省，都道府県教育委員会との関係に関わる問題 ………156
　　　(3) 首長(部局)と教育委員会(事務局)との関係に関わる問題 ………161
　　3　教育委員会制度の問題点に関する首長の認識の意味するもの ……163

終章　教育委員会制度の再生のために
——地方分権時代における市町村教育委員会の課題—— …………167

　　1　教育委員会制度の基本原理から見た改善課題 ………………………167
　　　(1) 現行教育委員会制度の基本原理 ……………………………………168
　　2　教育委員会と首長(部局)とのパートナーシップ——首長部局から相対
　　　的に独立した「行政委員会としての教育委員会」という原理をめぐる
　　　課題—— ……………………………………………………………………169
　　　(1) 教育行政機関の二元化 ………………………………………………169
　　　(2) 二元化の形骸化の背景 ………………………………………………170
　　　(3) 教育委員会と首長との連携・協働 …………………………………172
　　3　教育委員会会議の政策フォーラム化——教育行政におけるレイマン
　　　コントロールの原理をめぐる課題—— …………………………………175
　　　(1) レイマンコントロールの機構としての教育委員会制度 …………175
　　　(2) レイマンコントロールの鍵としての合議制を活かすもの ………176
　　4　教育長のリーダーシップの確立と事務局の組織能力の充実・強化
　　　——教育行政におけるプロフェッショナルリーダーシップの原理をめぐ
　　　る課題—— …………………………………………………………………178

(1) 教育委員会制度の構成原理としてのプロフェッショナル
　　　　リーダーシップ ……………………………………………………178
　　(2) リーダーとしての教育長 ……………………………………………179
　　(3) 専門的補佐機構としての事務局 ……………………………………180
　　(4) プロフェッショナルリーダーシップの意義と限界 ………………181
　5　教育委員会の「役割の再定義」─「教育行政における管理機関としての
　　教育委員会」という原理をめぐる課題─ …………………………182
　　(1) 地域を単位とする組織マネジメントと学校を単位とする組織
　　　　マネジメント ………………………………………………………182
　　(2) 互恵的アカウンタビリティの関係にある教育委員会と学校 ……183
　　(3) 教育委員会の「役割の再定義」とその前提条件 …………………184
　6　結　語─教育委員会制度を相対化する視点─ ……………………186

補章　自律的学校経営の時代における学校改善と教育委員会の役割
　　　　………………………………………………………………………191
　はじめに─課題としての学校改善と教育委員会─ ……………………191
　1　学校改善をめぐる今日的動向 …………………………………………192
　　学校改善戦略の世界的潮流としての自律的学校経営
　　自律的学校経営の特質としての現場主義
　　自律的学校経営を支える学校観と教師観
　　自律的学校経営の隠れた次元
　　自律的学校経営下の教育委員会の新たな役割
　2　わが国における学校と教育委員会の関係の歴史 ……………………202
　　教育委員会法下における教育委員会と学校
　　地方教育行政法下における教育委員会と学校
　　指導主事制度の変容
　　教育行政組織としての教育委員会と学校
　　改革課題としてのパートナーシップの再構築
　3　学校改善における学校の責務と教育委員会の責務 …………………209
　　学校改善における学校の責務
　　学校改善の条件としての教師の学びと変容
　　教師の学びと変容の条件

教師の学びと学校の社会関係資本
　　　教師の学びの条件としてのプロフェッショナル・コミュニティ
　　　学校改善の条件としての校長のリーダーシップ
　　　学校改善における教育委員会の責務
　　　学校の自由裁量の拡大
　　　教育ビジョンの創造とガイドラインの設定
　　　学校の組織能力の構築
　　　学校の組織能力の構築のための諸制度の見直し
　　　教育委員会による「役割の再定義」のさまざまな形
　おわりに──教育委員会と学校の互恵的アカウンタビリティ── ………221

資料編　教育委員会制度の運用実態に関わる基本統計

(1) 教育長のプロフィール ……………………………………………224
(2) 教育委員会事務局のプロフィール ………………………………228
(3) 自治体教育行政における政策アクターの役割 …………………232
(4) 領域別に見る教育改革の進展度 …………………………………240

あとがき ………………………………………………………………………243

序章

問題の所在
―改廃論議の中の教育委員会制度―

1 教育委員会制度をめぐる問題状況―廃止か改善か―

　周知のように，教育委員会制度の正統性と有効性を問う動きが，分権改革の展開とともに，顕在化してきた．そこでは，分権時代の地方教育行政機構はどうあるべきか，時代に有効な機構はどうあるべきかという問いの中から，現行の教育委員会制度に対する疑問が提起されている．それは，「教育委員会廃止論」という問題提起にもっとも端的に現れている．例えば，新藤宗幸の論はその一つである．彼は，現行の教育委員会制度は文部科学省を頂点とする強固な縦割り行政の中に埋め込まれており，分権時代に求められている教育行政―住民公選の首長を中心とした総合行政の一環として展開されるべき教育行政―を推進する主体としてふさわしくないだけでなく，むしろそれを妨げる存在であるとして，その廃止を説いている[1]．

　彼によれば，教育委員会は制度上，行政委員会として組織された執行機関として首長(部局)から独立しているため，首長は，自治体のトップであり，かつ教育委員の任命権限や教育財政権限を有する「教育」行政機関としての地位にありながら，教育問題に対する自らの政策的なイニシアティブやリーダーシップを発揮できない状態を強いられている．しかも，他方で，教育委員会は，予算編成権限も人事権限も首長部局に依存しているために独自の政策的な取り組みに(は)制約がある．そうした中で，教育委員会は，国の補助金と強固な縦割り行政の「指導・助言」に依存しながら，もっぱら上意下達的な教育行政の末端機関として国の「政策実施機関」として機能することを余儀なくされ，自治体の総合行政を損なう存在と化している．教育委員会制度の理念から期待される「教育の地方自治」を担う機関として地域の教育課題に敏感に応答し，それを解決する能力は，現在の教育委員会にはのぞむべくもない．要するに，教育委員会は「文部科学省を頂点とする行政系列に支えられ」「首長の影響力から相当程度独立している」存在であるというほかな

く，分権時代に求められる自治体教育行政を担うことはできない．したがって，教育委員会制度を廃止して，首長をトップとする行政機構の下で一元的に教育行政を行うべきである，というのである．

　こうした，新藤の「教育委員会廃止論」のほかに，もう一つの廃止論がある．それは，志木市が教育特区案として申請した(が，結局は承認されなかった)教育委員会廃止案に見られる[2]．これは，教育委員会制度に対する典型的な批判の一つである，「現行の制度の下では，教育行政に関わる意思決定の責任の所在が曖昧である」という主張に基づいて，複数の教育委員からなる教育委員会を政策決定機関ではなく政策に関する審議機関(教育審議会)として編成し直し，教育政策の決定と執行の責任を教育長に与える(執行機関としての教育長)という制度改革案である．前記の廃止論が首長から独立した行政委員会としての教育委員会を廃止するのに対し，これは，合議制の意思決定機関としての教育委員会を廃止して教育委員会を審議機能に限定するというものである．

　また，教育委員会の廃止を求めるものではないが，教育委員会制度の抜本的な改革を求める提案もある．例えば，全国市長会は，教育委員会と首長部局の事務・権限の再配分という形での教育委員会制度改革案を提起している[3]．それは，地方分権推進委員会による「新たな地方分権型行政システム」の創造というコンセプトに基づく，自治体レベルにおける教育事務の権限配分の見直しに沿ったものである．具体的には，文化・生涯学習行政や幼児教育分野の所管を教育委員会から首長部局に移管する(事務移管論)という改革案である．教育委員会の廃止論ではなく，権限縮小論ともいうべき提案といえるだろう．全国市長会は，内閣に提出した意見書「学校教育と地域社会の連携強化に関する意見―分権型教育の推進と教育委員会の役割の見直し」(2001年2月19日)の中で「今後，地域が一体となった教育を推進するためには，広く教育委員会が所管する事務について，住民の代表である市町村長の意向が適切に反映される」ことが望ましいとして，例えば，「生涯学習など学校教育以外の分野については，教育の政治的中立性の確保といった理由から特に教育委員会の所管とするべき強い事情があるとも考えられないことなどから，市町村長の所管とすることが適当である」としている．要するに，教育委員会の事務から生涯学習を外し，首長の指揮の下で総合行政の一環として生涯学習行政を展開することが望ましいとしているのである．

　しかしながら，公共政策レベルで推進されてきたのは，教育委員会の廃止論でもその権限縮小論でもなく，制度改善論というべきものである．制度改

善論には，①既存の制度を前提とした運用改善論と②制度改革による改善論がある．前者の具体例を述べれば，臨時教育審議会『教育改革に関する第二次答申』(1986)の中の教育委員会制度論がこれに相当する．端的にいえば，それは，いわゆる「教育委員会の活性化」論である．現行制度の枠組みの中で可能なことを創意・工夫して取り組むことにより，制度のパフォーマンスの改善ができるという考え方である．例えば，活性化の対象として，教育委員の選出(教育長の選出も含む)や教育委員会会議(以下，教委会議と略記)の運用がある．現在の教育委員の選出は「肩書き」が重視され，委員候補者の就任意欲とは関係なく，地域の名士が多く選ばれ，制度理念から求められるような住民代表としての自覚が高く，教育委員としての使命感や問題解決意欲の強い人物が必ずしも選出されていない．教委会議が政策フォーラムとして機能していない現実もそうした委員選出の在り方と無関係ではない．ということで，教育委員に優れた地域の人材を選出するとともに，その使命感を高めるための研修機会を充実させる，といった改善論である．

　後者の具体例は，近年の分権改革の一環として教育行政分野で取り組まれてきた教育委員会制度の改革がこれに当たる．例えば，教育長の任命承認制の廃止である．これは，教育長の任命承認制を廃止することで，自治体の側に教育長の選任に際しての責任をより強く自覚させ，教育委員会の自主・自律への意欲を高めることにより制度のパフォーマンスを高めることを期待するというものであり，改善論の一つといえよう．制度改革は，論理的には制度の根幹の変更も含みうる．しかし，公共政策として推進されている教育委員会制度改革は，根幹部分の変更は意図していない．むしろ，その堅持を意図している．つまり，ここでの制度改革による改善とは，教育委員会制度の根幹は維持した上で，諸々の付随する諸制度を(基本的には，その根幹をより有効に機能させるという意図の下に)変更することによる改善のことである．

　ここで，制度の根幹とは，自治事務としての教育行政＝教育サービスの組織化という観念を前提に設計されている，①行政委員会＝首長より相対的に独立した執行機関としての教育委員会，②複数の住民代表からなる合議体としての教育委員会，③専門的補佐機構としての教育長・事務局という組織・機構という要素の有機的集合体を指している．したがって，ここでいう制度改善論とは，首長(部局)より相対的に独立した合議制の行政委員会として設置された教育委員会(狭義)の下に，補佐機構として，教育長と事務局を配し，複数のレイマン(地域住民の代表)から構成される教育委員会が，教育長・事務局のプロフェッショナルリーダーシップの力を借りつつ，地域の教育問題

を自主的に解決するための教育に関わる政策決定および管理運営上の責任を引き受けるという根幹となる仕組みはこれを堅持しつつ，そうした核心をなす仕組みが十全に機能するために必要と考えられる制度変更を進める一方で，そうした制度変更によって生じた新たな条件の下で制度運用の改善を図り，教育問題を解決するパフォーマンスを向上させるというスタンスである．

中教審答申『今後における地方教育行政の在り方について』(1998)，中教審・教育制度分科会・地方教育行政部会まとめ『地方分権時代における教育委員会の在り方について』(2005)，中教審答申『新しい義務教育を創造する』(2005)における教育委員会制度論はいずれも，このような立場にたった改善論であるといえる．例えば，『地方分権時代における教育委員会の在り方について』では，つぎのように述べられている．「教育委員会制度は，…教育機関の管理運営における首長からの独立性，合議制，レイマンコントロールの実現の要請に応えるものとして今日においても意義のあるものであり，今後も地方自治体の執行機関として教育委員会は必要であると考える．教育委員会に対して指摘されている問題点については，可能な運用の改善と必要な制度改革により，教育委員会制度をよりよく活用していくことで解決を図るべきであり，問題点を理由に制度が不要であるとすることは適当ではない」[4]．同じく『新しい義務教育を創造する』においても，つぎのように述べられている[5]．

> 現在の教育委員会の現状については，会議が形骸化している，国の示す方針に従う縦割り集権型の仕組みになっている，合議制のため責任の所在が不明確となっている，迅速な意思決定ができない，などの問題が指摘されている．（中略）しかし，教育行政における政治的中立性や継続性・安定性の確保，地方における行政執行の多元化…，首長が広範な事務を処理する中で専門の機関が教育を担当することのメリット…などの重要性をふまえると，教育委員会の設置は選択制にすべきではなく，必要な運用や制度の改善を図ることが必要であると考えられる．（中略）また，指摘される問題の多くは，首長や議会の在り方に起因するものであり，教育委員の選任などについて首長や議会が本来期待されている権能を行使すれば解決できるとの意見も出された．

> したがって，教育委員会制度の今後の在り方については，すべての地方自治体に設置することなど現在の基本的な枠組みを維持しつつ，それ

ぞれの自治体の実情に合わせた執行ができるよう制度をできるだけ弾力化するとともに，教育委員会の機能の強化，首長と教育委員会の連携の強化や教育委員会の役割の明確化のための改善を図ることが適当である．

いじめ問題への対応や世界史未履修（の見逃し）問題により教育委員会制度の改革論議が再燃し，教育再生会議の重要検討課題となり，いまなお制度改革は進行中であるが，これらにおいても，制度の根幹は堅持するという従来のスタンスに変更はない．というよりも，教育三法案における地方教育行政法の改正には，文部科学省による教育委員会への「是正の要求」や「指示」規定の復活に見られるように，分権改革以前に戻るような制度改革もある．この点は，教育委員会制度を前提とした上で，文部科学省の圧力と支援を加えることによって，その効果的な活動を可能にしようとする政策意図の現れと考えることもできるが，それは，ともかくとして，教育委員会制度に関して，政府の公共政策レベルで推進されているのは制度の根幹を維持しながら行う制度改革による改善論であり，それが主流を形成している[6]．

また，全国の市区町村長を対象にしたアンケート調査の結果を見ても，上記した全国市長会の提言とは異なり，市区町村長の過半数が教育委員会制度の現状維持ないし改善論に賛同しているのである[7]（表1を参照）．
「現行の教育委員会制度を変更する必要はない」という意見に対して，「賛成」，「どちらかといえば賛成」をあわせると39.1%，「どちらともいえない」が34.1%，「反対」，「どちらかといえば反対」をあわせると26.8%となり，賛成派が多い．また，「合議制の執行機関としての教育委員会制度を維持しつつ，必要な制度的改善を図る」という意見に対しては，「賛成」，「どちらかといえば賛成」をあわせると69.6%になり，首長の3分の2以上がこのような意見を持っているということになる．さらに，「現行の教育委員会制度を廃止して，その事務を市町村長が行う」という意見に対しては，「反対」，「どちらかといえば反対」が，あわせて過半数を占めている．さらにまた，仮に教育委員会を設置するかどうかが，首長自身の選択に委ねられた場合についての意見では，「教育委員会制度を維持するが，必要な制度的改善を図る」が52.0%ともっとも多く，ついで，「現行の教育委員会制度を維持する」が33.4%，そして「現行の教育委員会制度を廃止し，その事務を市町村長が行う」が13.6%となっている．このように，首長アンケート調査によっても，現行の教育委員会制度を大幅に変更することに賛意を示す首長は少ないことが

表 1　教育委員会制度に対する首長の認識

(1) 現行の教育委員会制度を変更する必要はない

	回答数	%
反　対	96	8.6
どちらかといえば反対	204	18.2
どちらともいえない	381	34.1
どちらかといえば賛成	288	25.8
賛　成	149	13.3
合　計	1118	100
平均値		3.17

(2) 合議制の執行機関としての教育委員会制度を維持しつつ，必要な制度的改善を図る

	回答数	%
反　対	45	4.0
どちらかといえば反対	64	5.7
どちらともいえない	230	20.6
どちらかといえば賛成	507	45.5
賛　成	269	24.1
合　計	1115	100
平均値		3.80

(3) 現行の教育委員会制度を廃止して，その事務を市町村長が行う

	回答数	%
反　対	287	25.6
どちらかといえば反対	357	31.9
どちらともいえない	295	26.3
どちらかといえば賛成	97	8.7
賛　成	84	7.5
合　計	1120	100
平均値		2.41

(4) 仮に教育委員会を設置するかどうかが首長自身の選択に委ねられた場合どうするか

	回答数	%
現行の教育委員会制度を変更せず維持する	385	33.4
教育委員会制度を維持するが，必要な制度的改善を図る	598	52.0
現行の教育委員会制度を廃止し，その事務を市町村長が行う	156	13.6
その他	12	1.0
合　計	1151	100
平均値(その他を除く)		1.80

明らかになっている．

　これらのデータは，改革の方向性についての，きわめて一般的な意見の分布を示しているにすぎないが，少なくとも現行制度を改善・活用することで今日の問題状況に対応できるという意見が首長の間で大勢を占めていることはたしかな事実であるといえる．

2　教育委員会制度の運用実態の実証的分析

　われわれは，こうした動きをどう見ればよいのか．いうまでもないことであるが，廃止論，権限縮小論，改善論のいずれにも，分権時代の地方教育行政機構はどうあるべきか，教育委員会制度は分権時代に有効な機構として存

続可能なのか，という基本的な問題関心が根底にある．制度運用の改善や制度改革による改善という支配的な動向をこのまま認めてよいのか．それより，廃止論の方が，分権時代にあってはもっと有効ではないのか．あるいは，権限縮小という方向での改革が現実的で，妥当性が高いのではないか．

しかしながら，こうした根本的な問いに答えるには，まずなによりも，教育委員会制度が制度としてどう機能しているか，すなわち，制度の現在を検証する必要がある．それぞれの論が前提とする事実について経験的なデータがあるのか．それぞれの論は，いかなるデータに裏打ちされているのか．廃止論者の主張するような事実は，存在するのか．権限縮小論者の問題視する現実は，多くの自治体の教育委員会に見られるのか．そして，そうした現実は制度の廃止あるいは教育事務の再配分をしなければ解決不可能であるのか．それらの問題は，現行の制度の根幹を維持し，制度運用を改善することで解決できるのではないか．制度の根幹を維持する限り，どのような運用改善も意味がないのか．こうしたさまざまな問いに答えるには制度運用に関する経験的データが必要である．そのための実証的研究がなければならない．

本書が試みるのは，制度運用の実態を解明し，そこから制度改善の諸条件についての示唆を得ようとすることである．廃止論，権限縮小論，改善論それぞれの妥当性を経験的データに基づいて検証しようとするものではない．公共政策レベルで推進されていることや関係者(首長)の認識から見て，教育委員会制度の改善論が支配的であるという現実を前提とするならば，また，教育委員会制度はその潜在的な可能性を十分に発揮できない条件の下に置かれてきたのではないかという疑問が成り立つ[8]とするならば，まずは，地方分権改革の進行という新たな状況下で，教育委員会(広義)がどう動いているか，その運用実態を明らかにし，それが制度としての存在意義を発揮する条件を探ることは，改善の方向性を明らかにする上に重要不可欠な作業であり，意義のある研究課題といえる．本書は，そうした観点からの実証的研究を試みるものであり，そこから得られた経験的証拠に基づいて，制度改善のために何にどう取り組むべきか(取り組むことができるか)という課題について示唆を得ようとするものである．

3　分析の視点と本書の構成

ところで，制度としての存在意義を発揮する条件との関わりにおいて解明するべき制度運用の実態といっても，さまざまな側面がある．しかし，分権改革下にある教育委員会制度をめぐる問題状況と改廃論議の内容からいっ

て，制度運用の実態の解明という場合，少なくともつぎの三つの側面は注目に値する重要な側面であり，検討課題として取り上げる必要のある側面といえる．それは,「教育委員会と教育改革の推進」,「教育委員会会議の実態」,「教育委員会と首長との関係」である．

(1) 教育委員会と教育改革の推進

制度運用の側面としてまず注目すべき重要なものとしては，教育委員会(広義)が教育改革にどう取り組んでいるか，という問題がある．教育改革への取り組みは，問題解決機構としての教育委員会にとって，その存在意義に関わる制度運用の側面であるからである．そこで，第1部では,「教育改革の進展とその規定要因」と題して，地域の問題解決機構として行動すべく，教育改革に取り組んでいる教育委員会は，どのような特性を備えているのかを解明する．ここで依拠するデータは，2001年7月に実施した，市町村教育長を対象とする「教育改革における教育委員会の役割に関するアンケート調査」(サンプル数274教育委員会，回収率54.8%)と，2004年1月・7月に実施した，市区町村教育長を対象とする「自治体教育改革の動向に関するアンケート調査」(サンプル数1407教育委員会，回収率70.4%)によるデータである[9]．

教育改革への取り組みが制度運用の重要な側面であるというのは，教育委員会制度をめぐって，1998年の中教審答申以降，新たな動きが見られ，新たな期待が生まれているからである．すなわち，地方分権一括法の一環として，地方教育行政法の一部改正が行われ，教育委員会，とりわけ，市町村教育委員会の「自立」に対する支援，ないし，自立のための法整備(機関委任事務制度の廃止，教育長任命承認制の廃止，等々)が進むことにより，教育委員会の「自己責任」としての教育改革への取り組み，ないし，自主的教育改善の動きが各地で生まれている．それは自治体レベルでの教育行政に新たな動態が生じつつあるということである．端的にいえば，分権改革の進展とともに，自治体教育委員会も改革主体としての力量が問われる状況が生まれているのである．

とするならば，教育委員会が取り組んでいる教育改革(という運用実態)に焦点を当てて，どのような教育委員会が教育改革を推進しているのか，教育改革を推進している教育委員会の背後にあるものは何なのか，教育委員会のいかなる条件が教育改革を押し進めているのか，を解明することは重要な検討課題の一つといえる．こうした課題を検討することにより，改革主体であ

ることを求められている教育委員会が地域の問題解決機構たりうるには、いかなる条件が必要であるかが明らかにされることが期待されるからである。教育改革の推進という運用実態は、地域の教育問題の自主的解決という「教育の地方自治」機構としての教育委員会の存在意義に関わることである。そこで、第1部では、地域の問題解決機構として行動すべく、教育改革に取り組んでいる教育委員会は、どのような特性を備えているのかを解明する。具体的には、今日、教育委員会が取り組んでいるいくつかの改革施策を取り上げて、それらの改革施策を積極的に推進している教育委員会に共通して存在する要因を解明する。

　まず、1章「教育改革の進展と教育長の特性」では、2001年調査のデータを分析して、教育改革の推進と結びついている教育長の特性を明らかにし、続いて、2、3、4章で、2004年調査に依拠しつつ、教育改革の推進に関わる諸要因を解明する。すなわち、2章「教育改革の進展と自治体教育行政の特性(その1)」では、教育改革の推進と関連する自治体教育行政の特性、すなわち、自治体教育行政の場を構成し、リーダーとしての教育長の行動を促進している諸アクターの特性(改革推進要因)を明らかにする。3章「教育改革の進展と自治体教育行政の特性(その2)」では、それらの特性のどれが相対的に重要なのかという問題、すなわち、改革推進要因相互の規定力を明らかにし、4章「自治体レベルにおける教育改革の進展と人口規模」では、自治体の人口規模別に、それら改革推進要因の分布を比較して、小規模教育委員会の機能不全に関わるデータを提示するとともに、教育委員会の設置単位論、すなわち、教育委員会設置の適正規模についての示唆を得る。

(2) 教育委員会会議の実態

　第2部では、「教育委員会会議の運用実態」と題して、教委会議の運用実態に焦点を当てる。依拠するデータは、2004年7月に、上記の市区町村教育長調査とは独立して実施した市区町村教育委員長を対象とする「教育委員会制度の現状と課題に関するアンケート調査」(サンプル数1370教育委員会、回収率68.6%)に基づいている[10]。

　教育委員会制度の形骸化という場合、その批判の中心にあるのは、教委会議が政策決定の場であるにもかかわらず、政策フォーラムとして機能していないという批判、あるいは合議体の意思決定機構であるにもかかわらず、教育長ないし事務局主導で動いている、という批判である。例えば、中教審答申『今後の地方教育行政の在り方について』の中で、「教育委員会会議では議決

を必要とする案件の形式的な審議に終始することが多く，さまざまな教育課題についての対応方針等について十分な話し合いや検討が行われていない」と述べられている．つまり，会議の運用実態が制度理念から乖離していることが教育委員会制度の形骸化論の論拠の一つであった．教委会議はどう機能しているのか．この問題を，会議を主宰する立場にあり，会議の実態をつぶさに経験している教育委員長を対象とする全国調査に基づいて，解明する．

5章「教育委員会会議の運用実態と会議の活性化要因」では，会議がどのように運用されているのか，会議の実態を把握するとともに，会議を活発化する条件としてどのようなものがあるのかの分析を試みる．そして，6章「教育委員会会議の活性化要因とその相対的規定力」では，判別分析を用いて，会議の活発化に関わる諸要因の相互の規定力を解明すると同時に，人口規模別の比較も試み，そのバリエーションを探る．

(3) 教育委員会と首長との関係

つぎに着目する側面は，教育委員会と首長との関係である．教育委員会（広義）が首長とどのような関係を形成しているかに関する分析と考察が，第3部を構成する．ここで依拠するデータは，2004年に実施した関東6県の市町村長に対する「教育委員会の再編課題に関する面接調査」（サンプル数26人の市町村長）のデータである[11]．

首長と教育委員会の関係については，教育委員会の首長との密接な関係の欠如，自治体行政における教育委員会の孤立論が提起され，そのことが中央政府＝文部科学省を頂点とする縦割り行政による集権・官治的な教育行政を帰結しており，分権時代にふさわしい地方教育行政機構として現行の教育委員会制度は失格であるという，制度廃止論の根拠の一つとされてきたのである（前述したように，新藤宗幸の議論は，この問題を教育委員会廃止論の論拠の一つとしている）．首長と教育委員会との関係に関する実態の究明は，教育委員会は首長（部局）から孤立しているのかということの検証に関わるという点で，重要な検討課題である．

しかしながら，教育委員会と首長との関係については，これまでほとんど研究の焦点となることはなかった．教育行政の独立という制度原則がある以上，教育委員会と首長との間が疎遠な関係になることは当然の帰結であり，問題とする必要はないし，その関係を究明することは研究主題として重要ではない，というような取り扱いを受けてきたといってよい．教育行政の一般行政からの独立は制度原則の一つとはいえ，首長に与えられた，教育委員の

任命，教育予算の編成・支出，教育に関する条例の議会への提出，教育財産の取得などの諸権限からして，両者の関係は教育委員会制度の運用にとって決定的であることはいうまでもない．にもかかわらず，研究主題として取り上げられることの少なかったこの側面については，踏み込んだ考察がなされないままに，いつの間にか，独立＝孤立論が浸透し，廃止論の根拠とされるほど教育委員会制度の抱える大きな問題点の一つとされてしまった．

7章「自治体教育行政における首長と教育委員会との関係構造」では，関東圏の市町村長に対する面接調査のデータに基づいて，首長と教育委員会の間にはどのような関係構造が築かれているかを明らかにする．この分析は，教育委員会の首長からの「独立＝孤立論」の妥当性を検討するデータを提供するであろう．8章「首長から見た教育委員会制度の諸問題」では，同じ面接調査データを用いて，首長は，教育委員会制度の問題点についてどのような認識を持っているかを整理し，その意味合いを検討する．

こうして，本書は，基本的に全国規模の調査データに基づいて，今日注目すべき制度運用の諸側面の実態を実証的に解明し，制度の改善について検討し，判断し，展望する材料を提供することを目的とするものである．つまり，本書は，地方教育行政制度の再編論議ないし教育委員会制度に関する改廃論議における一つの立場である改善論を前提にして，教育委員会制度が維持され存続する場合，それを地方教育行政機構として意義あらしめるためにはどのような改善が必要なのか，という実践的な問いを実証的に検討するための材料の提供を試みるものである．

このように，本書は，実証的分析に基づく知見とその意味合いの考察を基本としているが，終章では，「教育委員会制度の再生のために」と題して，教育委員会制度の根幹を支える基本原理を確認しつつ，それとの関わりの中で教育委員会制度を再生させるには，市町村教育委員会にはどのような取り組みが必要であるかについて，調査知見に言及しつつ，試論を展開している．それは，教育委員会制度が今後も自治体教育行政を担う中心的機構として存続していくために，市町村教育委員会が対応すべき課題に関する試論でもある．また，補章として，今日，学力低下が社会問題化する中で大きな課題とされている学校改善において果たすべき教育委員会の役割に関する論考「自律的学校経営の時代における学校改善と教育委員会の役割」を加えている．さらに，資料編として，教育長と教育委員会事務局に関する基本的データと自治体教育行政の諸アクターの果たしている役割に関するデータを整理して提示している．

【注】

1) 新藤宗幸「教育委員会は必要なのか」岩波書店編集部編『教育をどうする』岩波書店 (1997), pp. 258-259：同「教育行政と地方分権化」東京市勢調査会編『分権改革の新展開に向けて』日本評論社(2002), pp. 271-290.
2) 穂坂邦夫『教育委員会廃止論』弘文堂(2005).
3) 全国市長会「学校教育と地域社会の連携強化に関する意見―分権型教育の推進と教育委員会の役割の見直し」(2001)参照：また，西尾理弘『教育行政改革への挑戦』山陰中央新報社(2002).
4) 中央教育審議会教育制度分科会教育行政部会まとめ『地方分権時代における教育委員会の在り方について』(2005)参照.
5) 中央教育審議会答申『新しい義務教育を創造する』(2005)参照.
6) 例えば，教育委員の人数の弾力化，保護者選任の義務化，指導主事配置の義務化といった法制改革に，それは現れている.
7) 村上祐介「教育委員会制度改革に対する自治体首長の意識と評価―全国首長アンケート調査報告」東京大学大学院教育学研究科『教育行政学研究室紀要』(第24号，2005)：また，教育委員会制度調査研究会(代表 筑波大学 堀 和郎)文部科学省委嘱研究最終報告書『教育委員会制度及び県費負担教職員制度の運用実態に関する調査』(2005), p. 48 を参照.
8) 教育委員会制度がその潜在的可能性を十分に発揮できなかった条件として，つぎのようなものがあったのではないかと考えている．一つは，「教育行政の地方自治」が理念として掲げられたにもかかわらず，自治体教育行政は実際には集権・官治的システムに絡め取られ，強力な「縦割り行政」の規制の下で活動せざるをえず，自ら動こうにもそれが抑制されてきたということである．二つには，自治体内部での横の，つまり，首長部局からのサポートがなかったことがあげられる．これについては，首長部局の責任というよりも，辻清明が指摘している(『政治を考える指標』岩波書店，1960)ように，地方自治の経験のない自治体に教育行政の執行機関としての教育委員会を設置してそこに教育行政の自治をも責任を負わせることになったことは「不幸な巡り合わせ」であった．つまり，地方自治をこれから構築しなければならない自治体首長にとって，教育行政の地方自治を担う教育委員会をサポートするという配慮の余裕はなかったし，教育が永い間集権的システムの下に置かれてきた歴史的経験からして，自治体首長にとって教育行政の地方自治を担う教育委員会制度というものへの理解が不十分だったことも関係しているであろう．最後に，教育委員会は文部省と日教組との間の保革のイデオロギー対立に巻き込まれ，特に学校との関係において，学校「監督」機関としての役割を強く求められ，本来求められていた教育行政の専門性を発揮して学校の教育力を高めるような支援を行うという役割が十分に遂行できなかった．そのために，教育委員会の存在意義が問われただけでなく，教育委員会制度の正統性への疑問も払拭されないまま，不毛な時間だけが経過することになった．要するに，教育委員会制度は「教育の地方自治」という新しい理念を体現する機構であったにもかかわらず，そのような機構として成熟していくための条件がないまま，あるいはそうした条件を奪われながら，運用されざるをえなかったために，その潜在的可能性が発揮されなかった部分があるということである.
9) 前者は平成12/13年度の科学研究費補助金(基盤研究C)研究「教育改革における教育

委員会の役割―地方教育行政に関する『中教審答申』以降の動向に注目して」として行ったものであり，後者は平成 16 年度文部科学省委嘱研究(注 7 参照)の一部として行ったものである．
10) この調査も平成 16 年度文部科学省委嘱研究の一部である．
11) この面接調査も平成 16 年度文部科学省委嘱研究の一環として行われたものである．

第1部

教育改革の進展とその規定要因

1章
教育改革の進展と教育長の特性

1 研究の課題：教育長のどのような特性が教育改革の進展に寄与するのか

　地方教育行政の中心的機構としての教育委員会制度を多角的に検討し問題点と改革課題を提起した，中教審答申『今後の地方教育行政の在り方について』(1998)以降，地方分権推進一括法の成立などの法制上の条件整備を受けて，各地の教育委員会においてさまざまな教育改革が進展しつつある．教育改革に意欲的に取り組む教育委員会が目立ってきている．

　例えば，犬山市では，子どもの基礎学力を保障し，自ら考える力を身に付けさせる「学びの学校づくり」が取り組まれ，非常勤講師を独自の財源で採用して少人数指導を実施する一方，学習指導要領の削減された学習内容を盛り込んだ副読本を作成している．宮崎市では，研修権限が中核市に委譲されることに伴い，県に頼らずに自前の研修施設を持つことで，地域への愛着と誇りを持った優れた力量の人材を計画的に育成する意気込みを見せている．岡山市においては，学校運営費の配分方法を，費目別に使途を決めて配当額を決定する方式を廃止して，学校ごとに予算総額を決め，使途に関しては学校側の自由裁量を重視する「総枠配分」方式に改めている．出雲市では，生涯学習やスポーツ，文化振興関連の業務を市長部局の文化企画部に移し，教育委員会が学校教育に専念できるように，機構の大幅なスリム化を図っている．愛知・西春町の「2人担任制」，茨城・総和町の少人数指導などのように，自治体単独の独自財源によって非常勤講師を配置し少人数学級編制や少人数指導に取り組む自治体も増加している[1]．

　本章は，市町村教育長を対象とする，地方教育行政改革の動向に関する全国調査のデータを用いて，こうした，市町村レベルで展開されている教育改革の進展の度合いと教育長の持つ特性との関係に焦点を当て，つぎの二つの課題，①教育改革の進展に影響を及ぼす教育長の特性があるのか，あるとす

れば，それはどのような特性なのか，そして，②その特性の中で，どの特性が相対的に重要なのか，を解明しようとするものである．

　教育長の特性に焦点をおいて教育改革の推進条件を探るのは，教育長という存在が教育委員会の取り組む教育改革の推進を左右する要因として，まず第一に注目に値する要因と考えられるからである．教育長は，教育委員会制度の下で，教育行政上の執行責任者であり，教育委員会(狭義)に対する専門的助言者であるだけでなく，教育委員を兼任していること，常勤職として事務局を統括している事務局長であることにより，制度的に教育委員会制度下の教育行政の政策過程の中心的なアクターであるのみならず，事実上のリーダーと化しているという実態があり，教育改革への取り組みは教育長の意欲と関心にかかっている部分が大きいといえる[2]．

　そして，教育長の特性に焦点を当てて教育改革の推進条件を解明することには，つぎのように実践的にも学問的にも重要な研究意義がある．第一に，本研究は，自治体教育行政の事実上のリーダーとしての教育長の人選に示唆を与えることを通じて，自治体の教育改革を側面からサポートするという実践的意義を有する．すなわち，その人材の質を大きく左右する教育長のリクルートは自治体にとって操作可能な要因(manageable factor)であるから，教育改革の推進に関連する教育長の特性が解明されるならば，それは教育改革を積極的に押し進めようとする自治体にとって，リクルートすべき教育長に関して一つの方向性を示唆することになるのである．第二に，本研究は，有能な教育長の備えるべき条件の解明に貢献するという学問的な意義がある．有能なリーダーとしての教育長の条件とは何か，という問いは教育長研究の重要な研究課題の一つであるが，教育改革が自治体レベルの重要な政策課題となっている現在，教育改革を推進することは教育長に求められる「有能さ」の基本条件の一つといえる．教育改革の進展に関連する教育長の特性が明らかになるならば，それは「有能な」教育長の条件について示唆することになる．

2　分析の方法

(1) 分析に用いるデータ

　上記した研究課題を解明するための方法であるが，まず，本章で用いるデータは，前述のように，2001年に実施した，中教審答申以降の地方教育行政の改革動向に関する市町村教育長を対象とする全国調査のデータである．調査対象とする市町村教育委員会の抽出方法は，つぎの通りである．まず，全国を東北，関東，中部，近畿，中国・四国，九州の6ブロックに分け，各

ブロックから人口密度の高い県と低い県を1県ずつ,計12府県を選んだ.これに,4ブロックから新たに4県を加え,計16府県のすべての市町村教育委員会を第一次対象集団とした.つぎに,それぞれの府県の市町村教育委員会のうち,市教育委員会は悉皆調査,町教育委員会と村教育委員会は3分の1抽出調査という方針で,合計485の教育委員会を調査対象として選択した.これに,対象県以外のすべての中核市を加え,500の市町村教育委員会を最終的な調査対象として,2001年7月に教育長に調査票を発送し,回答を求めた.回収率とサンプルの内訳は,表1-1,1-2の通りである.

表 1-1 行政区分別の回収数

行政区分	送付数	回収数	回収率(%)
市	236	138	58.4
町	203	105	51.7
村	61	31	50.8
合計	500	274	54.8

表 1-2 人口規模別の回収数

人口規模	回収数
8,000人以下	60
8,000人以上～30,000人未満	74
30,000人以上～50,000人未満	43
50,000人以上～100,000人未満	48
100,000人以上	49
合計	274

　本章の課題は,この全国調査から得られた教育改革の進展と教育長の特性に関するデータを用い[3,4],教育改革の進展の度合いを被説明変数とし,教育長の特性を説明変数として,その間にどのような関連性があるのかを探ろうとするものである.これを端的にいいかえれば,教育長の持つ多様な諸特性のうち,教育改革の推進に関わる特性はどのような特性なのか,そして,その中でどれがもっとも重要な特性であるのかを解明することを試みるものである.

　このような課題を解明するために,クロス集計による相関分析と判別分析を用いる.まずクロス集計によって,一対一の対応関係において,教育改革の進展の度合いに関連する教育長の特性を明らかにする.どのような特性が教育改革の進展に影響を及ぼすのかを見るための分析である.つぎに,クロス集計による相関分析の結果,教育改革の進展に対して統計的に有意な関係が明らかになった変数(要因)だけを取り出して,判別分析を用いて,それら要因相互の相対的な規定力,つまり教育改革の進展に対する諸要因の規定力を比較検討する.これは,多変量の同時解析という条件の下で,教育長の特性のうち,どの特性がもっとも強く教育改革の進展を規定するかを推定する分析である.

(2) 教育改革の進展度(被説明変数)をどう把握するか

　被説明変数である改革進展度は，各教育委員会の改革の取り組みの現状を把握するために設定した質問項目への回答を基に構成した．変数構成の手続きは以下の通りである．質問項目は前記した中教審答申で提案されている具体的な改革の中でも，特に教育委員会が取り組むべき課題としてあげられている政策(施策・事業)に関するもので構成され，①教育委員会の組織・機構改革に関する政策，②学校との関係に関わる改革に関する政策の二つのカテゴリーからなっている．本章では，②の学校との関係に関わる政策についての質問項目に対する回答データを用いて，被説明変数としての改革進展度を構成した(表 1-3 参照)．

　学校との関係に関わる政策についての質問項目を用いて改革進展度を表す変数を構成した理由は，教育改革の焦点が学校との関係に置かれており，教育改革に取り組む市町村教育委員会の政策(施策・事業)の中心が学校の主体的教育改善を促し支援するための制度づくりにあると仮定できるからである．

表 1-3　学校との関係に関わる政策

番号	質問項目
1	学校に対する指導通知の見直し
2	「心の教育」と「総合的な学習の時間」の資料配付
3	学校訪問の見直し
4	内申の際の基本方針の見直し
5	カリキュラム・リーダーの研修
6	養護教諭の研修
7	独自のカウンセラーの設置
8	校長の特別非常勤講師採用権限
9	意見具申の見直し
10	予算についてのヒアリングの実施
11	使途を特定しない学校予算の措置
12	校長の自由裁量予算の措置
13	校長の研修（組織マネジメント）
14	PTA の活発化
15	特別講師予算の増額
16	学校支援ボランティアの登録
17	学校教育における地域施設の活用
18	コミュニティ拠点としての学校の活用

得点化に当たっては，学校との関係に関わる政策のそれぞれについて「すでに実施している」に4点，「実施する予定である」に3点，「検討中」に2点，「実施する予定はない」に1点を与えて，その合計点を求めた．つぎに，合計得点の平均値を求め，平均値以上の得点を有する教育委員会を改革進展度の高い教育委員会とし，平均値未満の教育委員会を改革進展度の低い教育委員会とした．

(3) 教育長の特性(説明変数)をどう把握するか

説明変数である教育長の特性は，年齢，在任期間，経歴といった教育長の基本的(客観的)な属性に関する回答と，資質・能力，態度志向，関係者との交流の様式と頻度，職務遂行スタイル，満足度といった教育長の主観的に認知された特徴に関わる回答を用いて構成した．

まず基本的(客観的)属性に関する変数の構成については，以下の(a)の通りである．つぎに(b)以下の，資質・能力，態度志向，交流の様式と頻度，職務遂行スタイル，満足度といった教育長の特徴に関わる変数の構成に当たっては，いずれの変数も以下に示す同一の手続きを用いている．はじめに，各質問項目への5段階(「全くあてはまらない」から「よくあてはまる」までの5段階)の回答に対して，順に1〜5の得点を与えて得点化した．これを因子分析にかけ，バリマックス回転後の因子負荷行列に注目する．つぎに，抽出された因子との関係が強く，ほかの因子との関係がほとんどない質問項目を，ある共通の教育長特性を表す一つのグループとみなし，それぞれのグループに属する質問項目の回答への合計得点を求め，それに基づいて教育長の特性を表す各変数を構成した[5]．

(a) 基本的属性

年齢，在任期間，経歴といった教育長の基本的(客観的)属性に関する変数の構成に当たっては，年齢は4段階に，在任期間は3段階に，経歴は教育(行政)職と一般行政職に分け，それぞれ変数として構成した．

(b) 資質・能力

教育長の資質・能力については，「選任された理由」(選任に当たって，どのような資質・能力を評価されたか)に関する回答を基に構成した．これらの回答に対する因子分析の結果を参考とし，「政治・行政手腕」と「教育識見」の二つの特性パターンを設定した．政治手腕と行政手腕に関する回答と教育識見に関する回答それぞれの合計得点の平均値を境に，政治・行政手腕の高いタイプの教育長とそうではない教育長，教育識見が高いタイプの教育長と

そうではない教育長とに分けた．
(c) 態度志向

　教育長の態度志向は,「就任を引き受けた理由」に関する回答を基に,「問題解決志向」,「首長一体志向」,「自己利益志向」の三つの特性パターンを設定した.「問題解決志向」とは,「地域の教育問題に取り組みたい」,「経験と知識を教育行政に役立てたい」,「自分の教育ビジョンを実現したい」の回答に共通に見られる態度志向を取り出したものである.「首長一体志向」は,「首長が協力を約束した」,「首長のビジョンに納得した」への回答から共通に推定できる態度志向を表す.「自己利益志向」は,「教育長の仕事への興味」,「ほかの公職につくための経験」の回答に強く現れている態度志向を名付けたものである．各態度志向への回答の得点を合計しその平均値を境に，それぞれの態度志向が高いタイプの教育長とそうではない教育長とに分けた．
(d) 交流の様式と頻度

　教育長が交流を行っている個人や団体に関する回答を基に,「地域」型交流と「教育」型交流の二つの交流パターンを設定した.「地域」型交流は,「議会・議員」,「社会教育関係団体」,「地域住民」との交流の頻度に関する回答を用い，地域志向の高いタイプの教育長とそうではない教育長とに分けた.「教育」型交流は,「都道府県教育長」,「教員組合」,「大学教員」との交流の頻度に関する回答を用いて，教育志向の高い交流を行うタイプの教育長とそうではない教育長とに分けた．
(e) 職務遂行スタイル

　教育長の職務遂行に関する回答に対して因子分析をかけ,「内部」重視と「外部」重視という二つのパターンを設定した.「内部」重視は，政策の発案や具体化においてスタッフとの協議を重視する職務遂行パターンである.「外部」重視は，職務の遂行に当たって，首長や議員，そして地域住民などと交流・接触する頻度の高い職務遂行パターンを表している．各質問群への回答の合計点の平均値を境に，内部スタッフとの協議を中心に職務を遂行するタイプの教育長とそうではない教育長，外部の個人や関係団体に働きかけて職務を遂行するタイプの教育長とそうではない教育長とに分けた．
(f) 満足度

　教育長の職務に対する満足度に関する回答を基に,「組織満足」と「仕事満足」の二つのパターンを設定した.「組織満足」とは,「事務局との関係」,「校長会との関係」に関する満足度を指し,「仕事満足」とは,「仕事自体」,「職務上の権限」,「待遇」に関する満足度を指す．それぞれの回答の合計得点の

平均値を境に，各満足度の高い教育長とそうではない教育長に分けた．

3 教育長の特性と教育改革の進展

(1) 教育改革の進展を規定する教育長の特性―クロス集計の結果から―

まず教育長の特性と改革進展度との関係を考察するために，クロス集計を行った[6]．以下が，その結果である．

(a) 基本的属性(年齢，在任期間，経歴)

年齢，在任期間，経歴のすべてで統計的に有意な関連は現れなかった．年齢のちがい，主たる経歴のちがい，また在任期間の長短によっても，改革の進展度にちがいは見られない．すなわち，これらの基本的属性は，改革の推

表 1-4 教育長の年齢と改革進展度

		改革進展度		合計
		高	低	
教育長年齢	51～60歳	32	26	58
		55.2%	44.8%	100.0%
	61～65歳	47	45	92
		51.1%	48.9%	100.0%
	66～70歳	24	24	48
		50.0%	50.0%	100.0%
	71歳以上	11	9	20
		55.0%	45.0%	100.0%
合計		114	104	218
		52.3%	47.7%	100.0%

p＞0.1

表 1-5 教育長の在任期間と改革進展度

		改革進展度		合計
		高	低	
在任期間	48ヶ月以下	69	66	135
		51.1%	48.9%	100.0%
	49～96ヶ月	32	26	58
		55.2%	44.8%	100.0%
	97ヶ月以上	13	13	26
		50.0%	50.0%	100.0%
合計		114	105	219
		52.1%	47.9%	100.0%

p＞0.1

3 教育長の特性と教育改革の進展　　　23

表 1-6　教育長の主たる経歴と改革進展度

		改革進展度		合計
		高	低	
教育長の主たる経歴	教職・教育行政職	86	78	164
		52.4%	47.6%	100.0%
	一般行政職	27	25	52
		51.9%	48.1%	100.0%
合　計		113	103	216
		52.3%	47.7%	100.0%

p>0.1

進にとって重要な要因としては働いていないといえる(表1-4〜表1-6).
(b) 資質・能力パターン(政治・行政手腕，教育識見)

　資質・能力については，政治・行政手腕，教育識見ともに，改革の進展への影響に関して若干の傾向が指摘できるにとどまった．政治・行政手腕の高い教育長の下では改革進展度が高い教育委員会が過半数を占めるが，政治・行政手腕の低い教育長の下では，改革進展度の高い教育委員会と低い教育委員会とがほぼ拮抗している．教育識見については，教育識見が高い教育長の下では改革進展度が高い教育委員会の割合が多く，反対に教育識見が低い教育長の下では過半数の教育委員会が改革進展度が低い群に属しており，教育長の教育識見の有無が改革の進展に寄与していることがうかがえる．しかし，統計的に有意な関係があるとはいえない(表1-7，表1-8).

表 1-7　政治・行政手腕と改革進展度

		改革進展度		合計
		高	低	
行政・政治手腕型	高	52	37	89
		58.4%	41.6%	100.0%
	低	53	59	112
		47.3%	52.7%	100.0%
合　計		105	96	201
		52.2%	47.8%	100.0%

p<0.1

表 1-8　教育識見と改革進展度

		改革進展度		合計
		高	低	
教育識見	高	80	63	143
		55.9%	44.1%	100.0%
	低	29	36	65
		44.6%	55.4%	100.0%
合　計		109	99	208
		52.4%	47.6%	100.0%

p<0.1

(c) 態度志向パターン(問題解決志向，首長一体志向，自己利益志向)
　まず問題解決志向について見ると，問題解決志向の高い教育長の下では改

革進展度が高い教育委員会が多数を占めるのに対して，問題解決志向が低い教育長の下では改革進展度が高い教育委員会は少数となっている．つまり，教育長の問題解決志向の度合いは，改革進展度に影響を与えていることが明らかである．つぎに，首長一体志向について見ると，首長一体志向の高い教育長の下では過半数の教育委員会が改革進展度が高い群に属しており，首長

表 1-9 問題解決志向と改革進展度

		改革進展度		合計
		高	低	
問題解決志向	高	78	53	131
		59.5%	40.5%	100.0%
	低	25	42	67
		37.3%	62.7%	100.0%
合計		103	95	198
		52.0%	48.0%	100.0%

$p<0.01$

表 1-10 首長一体志向と改革進展度

		改革進展度		合計
		高	低	
首長一体志向	高	63	38	101
		62.4%	37.6%	100.0%
	低	41	60	101
		40.6%	59.4%	100.0%
合計		104	98	202
		51.5%	48.5%	100.0%

$p<0.01$

表 1-11 自己利益志向と改革進展度

		改革進展度		合計
		高	低	
自己利益志向	高	42	53	95
		44.2%	55.8%	100.0%
	低	61	45	106
		57.5%	42.5%	100.0%
合計		103	98	201
		51.2%	48.8%	100.0%

$p<0.05$

との一体志向の高い教育長の下で改革が進展していることが分かる。反対に首長一体志向の低い教育長の下では，教育委員会の過半数が改革進展度の低い群に属している。つまり，問題解決志向も首長一体志向も改革を推進する方向で改革進展度に影響を与えているといえる。

自己利益志向については興味深い結果が現れている。自己利益志向と改革進展度との間には統計的に有意な関係がある。その方向性はつぎのようになっている。まず，自己利益志向の高い教育長の下では，改革進展度の低い教育委員会が多く，改革が進展してない。反対に，自己利益志向の低い教育長の下で改革進展度が高い群に属している教育委員会はおおよそ58%と過半数にのぼる。このことは，教育長の自己利益志向の強さは，改革を推進するよりもむしろ改革の阻害要因として働いていることを示唆しているといえよう(表1-9〜表1-11)。

(d) 交流パターン(「地域」型交流,「教育」型交流)

教育長の交流パターンに関しては,「地域」型交流は改革進展度への影響が

表 1-12 「地域」型交流と改革進展度

		改革進展度		合計
		高	低	
「地域」型交流	高	67	51	118
		56.8%	43.2%	100.0%
	低	43	51	94
		45.7%	54.3%	100.0%
合 計		110	102	212
		51.9%	48.1%	100.0%

$p>0.05$

表 1-13 「教育」型交流と改革進展度

		改革進展度		合計
		高	低	
「教育」型交流	高	61	36	97
		62.9%	37.1%	100.0%
	低	48	64	112
		42.9%	57.1%	100.0%
合 計		109	100	209
		52.9%	47.8%	100.0%

$p<0.01$

示唆されるにとどまる.「地域」型交流の高い教育長の下では教育委員会の約57%が改革進展度の高い群に属しており,反対に低い教育長の下では,改革進展度が高い教育委員会は少数である.しかし,統計的に有意な関連とはいえない.

一方,「教育」型交流の高い教育長の下では教育委員会の約63%が改革進展度が高い群に属し,「教育」型交流の低い教育長の下では,過半数の教育委員会が改革進展度の低い群に属し,統計的に有意な関連性が現れている.すなわち,地域の個人や団体であるのか,教育関係者であるのかに限らず,教育長が地域の「有権者」と積極的に交流を行っていることが改革の進展に影響を与えているといえる.しかし,前述したように地域関係者に関しては統計的に有意な関連は見られず,その傾向性が指摘できるにとどまった(表1-12,表1-13).

(e) 職務遂行パターン(「内部」重視,「外部」重視)

教育長の職務遂行のパターンと教育改革の進展度との関係を見ると,まず内部スタッフとの協議を中心に職務を遂行する度合いの高い教育長であるか

表 1-14 「内部」重視と改革進展度

		改革進展度		合計
		高	低	
「内部」重視	高	70	55	125
		56.0%	44.0%	100.0%
	低	41	48	89
		46.1%	53.9%	100.0%
合 計		111	103	214
		51.9%	48.1%	100.0%

$p > 0.05$

表 1-15 「外部」重視と改革進展度

		改革進展度		合計
		高	低	
「外部」重視	高	68	40	108
		63.0%	37.0%	100.0%
	低	44	65	109
		40.4%	59.6%	100.0%
合 計		112	105	217
		51.6%	48.4%	100.0%

$p < 0.01$

否かは，改革の進展への影響に関して若干の傾向が指摘できるにとどまる．一方で，積極的に外部関係者に働きかけながら職務を遂行する度合いの高い教育長の下では63%の教育委員会で改革が進展しており，そうではない教育長の下で改革進展度が高い教育委員会の40%という割合を大きく引き離している．つまり，職務遂行において外部関係者に積極的に働きかけている教育長の下で改革が進展しているのである(表1-14，表1-15)．

(f) 満足パターン(組織満足，仕事満足)

教育長の満足パターンについては，「組織満足」と「仕事満足」の両者とも，満足度が高い教育長の下での方が，改革の進展度が高い教育委員会が多く(それぞれ，約57%と約54%)，両方の満足度が低い教育長の下で改革進展度が高い教育委員会は少数となる．しかしながら，統計的に有意な関係は見られず，教育長の満足度は，改革の進展にとっては重要な要因とはいえない(表1-16，表1-17)．

表 1-16 組織満足と改革進展度

		改革進展度		合計
		高	低	
組織満足	高	55	41	96
		57.3%	42.7%	100.0%
	低	57	63	120
		47.5%	52.5%	100.0%
合 計		112	104	216
		51.9%	48.1%	100.0%

p>0.05

表 1-17 仕事満足と改革進展度

		改革進展度		合計
		高	低	
仕事満足	高	71	60	131
		54.2%	45.8%	100.0%
	低	39	43	82
		47.6%	52.4%	100.0%
合 計		110	103	213
		51.6%	48.4%	100.0%

p>0.05

以上の結果は，本研究で設定した教育長特性のうち，問題解決志向，首長一体志向，自己利益志向，「教育」型交流，「外部」重視型職務遂行が改革進展度と統計的に有意な関係を有していることを示している．その一方で，年齢や在任期間の長さや，経歴の違いは改革の進展度には影響を与えてはいない．以上の分析結果は何を意味しているのだろうか．

これは，教育改革を進めていくためには，教育問題の解決や自らの教育ビジョンを実現させようとする強い意欲と首長との一体感を持っており，自己利益志向が高くなく，広く地域の「有権者」層と積極的に交流を行い，職務遂行に当たっては外部関係者に積極的に働きかけるような教育長が必要であることを示唆している．教育長の基本的属性は別として，教育長の有するこうした諸特性により，改革の進展度は大きく影響されることは明らかである．

(2) 教育改革の進展に対する教育長の特性の相対的規定力
　　―判別分析の結果から―

　つぎに，改革進展度に対して統計的に有意な関連性が明らかとなった教育長の特性相互の相対的な規定力を判別分析を用いて比較検討する．改革進展度を被説明変数とし，問題解決志向，首長一体志向，自己利益志向，「教育」型交流，「外部」重視型職務遂行という教育長特性を説明変数とした[7]．表1-18がその検定結果である．

表 1-18　改革の進展に対する教育長特性の相対的規定力

カテゴリー		標準化された正準判別関数係数	順位
態度志向	問題解決志向（高）	0.470	②
	首長一体志向（高）	0.280	⑤
	自己利益志向（高）	−0.497	①
交流パターン	「教育」型交流（高）	0.413	③
職務遂行パターン	「外部」重視（高）	0.306	④

　表1-18の数値は，改革進展度に対する各変数の相対的寄与を示しており，説明変数を同時に投入するという条件の下での，各変数の規定力の目安となるものである．順位は，自己利益志向，問題解決志向，「教育」型交流，「外部」重視型職務遂行，首長一体志向という順となった．ただし，クロス集計においても明らかであったように，改革の進展に対する自己利益志向の影響はマイナスの方向への貢献である．すなわち，自己利益志向が低い教育長の下で改革は進展している．

　結局，自己利益志向の低さが改革進展に対してもっとも高い規定力を有しており，ついで教育問題を解決していこうとする意欲，教育関係者との交流を行うこと，教育委員会外部の関係者と積極的に関わって職務を遂行すること，そして首長との一体感を持っていることの順で改革の進展に対する規定力が高いという結果となった．

4　分析結果の考察―教育改革を推進する教育長とは―

　以上のクロス集計および判別分析から明らかなように，市町村教育委員会における教育改革の進展には，地域の教育問題の解決への強い意欲や自らの教育ビジョンの実現へのコミットメントを提示しつつ，不断に地域の教育関係者と接触・交流し，また首長や議員などの外部関係者に積極的に働きかけ

を行う教育長が推進要因として機能している．

　それでは，このような分析結果は，教育委員会制度の運用にとってどのような意味合いがあるであろうか．本章の分析結果は，まず第一に，教育改革を推進する上で教育長人事が重要であることを示唆する．すなわち，態度志向，交流パターンや職務遂行パターンにおいて，一定の条件を満たす教育長がいることが教育改革が積極的に取り組まれるための前提条件の一つであり，どんな人物が教育長のポストを占めるかが教育改革に重大な帰結をもたらす．教育改革の推進が重要な政策課題となっている地方教育行政にとって，教育長が教育改革の推進にプラスに働く特性を備えているかどうか，あるいはそうした特性を有する人物をリクルートできるかどうかが重要な関心事でなければならないということである．それでは，どのような基準で教育長人事を進めればよいのか．

　本章の分析結果は，第二に，このように重要性を増している教育長人事の基準やその在り方について示唆的な意味合いを持つ．今回のわれわれの研究では，教育改革の推進と，年齢，在任期間，経歴のちがいとの間には統計的に有意な関係は見出されなかった．その代わりに，態度志向，「有権者」層との接触・交流や職務遂行のパターンといった特性との間の統計的に有意な関連が明らかになった．これは客観的属性に頼る人事の限界を示唆すると同時に，教育長人事においては，改革の推進にプラスに働くことが明らかになった特性を備えている人物であるかどうかを見極めるために，時間をかけて人選に取り組むことの重要性と必要性を示唆する．そして，それが行われるためには，自治体において，教育長人事というものを教育行政の重要課題の一つに位置付けて，中・長期的な展望の下に取り組む体制が整えられる必要がある[8]．

　本章の分析結果は，第三に，教育長がリーダーとして有能である——ここでは，教育改革を推進するという意味であるが——ためには，教育長の，教育的リーダーシップや管理的リーダーシップという概念では捉えきれない行動側面が重要であることを示唆している．すなわち，前述のように，教育改革を推進する教育長に共通の態度・行動特性として，関係者との幅広い接触・交流，職務遂行における外部関係者との積極的な交流や働きかけが見られるということは，教育長が教育改革をリードするには，地域の教育ニーズや課題について首長や議員に説明してその認識を新たにし教育問題への関心を高めたり，あるいは問題解決の方策を提示して説得を試みたりする行動，要するに，首長への働きかけや連携，議員との折衝といった交渉力を含めて，広く

自治体政治の世界にも積極的に関わっていく行動が必要不可欠なことを暗示している．

　教育長の役割を理論的に検討したキューバン(L. Cuban)のいう，教育長に求められる三つの役割，すなわち教育的(instructional or educational)，管理的(managerial)，政治的(political)という概念を援用すれば[9]，それは政治的役割が求められていることを示しているといえるであろう．12の学区の教育長に関する比較事例研究を行ったジョンソン(S.M. Johnson)は，教育長のリーダーシップには，キューバンのいうように，教育的，管理的，政治的の三つの側面があることを明らかにすると同時に，教育関係者との交流を図りながら，地域の教育課題について幅広く情報を収集し，そうした情報を基に，関係者，特に首長や議員に接触して働きかけ，いわば，教育の課題解決への連携・協働の意欲と関心を喚起する行動を，特に collaborative leadership と命名し，教育長の政治的リーダーシップの核心をなすものとしている[10]．

　こうして，われわれの分析結果は，「教育委員会が地方教育行政機構の中心的機関として，地域の教育改善にどう寄与できるか」が問われると同時に，「教育委員会の政策上の裁量が増加する」時代にあって，新たな政策を提案し実施する上でのイニシアティブを強く期待されている教育長が自治体教育行政における有能なリーダーであるためには，こうした意味での政治的リーダーシップを果たすことが求められているという事実を改めて認識する必要のあることを教えている．

【注】

1) 日本教育新聞には，2002年に，ほぼ一年にわたり「地方分権と教育改革」と題する連載記事が掲載され，各地の自治体と教育委員会における独自の改革の取り組みが紹介されている．これらの教育委員会を含め，先進的な教育改革に取り組んでいる市町村教育委員会については，さまざまな研究報告書や調査分析が刊行されている．例えば，福島県三春町については，武藤義男他『やればできる学校革命』日本評論社(1998)：犬山市については，犬山市教育委員会編『犬山発21世紀日本の教育改革』黎明書房(2003)および苅谷剛彦他『教育改革を評価する』岩波書店(2006)：志木市については，東京大学教育学部教育行政学研究室『分権改革下の自治体教育政策(志木市教育行政調査報告書1)』(2004)，『分権改革と自治体教育行政(志木市教育行政調査報告書2)』(2005)，『自治体教育改革と義務教育費国庫負担金問題(志木市教育行政調査報告書3)』(2006)および渡部昭男・金山康博・小川正人編『市民と創る教育改革(検証：志木市の教育政策)』日本標準(2006)：京都市については，京都市教育委員会地域教育専門主事室編『京都発地域教育のすすめ』ミネルヴァ書房(2005)：武蔵野市については，

土屋正忠『ムーバスの思想・武蔵野市の実践』東洋経済新報社(2004)参照．また，小川正人『市町村の教育改革が学校を変える―教育委員会制度の可能性』岩波書店(2006)においても，これらの市町村レベルの教育改革に関する紹介と分析が見られる．
2) 宮崎大学教育行政学研究室『教育委員会制度に関する実証的研究』(1997)：加治佐哲也『教育委員会の政策過程に関する実証的研究』多賀出版(1998)．
3) 平成12・13年度科学研究費補助金研究成果報告書(研究代表者 堀 和郎)：『教育改革における教育委員会の役割―地方教育行政に関する『中教審答申』以降の動向に注目して―』(2002)．
4) 教育長サンプルの代表性については，年齢，在任期間，性別，教職歴の有無，経歴を取り上げ，国立教育政策研究所の『地方教育行政の在り方に関する総合的調査研究』(2000)，および，宮崎大学教育行政学研究室の『教育委員会制度に関する実証的研究』(1997)のデータとの比較検討を行った．この検討からは，サンプルの代表性には大きな問題がなかった．より詳細な検討結果は，堀 和郎 前掲報告書(2002) pp. 23-24 を参照のこと．
5) 以下で「因子分析の結果を参考に」という場合は，この一連の手続きをとったことを示す．
6) 変数間に統計的に有意な関連性があるか否かは，p値を参照して判断した(以下の各章においても同様)．p値は，χ二乗検定による漸近有意確率(両側)であり，「各説明変数が，会議の活発度に対して関連性がない」という仮説(帰無仮説)の棄却率を示している．$p<0.01$の場合は1%水準で，$p<0.05$の場合は，5%の水準で帰無仮説が棄却できることを示している．
7) 判別分析を行うに当たっては，教育長特性示す各変数についてダミー変数を作成し，それを用いて検定を行った．許容基準を満たす変数が同時に入力されるので，各変数の低群は除かれている．
8) 教育長職をめぐっては，その歴史のみならず，その専門的訓練や資格認定などの制度的枠組みに日米の間でちがいがあり，必ずしも同列に論じることはできない(ただし，その職務権限・責任という観点から見ればほぼ同じであり，その教育行政上のリーダーとしての重要性においても比肩できるものを有している)が，ジョンソンの研究によれば，事例学区の多くにおいて，教育長の人事に対して何週間も時間をかけて慎重な手続きを踏んで行われていることが報告されている．S. M. Johnson, *Leading to Change*, Jossey-Bass, 1996, chapter 2.
9) L. Cuban, The District Superintendent and the Restructuring of Schools, in T. Sergiovanni and J, Moore eds., *Schooling for Tomorrow*, Allyn & Bacon. 1989, pp. 251-271．キューバンは，コンフリクト(利害をめぐる紛争や心理的葛藤)こそ教育長職のDNAであるとして，教育長には意見の対立を調整したり政策を立案し支持を調達したりするために説得工作を試みるといった役割を果たすことが不可避的に要請されるとして，そうした役割を政治的役割(political role)と称している．
10) S. M. Johnson, *op. cit.*, pp. 280-281.

2章

教育改革の進展と自治体教育行政の特性(その1)

1 研究の課題：どのような自治体において教育改革は進展しているか

　1章において，教育長の特性と改革の進展度合いとの間に統計的に有意な関連が明らかになり，自治体(市町村)レベルの教育改革の進展に対して教育長の諸特性が規定要因として作用していることが解明された．もう一度確認しておけば，教育長の年齢，在任期間，経歴といった客観的な属性と改革の進展度合いとの間に，統計的に有意な関連性は見られなかったが，主観的に認知された，教育長の態度志向や職務遂行スタイルといった特性が改革推進要因として作用していることが明白になった．改革のキーファクターとして，一定の特性を備えた教育長が存在し，そのリーダーシップが重要な意味を持つことが明らかになったわけである．とりわけ，地域住民や教育関係者と接触・交流を図りながら，地域の教育問題について幅広く情報を収集し，そうした情報を基に，関係者，特に首長や議員に接触して働きかけ，教育課題の解決への連携・協働の意欲と関心を喚起する態度と行動，collaborative leadership と呼ぶべき態度・行動パターンを持つ教育長が，改革を推進する上で大きな影響を及ぼしていることが示唆された．

　しかしながら，自治体レベルで行われる教育改革の推進といった教育行政の政策過程に関わるアクターは，教育長だけではない．教育長以外の教育委員，教育委員会事務局，そして，教育委員の任命権限，教育予算の編成・執行権限を有する首長の動向が教育改革に影響を与えることは十分に予想されることである．さらに，地域住民が地域の教育問題にどれだけ関心を持っているか，あるいは，教員団体が教育改革にどう関わっているかといったことも，教育改革の動向を左右することが考えられる．とするならば，教育改革の推進条件を解明する点で，1章において報告された調査の限界は明らかであり，もっと広い視野から，教育改革の推進要因を把握する調査を設計する

必要がある．本章で報告する調査研究とその分析は，こうした課題意識に基づいて，企画・実施されたものである．

2　調査研究の基本的な枠組み

　本章で報告する全国調査の基本的な枠組みの説明から始めよう．調査は，教育改革の推進要因の解明を目的とするもので，理論的にいえば，教育改革の動向を被説明変数とし，それに影響を与える要因(説明変数)を発見するという構図に基づいている．

　まず，説明変数について述べたい．教育改革に影響を与えるアクターはもちろん教育長だけではない．自治体教育行政の政策過程に関わるアクターは，教育長以外に，教育委員，教育委員会事務局，首長，地域住民(団体)，教員(団体)など，さまざまである．ただ，教育長がその中心に位置していることは，1章の調査結果からも推測されることであり，教育改革に関わる説明変数の選択に際しては，教育改革のリーダーとしての教育長という基本的前提から出発できるだろう．そして，そのことを前提とした上で，教育長と，自治体の教育行政に関わる，上記のさまざまな利害関係者ないし当事者(stakeholders)ともいうべきアクターとが，どのような関係を形成しているか，その関係の在り方が教育改革の推進にとって重要であるという理論的仮定を置く．

　つまり，近年の自治体教育改革においては，教育長が多かれ少なかれリーダーシップを発揮し，その結果として，教育改革が進められている部分が大きいということができる．しかしながら，そこでは，教育長とさまざまなアクターとの相互作用が展開されており，それが改革の動向に影響を及ぼしていることは十分に推測される．教育長のリーダーシップだけで改革が推進されているわけではない．事実，改革推進に対する教育長の影響力は規模の大きな自治体ではあまり目立たなくなることがデータとしても明らかになっている[1]．これは，教育改革の推進においては，自治体におけるほかのアクターの特性，とりわけ，ほかのアクターと教育長との関係のありようが改革に関わっていることを暗示する．

　そこで，教育長は改革推進のリーダーであることを調査設計上の理論的前提とした上で，教育長と，上記した自治体教育行政のアクターとの関係構造こそ改革の推進にとって重要な意味を持つのではないかと考えたのである．すなわち，自治体教育行政における政策過程の主要アクターである教育委員や首長や事務局などの関係当事者との関係が，教育長のリーダーとしての行動の場を深く規定し(ある時は，促進し，ある時は，抑制し)，それが結局，

教育改革の推進を左右するのではないか，改革推進要因として働いているのではないかというわけである．

いいかえれば，われわれは，自治体レベルにおける教育改革の推進という現象に関して，つぎのような想定を行い，調査の枠組みを設計したということである．すなわち，教育長は，地方教育行政機関の最高執行責任者(chief executive officer, CEO)としての地位にあり，自治体教育行政をリードする立場におり，事実，リーダーとして行動し，改革の推進に大きく関わっている．しかし，その影響力には自治体規模によるバリエーションが見られることから，教育改革を推進する教育長のリーダーシップも，教育長の置かれた自治体教育行政の場＝状況の特質に影響されると考えられる．そこで，改革を推進する要因をより広い視野から解明するためには，教育長のリーダーシップを規定していると考えられる自治体教育行政の場＝状況を構成する諸要因のありようを明らかにする必要がある．

本章で用いる調査においては，教育長を取り囲んでいる自治体教育行政の場＝状況を構成する要因カテゴリーとして，教育委員会(狭義)の特性，事務局の特性，首長の特性，地域住民の特性，教員団体の特性の五つを取り上げ，

表 2-1　自治体教育行政の場＝状況を構成する諸要因

1) 教育委員会(狭義)の特性：教育委員会の構成
　　　　　　　　　　　　　　教育委員会会議の特徴
　　　　　　　　　　　　　　教育委員の役割
2) 事務局の特性：首長部局との連絡調整委員会の有無
　　　　　　　　外部有識者会議の有無
　　　　　　　　教育委員会内部の改革検討委員会の有無
　　　　　　　　学校との連絡調整会議の有無
　　　　　　　　意見収集窓口の有無
　　　　　　　　派遣指導主事数を含む指導主事数
　　　　　　　　社会教育主事数
　　　　　　　　教育研修センター設置の有無
　　　　　　　　事務局の役割
3) 首長の特性：首長像
　　　　　　　　首長の教育行政・政策過程に対するスタンス
　　　　　　　　教育問題にかかわる首長の議会答弁の有無
4) 住民の特性：住民像
　　　　　　　　住民のリーダーの役割
5) 教員団体の特性：教育委員会との定期的な会談の有無
　　　　　　　　　　教員団体の役割

それを説明変数として，組み込んだ．そして，その際，それぞれの要因カテゴリーを表す質問項目を，表 2-1 のように，もっとも基本的な特性を把握するための要素に注目して設定し，教育長との関係を表す指標となるような質問内容を構成した．

つぎに，被説明変数についてであるが，教育改革の領域としては，例えば，教育委員会の組織・機構の改革，学校との関係の改革，地域との関係の改革といったカテゴリーが考えられる．しかし，今日の教育改革の動向を見ると，

表 2-2 教育委員会の取り組む学校支援策

	質 問 項 目
1	学校管理規則の見直し
2	意見具申の手続きの見直し
3	特別非常勤講師採用の校長委任
4	校長裁量経費の配分
5	学校裁量予算の配分
6	独自の学力調査の実施
7	学力向上プランの作成
8	自己点検・評価の手引き書の作成
9	個別指導記録モデルの作成
10	学習障害児対応の手引き書の作成
11	個に応じた指導の手引き書の作成
12	地域人材活用予算の措置
13	独自の研究指定校制度
14	独自の副教材の作成
15	独自経費による少人数指導加配
16	独自経費によるカウンセラー配置
17	総合的学習の時間の資料の作成
18	独自経費による心の教室相談員の配置
19	学校訪問の見直し
20	人材開発的教員研修への支援
21	校長の組織マネジメント研修
22	学社連携担当職員の配置
23	学習情報ネットワークの構築
24	情報担当指導主事の配置
25	カリキュラム開発のための人材配置

学力低下論の影響もあり，組織・機構の改革や地域との関係に関する改革よりも，学校との関係に関する改革，とりわけ，学校支援に関わる改革が政策課題として重要な意味を持つといえる．実際，教育改革に意欲的に取り組んでいる先進的な自治体におけるその改革の多くは，この種の改革であり，そうした改革にこそ自治体ごとのバリエーションが生ずると考えられる．そのことを考慮して，自治体レベルの教育改革という場合，学校支援に関わるもの(以下，学校支援策)に限定し，それに教育委員会がどう取り組んでいるかを被説明変数の指標とすることとした．

学校支援策については，先行研究のレビュー[2]から示唆された学校づくりを支援する上で重要な意義を持つ施策・事業のカテゴリーとして，学校裁量権限の拡大，ガイドラインの設定とそのモニタリング，学校の組織能力の開発(直接的，間接的)を念頭に置きつつ，それぞれに関連する改革の取り組みを組み込んだ．それは，表2-2の通りである．

したがって，本章の基本的な課題は，ここでの理論的な視角からいえば，これらの支援策への取り組みとして把握された学校支援の教育改革にもっとも積極的な自治体は，教育長の置かれた自治体教育行政の場＝状況として，どのような特質を有しているのか，を明らかにすることである．そのために本章では，2004年の1月および7月に実施した，市区町村教育長を対象とする全国調査のデータの分析を通して，その問いを解明する．

3　調査対象とサンプル

調査対象は，市教育委員会と東京特別区教育委員会および，人口3万人以上の町村教育委員会は悉皆，人口3万人未満の町村教育委員会は半数抽出とした(組合設置の教育委員会は調査対象から除いている)．町村を半数抽出する際には，町・村共に1都道府県からそれぞれ半数を抽出した．また，これ

表 2-3　行政区分別の回収数

行政区分	送付数	回収数	回収率（％）
市	676	433	64.1
東京特別区	23	13	56.5
町	1024	740	72.3
村	275	220	80.0
不　明[3]	—	1	—
合　計	1998	1407	70.4

らの教育委員会の抽出に当たっては,『平成15年版　全国教育委員会一覧』(2003年5月1日現在)を用いた．その際,市町村合併の進展があるために,そのほかに国土地理協会編『平成15年度住民基本台帳要覧』も参照している．行政区分別の送付数,回収数,回収率は表2-3の通りである．

回収率は,全体として,70.4%であり,郵送調査としては高い回収率といえる．行政区分別のサンプル数についていえば,市教育委員会は,回収率が64.1%であること,東京特別区は56.5%と若干低くなっているが,町・村共に,70%を超える高い回収率である．したがって,この調査サンプルは,わが国における市町村のどのレベルをとっても,そこにおける教育改革の規定要因を推定するに十分なサンプルといえよう．

4　学校支援の教育改革の進展を規定する要因の分析

ここでは,つぎのような操作を行い,学校支援の教育改革の動向を規定する要因の分析を試みる．まず,各教育委員会の取り組んでいる支援策の実施状況に関する4段階の回答(「すでに実施している(実施することが決定している)」,「検討課題となっており,実施する可能性が高い」,「検討課題となっているが,実施する可能性は低い」,「検討課題となっておらず,実施する可能性はほとんどない」の4段階の回答)を得点化(それぞれに,4点,3点,2点,1点を与えた)したものを指標として,総合改革進展度という変数を構成した．そして,総合改革進展度の平均値を求め,平均値を境に,改革進展度の高い教育委員会と低い教育委員会に分け,それを分析上の被説明変数とした．ここで,「検討課題となっており,実施する可能性が高い」とは,まだ実施していないし,実施も決定していないが,教育委員会会議での議論は煮詰まり,あとは最終の決定が残されているという状態にある場合や,教育委員会会議において,肯定的意見が多い場合を指す．「検討課題となっているが,実施する可能性は低い」は,検討課題として提案されたばかりで,検討材料とはなっているが,その決定にはまだ時間がかかることが予想されたり,教育委員会会議で反対意見が多い場合を指している．「検討課題となっておらず,実施する可能性はほとんどない」は,文字通り当該支援策が政策課題になっていないため,実施の可能性がないことを指している．したがって,ここでいう改革進展度とは,各改革案の実施の有無という二者択一的概念ではなく,広く教育委員会の教育改革への取り組みの状態まで含む概念である．

他方において,教育長との関係における自治体教育行政の主要な当事者ないしアクターの諸特性,すなわち,教育委員(会),事務局,首長,住民,教

員団体のそれぞれは，教育長にとって，どのような存在なのか，あるいは，教育長から見て，どのような関係を形成しているのかという，その特徴を分析上の説明変数とした．そして，それら説明変数と被説明変数との関係をクロス集計という分析手法を用いて明らかにし，もって，改革進展度に影響を及ぼしている諸特性としてどのようなものがあるのかの解明を試みる．

　こうしたクロス集計の結果，統計的に有意な関連性の見られた諸特性は，教育改革の推進されている自治体の教育行政の場＝状況を構成する要因とみなすことができる．つまり，関連の明らかにされた主要アクターの諸特性の在り方は，自治体レベルの教育改革に関連する要因ということであり，われわれの理論的視角からいえば，リーダーとしての教育長に対して，その行動を刺激することにより，ある時は改革推進的に，またある時は改革抑制的に作用する自治体教育行政の場＝状況を構成する要因としての意味を持つのである．以下，アクターの特性ごとに分析結果を示していくが，そこでは，改革進展度との間に1％の水準で有意な関係が明らかとなった変数についてのみ，クロス集計表を提示する．

(1) 教育委員会(狭義)の特性

　教育委員会(狭義)の特性と改革の進展度とのクロス集計の結果，教育委員会(狭義)の特性として設定した項目のうち，(a)教育委員会の構成，(b)教育委員会会議の特徴，(c)教育委員が果たしている役割の三つの項目で両者の間に統計的に有意な関係が現れた．これら三つの項目のそれぞれについて，クロス集計の結果を確認していこう．

(a) 教育委員会の構成

　教育委員会の構成については，「政治手腕に優れた委員が多い」，「行政手腕に優れた委員が多い」，「教育識見に優れた委員が多い」の三つの質問項目に関する回答を基に分析を行った．分析に当たっては，つぎのような手順で変数化した[4]．質問項目に対する5件法の回答（「よくあてはまる」，「あてはまる」，「どちらでもない」，「あてはまらない」，「全くあてはまらない」）を基に「よくあてはまる」と「あてはまる」とをあわせて「あてはまる」，「あてはまらない」と「全くあてはまらない」とをあわせて「あてはまらない」，そして「どちらでもない」の三つのカテゴリーに分けて分析を行った．

　政治手腕，行政手腕，教育識見のそれぞれと，改革進展度とのクロス集計を行ってみると，その結果は，政治手腕と行政手腕に関しては，行政手腕に若干の傾向は見られたが，両者の間に教育改革の進展に対する統計的に有意

4 学校支援の教育改革の進展を規定する要因の分析

表 2-4 教育委員会の構成

		改革進展度		合計
		高	低	
教育識見	あてはまる	485	389	874
		55.5%	44.5%	100.0%
	どちらでもない	86	165	251
		34.3%	65.7%	100.0%
	あてはまらない	17	19	36
		47.2%	52.8%	100.0%
合　計		588	573	1161
		50.6%	49.4%	100.0%

$p<0.01$

な関係は見出されず，教育識見のみが改革進展度との間に有意な関係が見られた(表 2-4)．

　教育識見を有する教育委員から教育委員会が構成されている場合に，改革の進展度の高い教育委員会が多くなる．教育委員会が教育識見を有した委員で多く占められていることが，改革の進展に明確に影響を与えており，そうした教育委員会の助言や支援がある場合に，改革は進展していくといえる．

(b) 教育委員会会議の特徴

　教育委員会会議の特徴と改革進展度との間の関係については，「会議では多様な意見が自由に交わされる」，「提案された議題について活発な議論が展開される」，「反対意見でも自由に発言できる雰囲気がある」，「提案された政策に関してはあまり発言はない」，「提案された政策はそのまま認められることが多い」，「会議は教育長のリードによって展開されることが多い」の六つの質問項目を分析に用いた．

　分析の結果，「提案された議題について活発な議論が展開される」と「提案された政策に関してはあまり発言はない」の二つに関して改革進展度との間に有意な関係が見られた．まず，「提案された議題について活発な議論が展開される」に「あてはまる」と答えている教育委員会では，改革が進展している教育委員会が過半数を占め，反対に「あてはまらない」と答えた教育委員会の 52% が低い群に属している(表 2-5)．さらに，「提案された政策に関してはあまり発言はない」という，会議が不活発であることを表す質問項目に関しては，「あてはまる」と答えた教育委員会，すなわち，会議での発言があまりない教育委員会では改革進展度が低い層に属するものが過半数となる

表 2-5 活発な議論が交わされる

		改革進展度		合計
		高	低	
活発な議論が交わされる	あてはまる	436	368	804
		54.2%	45.8%	100.0%
	どちらでもない	125	175	300
		41.7%	58.3%	100.0%
	あてはまらない	23	25	48
		47.9%	52.1%	100.0%
合計		584	568	1152
		50.7%	49.3%	100.0%

$p<0.01$

表 2-6 政策に関してあまり発言はない

		改革進展度		合計
		高	低	
政策に関してあまり発言がない	あてはまる	70	76	146
		47.9%	52.1%	100.0%
	どちらでもない	152	193	345
		44.1%	55.9%	100.0%
	あてはまらない	363	297	660
		55.0%	45.0%	100.0%
合計		585	566	1151
		50.8%	49.2%	100.0%

$p<0.01$

52%を占め,「あてはまらない」,つまり,会議で積極的に発言がある教育委員会については,その55%で改革進展度が高くなっている(表2-6).

(c) 教育委員が果たしている役割

第三に教育委員が果たしている役割と改革の進展度との関係を分析した.分析に用いた質問項目は「教育委員が実際に果たしている役割」に関する質問項目であり,具体的には「教育政策の提案をしてくれることが多い」,「教育政策のアイデアを提供することが多い」,「地域住民の教育ニーズを伝えてくれることが多い」,「首長との調整において重要な役割を担っている」,「PTAなどの地域団体との調整において重要な役割を担っている」を用いている.

分析に用いた委員の果たしている役割の中で,改革進展度と有意な関係が

見られたものは,「教育政策の提案が多い」,「教育政策のアイデアを提供することが多い」であった(表2-7,表2-8).その一方で,「地域住民のニーズの提供」,「地域団体との調整」,「首長との調整」に関しては,統計的に有意な関係は見出されなかった.

教育委員が,教育政策の提案が多く教育政策のアイデアを提供することが多い場合に,改革進展度との間に有意な関係が見出されていることは,教育委員の有益な助言やアイデアの有無が,改革の進展を左右する重要な要因の一つであることを示している.

以上の分析は,何を示唆しているのか.まず,教育識見に優れた教育委員

表 2-7 教育政策の提案が多い

教育政策の提案が多い		改革進展度		合計
		高	低	
	あてはまる	274	220	494
		55.5%	44.5%	100.0%
	どちらでもない	227	244	471
		48.2%	51.8%	100.0%
	あてはまらない	84	110	194
		43.3%	56.7%	100.0%
合 計		585	574	1159
		50.5%	49.5%	100.0%

$p<0.01$

表 2-8 教育政策のアイデアを提供する

教育政策のアイデアを提供する		改革進展度		合計
		高	低	
	あてはまる	298	229	527
		56.5%	43.5%	100.0%
	どちらでもない	213	248	461
		46.2%	53.8%	100.0%
	あてはまらない	77	97	174
		44.3%	55.7%	100.0%
合 計		588	574	1162
		50.6%	49.4%	100.0%

$p<0.01$

が多い教育委員会であること，そして教育委員会会議では活発な議論が展開される教育委員会であること，そして，教育委員が，教育長にとって，政策を提案してくれたり，有益な政策上のアイデアを提供してくれるような存在である教育委員会においては，学校支援への取り組みが進んでいるということである．このことは，教育委員会が本来期待されている機能を回復すること，すなわち，教育識見が高く，委員としての使命感を持つ教育委員がいて，活発な政策論議がなされる教育委員会の存在(あるいは，教育委員会会議が政策フォーラムとして機能している教育委員会，といってもよい)が，改革を推進しようとする教育長にとって，大きな刺激であり，支えになっていることを示唆している．

(2) 教育委員会事務局の特性

教育委員会事務局の特性に関しては，(a)地域住民の意見収集窓口の設置，(b)首長部局との連絡調整委員会の有無，(c)外部有識者会議の有無，(d)教育委員会内部の改革検討委員会の有無，(e)指導主事の配置数，(f)教育研修センターの有無，(g)教育委員会事務局の果たしている役割の各項目と，改革進展度との間に有意な関係が見出された．

(a) 地域住民の意見収集窓口の設置

地域住民の意見収集窓口の設置については，窓口を有している教育委員会の69%が改革進展度の高い群に属しているのに対して，窓口を有していない教育委員会の57%で改革進展度が低いという結果となった．つまり，地域の意見を吸い上げるルートが設定されていることは，改革の進展と密接に関係しているのである(表2-9)．

表 2-9 意見収集窓口の有無

		改革進展度		合計
		高	低	
意見収集窓口の有無	ある	222	100	322
		68.9%	31.1%	100.0%
	ない	352	466	818
		43.0%	57.0%	100.0%
合 計		574	566	1140
		50.4%	49.6%	100.0%

$p<0.01$

(b) 首長部局との連絡調整委員会の有無

　首長部局と連絡調整を行う委員会の設置の有無については，まず，設置していない教育委員会の数が多数ではあることがわかるが，このことは，事務局レベルでの首長部局と教育委員会事務局との間で人事や予算編成などの組織運営や政策運営上の統合が進んでおり，両者が組織として一体化されている現状が背景にあると考えられる[5]。つぎに，改革進展度との関係を見ると，設置していない教育委員会では改革が進展している教育委員会とそうではない教育委員会が拮抗しており，特に改革が進んでいないというわけではない。しかし，設置している教育委員会では改革が進展している委員会が69%を占め，明らかに多くなっている。このことは，首長部局との十全な連絡調整というものが改革の進展にとって重要な意味を持つことを示唆している（表2-10）。

表 2-10　首長部局との連絡調整委員会

		改革進展度		合計
		高	低	
首長部局との連絡調整委員会	あり	67	30	97
		69.1%	30.9%	100.0%
	なし	505	541	1046
		48.3%	51.7%	100.0%
合　計		572	571	1143
		50.0%	50.0%	100.0%

$p < 0.01$

(c) 外部有識者会議の有無

　外部有識者会議の設置の有無と改革進展度との関係では，つぎのような点

表 2-11　外部有識者会議の設置

		改革進展度		合計
		高	低	
外部有識者会議の設置	あり	108	36	144
		75.0%	25.0%	100.0%
	なし	477	536	1013
		47.1%	52.9%	100.0%
合　計		585	572	1157
		50.6%	49.4%	100.0%

$p < 0.01$

が明らかとなった．全体としては，外部有識者会議を設置している委員会は少数であるが，設置している教育委員会に注目すると，その75%で改革が進展しており，設置していない教育委員会ではその過半数で改革が進展していないことがわかる(表2-11)．すなわち，外部有識者会議の有無は，改革進展度と関係が見られるといえる．

(d) 教育委員会内部の改革検討委員会の有無

教育委員会内部の改革検討委員会の有無と改革進展度との関係については，全体としては，改革検討委員会を設置している教育委員会は少数ではあるが，改革検討委員会を設置している教育委員会では，改革進展度が高い教育委員会が80%を超えるが，設置していない教育委員会では，改革進展度が低い教育委員会が多数を占める結果となり，両者の間には関連のあることが明らかである(表2-12)．

表 2-12 改革検討委員会

		改革進展度		合計
		高	低	
改革検討委員会	あり	89	20	109
		81.7%	18.3%	100.0%
	なし	477	549	1026
		46.5%	53.5%	100.0%
合　計		566	569	1135
		49.9%	50.1%	100.0%

p<0.01

(e) 指導主事の配置数

指導主事の配置数と改革進展度との関係を見ると，指導主事の人数が多いほど，改革進展度の高い教育委員会が多数になっている．具体的に言えば，指導主事がいない教育委員会では，改革進展度が高い群に属する教育委員会が31%にすぎないが，指導主事が2人いる教育委員会になると，その74%が改革進展度の高い群に属する．その傾向は，指導主事が多くなるほど明確になっていき，11人以上の教育委員会では，実にその95%が改革進展度が高い層に属している(表2-13)．このことから，教育に関する専門的な知識を有する指導主事の配置の有無，そして，多数の指導主事の存在が，改革の進展を支える重要な人的リソースとなっていることが理解できる．

表 2-13 指導主事の配置数

指導主事の配置数		改革進展度		合計
		高	低	
	0人	145	318	463
		31.3%	68.7%	100.0%
	1人	127	129	256
		49.6%	50.4%	100.0%
	2人	82	29	111
		73.9%	26.1%	100.0%
	3〜5人	96	27	123
		78.0%	22.0%	100.0%
	6〜10人	62	12	74
		83.8%	16.2%	100.0%
	11人以上	58	3	61
		95.1%	4.9%	100.0%
合　計		570	518	1088
		52.4%	47.6%	100.0%

$p<0.01$

(f) 教育研修センターの有無

　教育研修センターの有無と改革の進展度との関係では，センターを設置している教育委員会の数自体は少ないが，センターを有している教育委員会において改革進展度が高い教育委員会が77％にのぼり，センターを設置していない教育委員会においては，改革進展度の低い教育委員会が56％にものぼるという結果となった．すなわち，センターの設置は，改革の推進要因となっており，センターは，改革にとって重要な推進力であるということである(表2-14)．

表 2-14 教育研修センターの有無

教育研修センターの有無		改革進展度		合計
		高	低	
	あり	177	52	229
		77.3%	22.7%	100.0%
	なし	406	521	927
		43.8%	56.2%	100.0%
合　計		583	573	1156
		50.4%	49.6%	100.0%

$p<0.01$

(g) 教育委員会事務局の果たしている役割

　教育委員会事務局の果たしている役割と改革の進展度との関係を分析した．分析に当たっては，「教育政策の立案上のブレーンである」，「教育政策実施時に，さまざまなアイデアを出してくれる」，「教育政策の具体化に貢献している」，「学校や地域社会のニーズを把握する上で必要不可欠な存在である」，「首長(首長部局)との調整に際して重要な役割を担っている」，「学校や教員との間の調整に役立っている」の六つの質問項目を用いた．

　これら六つの教育委員会事務局の役割のそれぞれと改革進展度とのクロス集計を行ったところ，すべての項目に関して，有意な関係が見られた(表2-15～表2-20)．つまり，事務局が教育長にとって，政策立案上のブレーンとして機能し，政策実施に際してもアイデアを提供し，政策の具体化に貢献していること，さらに，地域のニーズの把握に不可欠な役割を果たし，首長部局や学校との意見調整にも役立っていることが，改革の進展にとって重要な意味を有しているといえる．

　こうした事実は，教育長が改革を推進しようとする場合，事務局の組織能力(organizational capacity)が不可欠な役割を果たすことを物語っている．一方で，教育指導行政のためのインフラストラクチュアが整っており，専門的教育職員がいわゆる有能な政策ブレーン(organizational intelligence)として活動し，技術専門的情報によって教育長の改革推進を支え，他方で，首長部局のみならず，地域の有識者，学校関係者，一般住民などとの間に，組織の内外にわたって連絡・調整とコミュニケーションの広範なネットワークが事務局によって構築されていることが，地域の教育問題に関する政治的情

表 2-15　教育政策立案のブレーン

		改革進展度		合計
		高	低	
教育政策立案のブレーン	あてはまる	456	344	800
		57.0%	43.0%	100.0%
	どちらでもない	97	167	264
		36.7%	63.3%	100.0%
	あてはまらない	30	59	89
		33.7%	66.3%	100.0%
合計		583	570	1153
		50.6%	49.4%	100.0%

p<0.01

4 学校支援の教育改革の進展を規定する要因の分析

表 2-16 教育政策実施のアイデアの提供

		改革進展度		合計
		高	低	
教育政策実施のアイデアの提供	あてはまる	432	336	768
		56.3%	43.8%	100.0%
	どちらでもない	123	182	305
		40.3%	59.7%	100.0%
	あてはまらない	28	52	80
		35.0%	65.0%	100.0%
合計		583	570	1153
		50.6%	49.4%	100.0%

$p<0.01$

表 2-17 教育政策の具体化に貢献

		改革進展度		合計
		高	低	
教育政策の具体化に貢献	あてはまる	525	453	978
		53.7%	46.3%	100.0%
	どちらでもない	50	92	142
		35.2%	64.8%	100.0%
	あてはまらない	7	23	30
		23.3%	76.7%	100.0%
合計		582	568	1150
		50.6%	49.4%	100.0%

$p<0.01$

表 2-18 地域のニーズ把握

		改革進展度		合計
		高	低	
地域のニーズ把握	あてはまる	481	405	886
		54.3%	45.7%	100.0%
	どちらでもない	82	138	220
		37.3%	62.7%	100.0%
	あてはまらない	20	26	46
		43.5%	56.5%	100.0%
合計		583	569	1152
		50.6%	49.4%	100.0%

$p<0.01$

表 2-19 首長（首長部局）との連絡調整

		改革進展度		合計
		高	低	
首長（首長部局）との連絡調整	あてはまる	428	347	775
		55.2%	44.8%	100.0%
	どちらでもない	127	179	306
		41.5%	58.5%	100.0%
	あてはまらない	28	44	72
		38.9%	61.1%	100.0%
合　計		583	570	1153
		50.6%	49.4%	100.0%

$p<0.01$

表 2-20 学校や教員との調整

		改革進展度		合計
		高	低	
学校や教員との調整	あてはまる	451	368	819
		55.1%	44.9%	100.0%
	どちらでもない	108	167	275
		39.3%	60.7%	100.0%
	あてはまらない	23	35	58
		39.7%	60.3%	100.0%
合　計		582	570	1152
		50.5%	49.5%	100.0%

$p<0.01$

報の伝達と交換を促すのみならず，主要なアクター(関係当事者)間のパートナーシップ意識を醸成し，それが，問題解決＝改革への教育長のスタンスを後押ししていると推測されるのである．

(3) 首長の特性

　第三に首長の特性と改革の進展度との間の関係を見ると，(a)首長像，(b)首長の議会答弁の有無，(c)首長の教育行政・政策過程へのスタンスに関して，改革進展度との間に有意な関係が見られた．

(a) 首長像

　首長像に関する分析には，「地域の教育問題を優先的な政策課題の一つと

している」,「地元のニーズを把握するために,地域の教育問題について教育長に意見を求めることが多い」,「国や県,ほかの市町村の教育政策について情報通である」,「教育政策のアイデアが豊富である」の四つの質問項目を用いた。

分析の結果,使用したすべての項目と改革進展度との間に,有意な関係が見られた(表2-21〜表2-24)。

すなわち,地域の教育問題を優先的な政策課題の一つとしており,教育長に意見を聞くなどして,地元の教育ニーズの把握に努めている首長の存在が,改革の進展に重要となっている。また,それに加えて教育政策について

表 2-21 教育問題を優先課題としている

		改革進展度		合計
		高	低	
教育問題を優先課題としている	あてはまる	479	427	906
		52.9%	47.1%	100.0%
	どちらでもない	78	113	191
		40.8%	59.2%	100.0%
	あてはまらない	24	32	56
		42.9%	57.1%	100.0%
合計		581	572	1153
		50.4%	49.6%	100.0%

$p<0.01$

表 2-22 地元の教育ニーズに関心がある

		改革進展度		合計
		高	低	
地元のニーズに関心がある	あてはまる	406	333	739
		54.9%	45.1%	100.0%
	どちらでもない	125	167	292
		42.8%	57.2%	100.0%
	あてはまらない	49	71	120
		40.8%	59.2%	100.0%
合計		580	571	1151
		50.4%	49.6%	100.0%

$p<0.01$

表 2-23　教育政策について情報通

教育政策について情報通		改革進展度		合計
		高	低	
	あてはまる	284	220	504
		56.3%	43.7%	100.0%
	どちらでもない	234	267	501
		46.7%	53.3%	100.0%
	あてはまらない	63	82	145
		43.4%	56.6%	100.0%
合　計		581	569	1150
		50.5%	49.5%	100.0%

$p<0.01$

表 2-24　教育政策のアイデアが豊富

教育政策のアイデアが豊富		改革進展度		合計
		高	低	
	あてはまる	261	205	466
		56.0%	44.0%	100.0%
	どちらでもない	258	276	534
		48.3%	51.7%	100.0%
	あてはまらない	63	90	153
		41.2%	58.8%	100.0%
合　計		582	571	1153
		50.5%	49.5%	100.0%

$p<0.01$

情報通で，かつまた教育政策のアイデアが豊富であるといった，教育に関しての識見を有して政策形成上のアドバイザーとしての役割を担える首長が，改革の進展にとって重要であることがわかる．

(b) 首長の議会答弁の有無

つぎに，教育についての議題に関する首長の議会答弁の有無と改革進展度との関係を分析すると，首長の議会答弁が「ある」と答えた自治体では，改革進展度の高い群に属する教育委員会が約65%にのぼるという結果となった．反対に，「ない」と答えた教育委員会では，53%が改革進展度が低い群に属している(表2-25)．

表 2-25 首長による議会答弁

		改革進展度 高	改革進展度 低	合計
首長による議会答弁	ある	133	73	206
		64.6%	35.4%	100.0%
	時々ある	335	369	704
		47.6%	52.4%	100.0%
	ない	115	131	246
		46.7%	53.3%	100.0%
合計		583	573	1156
		50.4%	49.6%	100.0%

$p<0.01$

(c) 首長の教育行政・政策過程へのスタンス

最後に，首長の教育行政・政策過程へのスタンスと改革進展度との関係を分析した．ここでは，「教育政策に関しては，全面的に教育長に委任している」，「教育長のアイデアを尊重してくれる」，「教育長の政策提言を積極的にサポートしようとしてくれる」，「教育政策についてアイデアや提言を積極的に出してくれる」，「政策発案をすることもあるが，その場合も教育長や教育委員会と事前に協議し，さまざまな意見を調整して政策の実現を目指すことが多い」，「教育政策の多くは，首長部局との事前の協議が不可欠である」，「頻繁に教育政策についての説明を求められ，場合によっては若干の変更を求められる」，「首長自身の教育ビジョンを教育長や教育委員会を通して実現しようとする」，「教育政策への具体的な指示をすることがある」といった質問項目に対する回答を分析に用いた．

首長の教育行政・政策過程に対するスタンスの中で，改革の進展に影響を与えているものは，「教育政策についてアイデアや提言を積極的に出してくれる」，「首長自身の教育ビジョンを教育長や教育委員会を通して実現しようとする」，「教育政策への具体的な指示をすることがある」であった（表 2-26〜表 2-28）．

これらの知見から示唆されることは明白である．首長が，地域の教育問題や教育ニーズに高い関心を持ち，教育問題を優先課題とし，政策について情報通であり，そして，教育政策過程においても，教育長の改革の取り組みに対して，直接的であれ，間接的であれ，コミットメントの高い「教育」首長（教育改革を優先課題としたブッシュ元大統領が自らを「教育」大統領と称し

表 2-26 教育政策アイデアの提供

		改革進展度		合計
		高	低	
教育政策アイデアの提供	あてはまる	291	238	529
		55.0%	45.0%	100.0%
	どちらでもない	238	255	493
		48.3%	51.7%	100.0%
	あてはまらない	50	73	123
		40.7%	59.3%	100.0%
合　計		579	566	1145
		50.6%	49.4%	100.0%

$p<0.01$

表 2-27 自己の教育ビジョンの実現に熱心

		改革進展度		合計
		高	低	
自己の教育ビジョンの実現に熱心	あてはまる	237	164	401
		59.1%	40.9%	100.0%
	どちらでもない	211	230	441
		47.8%	52.2%	100.0%
	あてはまらない	128	178	306
		41.8%	58.2%	100.0%
合　計		576	572	1148
		50.2%	49.8%	100.0%

$p<0.01$

表 2-28 教育政策への指示を行う

		改革進展度		合計
		高	低	
教育政策への指示を行う	あてはまる	196	136	332
		59.0%	41.0%	100.0%
	どちらでもない	244	214	458
		53.3%	46.7%	100.0%
	あてはまらない	136	219	355
		38.3%	61.7%	100.0%
合　計		576	569	1145
		50.3%	49.7%	100.0%

$p<0.01$

4 学校支援の教育改革の進展を規定する要因の分析

たことにちなんでいえば)とも呼ぶべき首長であることが，教育長が教育改革を推進する上で重要な意味を持つということである．

(4) 地域住民の特性

地域住民の特性については，分析の結果，(a)住民像と(b)住民リーダーの役割の2点で，改革進展度との間に有意な関係が見られた．それぞれについて，確認していこう．

(a) 住民像

住民像については，「教育に対する関心が高い」，「公聴会や集会などに参加する住民が多い」，「教育委員会のホームページや電子メール，電話などを利用して，教育問題に関する意見を寄せる住民が多い」，「地域では多くの住民

表 2-29 教育に対する関心が高い

		改革進展度		合計
		高	低	
教育に対する関心が高い	あてはまる	480	409	889
		54.0%	46.0%	100.0%
	どちらでもない	91	152	243
		37.4%	62.6%	100.0%
	あてはまらない	7	10	17
		41.2%	58.8%	100.0%
合　計		578	571	1149
		50.3%	49.7%	100.0%

p＜0.01

表 2-30 集会に参加する住民が多い

		改革進展度		合計
		高	低	
集会に参加する住民が多い	あてはまる	195	124	319
		61.1%	38.9%	100.0%
	どちらでもない	303	314	617
		49.1%	50.9%	100.0%
	あてはまらない	78	128	206
		37.9%	62.1%	100.0%
合　計		576	566	1142
		50.4%	49.6%	100.0%

p＜0.01

表 2-31 意見を寄せる住民が多い

		改革進展度		合計
		高	低	
意見を寄せる住民が多い	あてはまる	158	56	214
		73.8%	26.2%	100.0%
	どちらでもない	282	252	534
		52.8%	47.2%	100.0%
	あてはまらない	135	260	395
		34.2%	65.8%	100.0%
合　計		575	568	1143
		50.3%	49.7%	100.0%

$p<0.01$

表 2-32 住民団体の活動が活発

		改革進展度		合計
		高	低	
住民団体の活動が活発	あてはまる	356	250	606
		58.7%	41.3%	100.0%
	どちらでもない	177	227	404
		43.8%	56.2%	100.0%
	あてはまらない	45	93	138
		32.6%	67.4%	100.0%
合　計		578	570	1148
		50.3%	49.7%	100.0%

$p<0.01$

団体が活発に活動している」の質問項目を分析に用いた．

　住民像については，分析に用いたすべての項目において，改革の進展度との間に有意な関係が見られる．すなわち，教育関心が高く集会に参加するなど市民意識の高い地域住民の存在は，改革進展のための重要な政策環境といえる（表 2-29～表 2-32）．

(b) 住民リーダーの役割

　教育長と住民リーダーとの関係と改革進展度との関係を見るために，住民リーダーの果たしている役割に関する質問項目の回答を用いた．分析に使用した質問項目は，「教育改革のアイデアを出してくれる」，「教育政策に関する

4 学校支援の教育改革の進展を規定する要因の分析

意見の調整に役立っている」,「教育政策についての住民の評価を知らせてくれる」,「教育に対するニーズについて知ることができる」,「教育政策への理解と支持を広める上で重要な役割を担っている」である．

住民リーダーの役割と改革の進展度とのクロス集計の結果は，住民像と同様に，すべての項目に関して改革の進展度と有意な関係が認められた(表2-33～表2-37)．

これらの分析結果からは，地域住民との関係では，地域住民が，教育への関心が高く，住民集会への参加率も高く，教育問題の解決に意欲的な自治体の教育委員会においては，学校支援の教育改革が進展していること，また，住民リーダーが，政策のアイデアを出したり，住民の政策評価を伝えるなど，教育長にとって，教育政策の立案，実施，評価に関わるさまざまな局面にお

表 2-33　教育改革アイデアの提供

		改革進展度		合計
		高	低	
教育改革アイデアの提供	あてはまる	152	76	228
		66.7%	33.3%	100.0%
	どちらでもない	325	325	650
		50.0%	50.0%	100.0%
	あてはまらない	99	166	265
		37.4%	62.6%	100.0%
合　計		576	567	1143
		50.4%	49.6%	100.0%

$p<0.01$

表 2-34　教育政策上の意見調整に貢献

		改革進展度		合計
		高	低	
教育政策上の意見調整に貢献	あてはまる	163	84	247
		66.0%	34.0%	100.0%
	どちらでもない	313	332	645
		48.5%	51.5%	100.0%
	あてはまらない	100	151	251
		39.8%	60.2%	100.0%
合　計		576	567	1143
		50.4%	49.6%	100.0%

$p<0.01$

表 2-35　住民の教育政策評価の伝達

		改革進展度		合計
		高	低	
住民の教育政策評価の伝達	あてはまる	226	131	357
		63.3%	36.7%	100.0%
	どちらでもない	273	313	586
		46.6%	53.4%	100.0%
	あてはまらない	77	123	200
		38.5%	61.5%	100.0%
合計		576	567	1143
		50.4%	49.6%	100.0%

$p<0.01$

表 2-36　教育ニーズの伝達

		改革進展度		合計
		高	低	
教育ニーズの伝達	あてはまる	326	209	535
		60.9%	39.1%	100.0%
	どちらでもない	203	269	472
		43.0%	57.0%	100.0%
	あてはまらない	46	89	135
		34.1%	65.9%	100.0%
合計		575	567	1142
		50.4%	49.6%	100.0%

$p<0.01$

表 2-37　教育政策への理解と支持に貢献

		改革進展度		合計
		高	低	
教育政策への理解と支持に貢献	あてはまる	314	212	526
		59.7%	40.3%	100.0%
	どちらでもない	200	264	464
		43.1%	56.9%	100.0%
	あてはまらない	61	90	151
		40.4%	59.6%	100.0%
合計		575	566	1141
		50.4%	49.6%	100.0%

$p<0.01$

いて重要な役割を果たしていると認知されている自治体において，教育改革が進んでいることが明らかになった．

これらの知見が示唆するのは，地域住民の特性は，教育改革を推進する刺激剤として作用するということである．地域住民の教育関心が高く，住民団体の活動も活発な，いわゆる「市民意識の高い」地域社会では，政策評価の情報が伝えられるなど，教育改革の取り組みへの反応も素早い．そうした住民の存在自体が，教育長にとっては教育改革に対する「見えざる」プレッシャーとしても，改革を後押しするサポートとしても作用しており，教育長が改革に対して意欲的に取り組むことへのインセンティブ(誘因)ともなっているということである．

(5) 教員団体の特性

教員団体の特性と改革の進展との関係については，(a)定期的な会談の有無と(b)教員団体の役割に関して有意な関係が見出された．

(a) 定期的な会談の有無

教員団体と教育委員会との定期的な会談の有無と改革進展度との関係を見ると，「すべての教員団体とある」とする教育委員会では，その61%が改革進展度が高い層に属している．改革進展度が高い層に属している教育委員会の割合は，「一部の教員団体とある」で55%，「行っていない」で42.9%となっている．このことは，教員団体が教育委員会と定期的に交流しているほど改革が進展していると解釈できる(表2-38)．

表 2-38 教員団体と教育委員会との定期的な会談

		改革進展度		合計
		高	低	
教員団体と教育委員会との定期的な会談	すべての教員団体とある	160	101	261
		61.3%	38.7%	100.0%
	一部の教員団体とある	173	141	314
		55.1%	44.9%	100.0%
	行っていない	243	325	568
		42.8%	57.2%	100.0%
合　計		576	567	1143
		50.4%	49.6%	100.0%

$p<0.01$

(b) 教員団体の役割

教員団体の役割と改革進展度の関係の分析においては「現在進んでいる教育政策や教育改革についての賛否など，教員の評価を知ることができる」，「あなたが認知していないような教育問題についての情報を得ることができる」，「教育政策実施の上でのアイデアを得ることができる」，「教員の関心が高い教育政策の領域を知ることができる」，「教育政策を進める上での課題を知ることができる」といった，質問項目に関する回答を使用した（表 2-39〜表 2-41）。

分析の結果は，「教育政策への教員の評価を知ることができる」，「教員の関心の高い教育政策領域を知ることができる」，「教育政策推進上の課題が理解できる」について改革進展度との間に有意な関係が見られた．

これらの知見に照らしてみると，教員団体は，教育長の改革推進のリー

表 2-39 教育政策への教員の評価を伝達

		改革進展度 高	改革進展度 低	合計
教育政策への教員の評価を伝達	あてはまる	204	148	352
		58.0%	42.0%	100.0%
	どちらでもない	236	243	479
		49.3%	50.7%	100.0%
	あてはまらない	131	172	303
		43.2%	56.8%	100.0%
合計		571	563	1134
		50.4%	49.6%	100.0%

$p<0.01$

表 2-40 教員の教育政策上の関心を伝達

		改革進展度 高	改革進展度 低	合計
教員の教育政策上の関心を伝達	あてはまる	211	158	369
		57.2%	42.8%	100.0%
	どちらでもない	225	238	463
		48.6%	51.4%	100.0%
	あてはまらない	133	167	300
		44.3%	88.7%	100.0%
合計		569	563	1132
		50.3%	49.7%	100.0%

$p<0.01$

5 分析結果の示唆するもの

表 2-41 教育政策推進上の課題を伝達

		改革進展度		合計
		高	低	
教育政策推進上の課題を伝達	あてはまる	255	199	454
		56.2%	43.8%	100.0%
	どちらでもない	198	226	424
		46.7%	53.3%	100.0%
	あてはまらない	117	138	255
		45.9%	54.1%	100.0%
合　計		570	563	1133
		50.3%	49.7%	100.0%

$p<0.01$

ダーシップにとって，政策上のアイデアを提供するというよりは，政策に関する評価情報や政策に関する教員の関心の所在を確認するというような，改革を進める上でのフィードバック機構としての役割を果たすことで，教育改革に貢献していると推測される．

5 分析結果の示唆するもの —教育改革を推進する自治体とは—

さて，このような分析結果は，いかなる意味合いを持つのであろうか．教育委員会制度の再編成や有効性の向上という今日的課題に対していかなる示唆を含んでいるのであろうか．

周知のように，教育委員会制度に関しては，それが自治体教育行政の担い手としての正統性と有効性を持っているのか，とりわけ，地方分権の時代にあって，自治体独自の教育行政の展開，教育改革の推進主体として存続可能な装置として再生しうるのかということが切実に問われ，そのための方策は何かが重要な検討課題となっている．そして，その課題は，運用上の改善や創意工夫で対応できるのものなのか，法改正を伴う制度改革を必要とするような課題なのか，あるいは，合議制行政委員会方式の独立した執行機関という現行制度の根幹に当たる部分を見直し変更するような構造改革への取り組みなくしては達成できない課題なのか．こうした制度の再編ないし再生に関わる問いの解明が求められている．

こうした問いにわれわれの分析結果は何を示唆するのか．

例えば，教育委員会が教育識見に優れた教育委員から構成されており，そして教育委員会会議が事務局のリードで進行する形式的・儀式的なものに終

始せずに，教育委員が地域の教育ニーズを提起したり，政策アイデアを提供・交換する場となっていることなどの教育委員会(狭義)の特性が改革の推進に関わることが明らかになったことは，今後の制度再編の方向にとって示唆的である．というのは，教育委員会廃止論の根拠の一つになっているのが教育委員会(狭義)の形骸化であるが，これらのデータは教育委員会(狭義)の存在意義がどこにあるのか，どうすれば，その存在理由を主張できるかを雄弁に語っており，教育委員(会)が無用な存在であることをやめ，その存在意義を発揮する条件がここには示唆されているからである．

教育委員会制度の在り方をめぐる議論において，必ず論議の的になってきたのが，事務局はその本来の機能を発揮しているのか，自治体教育行政の最高執行責任者としての教育長を補佐する機構として機能しているのかであり，その組織機構としての未整備，組織的陣容の不足が問題として取り上げられてきた．そもそも教育委員会に首長部局とは独立した独自の事務局が法制上組織されるのは，教育行政に固有の専門性が求められること，とりわけ，学校に対する専門的事項に関わる指導と助言に従事する教育指導行政というほかの行政分野にない専門的業務を担う機構が不可欠であるからであり，そのことによって教育委員会の存在理由が主張されてきた．

しかし，現実は，それを担うべき指導主事が配置されていない事務局が大勢を占め，それにより，教育委員会制度の根幹への疑念，すなわち教育行政の専門性は何によって担保されるのかという疑念をかきたててきた面があったことは否定できない．しかも，その組織陣容の充実が叫ばれながらも大きな制度・政策の展開もないままに，分権時代―すなわち自治体がそれぞれに独自の政策企画力にものをいわせて特色ある教育行政を展開しなければならない新たな時代―を迎えている．事務局に関するわれわれの分析結果は，まさにこれまでいくどとなく提起され続けてきたことの意味，つまり，教育行政の活性化にとっての事務局の整備・充実が不可欠であることを実証しているといえる．すなわち，事務局はまさしく教育改革の推進にとってインフラストラクチュア(土台)としての意味を持っていることが明らかで，指導主事などの専門的教育職員の配置や教育研修センターの設置なども含めて，事務局の組織機構としての整備・充実は，組織の内外にわたって広範なコミュニケーションのネットワークの構築を促し，地域の教育問題に関する情報の伝達と交換を促進することにより，教育長の政策的リーダーシップを支えている．その意味では，市町村合併による事務局体制の強化は，教育委員会制度再編の意味のある一つの選択肢であることはまちがいない．

5 分析結果の示唆するもの

　首長が教育行政の活性化にとって重要な存在であることは，教育委員の任命権限，教育予算の編成・執行権限という，その教育行政権限の性質からいって当然に予想されることであり，事実，今日，先導的な教育改革に取り組んでいることで知られている自治体がそうであるように，教育問題への関心が高く，問題解決へのコミットメントの高い首長，そして，教育問題を優先して教育行政・政策過程に対して積極的かつ支持的に関与する首長の下では，教育改革が進展していることが明らかになった。この事実は，教育長が教育行政の「政治的中立性」の確保という名の下に，首長との連携・協働を軽視し，教育行政の独立を志向することでは地域の教育問題の解決にはつながらないことを示唆する。むしろ，そうした教育行政の独立を志向するスタンスでは孤立を招くこと，教育長の側から首長と積極的に接触・交流を図り，教育ニーズを語り合い，教育問題を共有し，教育ビジョンを確かめ合うことをしなければ地域の問題解決は支障を来すことを物語っている。

　住民との関係であるが，住民の教育関心度にしろ，住民集会への参加度にしろ，それらが高い自治体では教育改革が進んでいること，あるいはまた，住民の地域活動が組織化されており，教育行政・政策過程にも積極的に関わりを持つ住民リーダーのいる自治体において教育改革が進んでいることは，地域の市民社会としての成熟（あるいは，地域住民の市民としての成熟度といいかえてもよい）が，地域独自の教育改革への取り組みに見られるような，自主的かつ積極的な教育行政の展開にとって不可欠の要因であることを示唆している。この事実は，教育長が政策を推進する際，手がかりになるのは住民の教育への関心のありようであり，ニーズであることを暗示しており，住民への説明責任を念頭に置きながら施策・事業を推進していることをうかがわせるものといえる。教育行政にとって住民参加が重要であるのは，それが重要な制度理念の一つであるからではなく，現実に教育長のリーダーシップ行動に「正統性」の根拠を与え，それを左右する要因であるからということがこうしたデータから理解できる。

　教員団体と教育委員会との関係の在り方は自治体によってさまざまであり，教育委員会の進める教育改革に教員団体がどう関わっているかについてあまり研究的関心が払われてきたとはいえない。われわれの調査結果によれば，教員団体が教育委員会と定期的に会談の機会を有しており，そうした機会を通して，教員による政策に対する評価やその政策への関心の所在を確認できるような情報のフィードバックが行われている自治体では，教育改革が相対的に進んでいることが明らかになった。これは，教育委員会の側で，教

員団体を通じて学校のニーズを知ることや施策・事業の評価情報を得ることが，施策・事業を企画・実施する上で必要なことを教えるものであり，今日，教員団体と教育委員会との相互交流も教育行政・政策過程の動向に重要な意味を帯びていることをうかがうことができるデータといえる．つまり，自治体における教員団体の特性に関するデータも，教育団体が地域の教育行政にとって軽視できない存在であることを示唆している．

6 残された課題

 以上において，調査結果から示唆されることをまとめてきた．ただ，本章の分析で改革を規定することが明らかになったこれらの要因は，どの自治体にも遍在する要因ではない．そうした要因を十分に備えた自治体もあれば，そうでない自治体もある．例えば，教育改革の進展に関して自治体の人口規模ごとに大きなバリエーションが生ずるのは[6]，そのためであると考えられる．したがって，これら教育改革の推進と統計的に有意な関連性を持つ諸要因の布置連関が人口規模により，どのように異なるかの検証が必要になる．この問いの解明は，いうまでもなく，教育委員会制度論における「設置単位論」の検討に直結することであり，今日的課題となっている，市町村合併による教育委員会事務局の整備・充実や教育行政の広域化問題を検討する上に示唆を与えることになろう．また，人口規模がどのように関連しているかの解明は，制度再編のための対応課題ないし戦略に自ずと影響を及ぼすことになろう．この解明は，4章で試みる．

 もう一つ，重要な，残された課題がある．それは，改革推進を規定する要因としての意味が明らかになった関係アクター（および，そのリソース）の諸特性のうち，どれ（誰）が相対的に重要なのかという問いの解明である．つまり，これら関係アクターの諸特性は自治体教育行政の場＝状況を構成し，改革の推進に関わる要因であることはたしかであるとしても，改革推進要因として同じ比重を持って改革の推進に働いているかどうかは明らかにではない．教育改革の推進要因としての相対的な規定力を解明する必要がある．教育改革を教育長が推進する上でもっとも重要な要因は首長の特性なのか（例えば，首長が「教育」市長的存在であることがもっとも重要なのか），事務局の特性なのか（例えば，事務局の組織陣容の整備充実がもっとも重要なのか），あるいは，教育委員会（狭義）の特性なのか（例えば，教育委員会会議が政策フォーラムとして実質的に機能していることがもっとも重要なのか）などを明らかにする必要がある．これら関係アクターの諸特性の相対的な規定

力の解明も，制度再編の戦略を構築する上で重要な影響を持つことは明白である．次章において，この問題を解明する．

【注】
1) 堀 和郎他「市町村レベルにおける地方教育行政の改革動向とその規定要因」，平成12・13年度科学研究費補助金・基盤研究・研究成果報告書『教育改革における教育委員会の役割―地方教育行政に関する『中教審答申』以降の動向に注目して―』所収(2002), pp. 32-39．
2) 柳林信彦・堀 和郎「School-Based Management 政策と学区教育委員会の役割転換」西日本教育行政学会『教育行政学研究』第24号(2003)：堀 和郎「市町村教育委員会の改革力を高める」『日本教育行政学会年報』第25号(2004)．
3) 表中の不明とは，行政区分を問う質問項目に無回答の数である．ただし，その他の質問項目に対する回答は，分析に使用しているので，合計回収数には含めている．
4) 以下の特性についても，同一の変数化の手続きをとった．(1)-(b)教育委員会会議の特徴，(1)-(c)教育委員が果たしている役割，(2)-(g)教育委員会事務局の役割，(3)-(a)首長像，(3)-(c)首長の教育行政・政策過程へのスタンス，(4)-(a)住民像，(4)-(b)住民リーダーの役割，(5)-(b)教員団体の役割．
5) 両者の一体化については，7章の「自治体教育行政における首長と教育委員会との関係構造」を参照．
6) 例えば，自治体の人口規模と改革進展度とのクロス集計を行うと，つぎのような点が理

表 2-42 人口規模別に見た改革進展度

		改革進展度		合計
		高	低	
人口規模	8千人未満	101	250	351
		28.8%	71.2%	100.0%
	8千以上3万人未満	169	212	381
		44.4%	55.6%	100.0%
	3万以上5万人未満	98	69	167
		58.7%	41.3%	100.0%
	5万以上10万人未満	110	43	153
		71.9%	28.1%	100.0%
	10万以上20万人未満	60	9	69
		87.0%	13.0%	100.0%
	20万人以上	60	2	62
		96.8%	3.2%	100.0%
合計		598	585	1183
		50.5%	49.5%	100.0%

$p < 0.01$

解できる．表 2-42 に見られるように，人口 3 万〜5 万人を境に，改革進展度が高い教育委員会の割合と，低い教育委員会の割合が逆転している．特に，10 万〜20 万人の自治体では，87%が，20 万人以上の自治体では，96.8%の教育委員会が改革進展度が高い群に属している（なお，人口規模の影響については，4 章において中心テーマとして取り上げている）．

3章

教育改革の進展と自治体教育行政の特性(その2)
── 改革推進要因相互の規定力の判別 ──

1 研究の課題：教育改革の進展に影響を及ぼす自治体教育行政の特性のうち，どの特性の規定力が大きいか

　前章において，自治体レベルで取り組まれている教育改革の進展の背後にある要因は何なのか，改革の進んでいる自治体とそうでない自治体との間にどのようなちがいがあるのか，改革を推進する自治体に特有の条件は何か，という問題関心に基づいて，市町村教育長を対象とする教育改革の動向に関する全国調査のデータを用いて，教育改革の進展の度合いと自治体教育行政の特性との関係に焦点を当て，教育改革の進展に影響を及ぼす自治体教育行政の特性としてどのような特性があるのかという問いを設定し，いわば教育改革の推進要因の抽出を試みた．
　本章では，影響を及ぼしているこれらの特性(改革推進要因)の中で，どの特性が相対的に重要なのかという問いの解明を試みる．これらの特性は教育改革の進展に影響を与えている要因であるが，その規定力は同じではないであろう．その規定力を識別して，各推進要因の自治体レベルの教育改革の進展にとっての相対的重要性を明らかにしようとするのである．

2 分析の方法

　本章は，前章で用いたものと同じデータを基に(サンプル数等に関しては，p.36を参照)，教育改革の推進に関連することが明らかになった要因の中で，どれがもっとも重要な要因であるのかを解明する．このために，ピアソンの積率相関分析と重回帰分析を用いる[1]．まず，新たに自治体教育行政の特性を表す合成変数を構成し，教育改革の進展度との相関係数を求め，改革進展度と関連性が見られる特性を抽出する．つぎに，関連性が明らかとなった

合成変数だけを用いて重回帰分析を行い，それら合成変数(要因)相互の相対的な規定力，つまり教育改革の進展に対する規定力の強さを比較検討する．

(1) 教育改革の進展度(被説明変数)の構成

被説明変数である改革進展度の構成は2章での手続きとほとんど同じであるが，ここで再度確認しておこう．以下の操作を行い変数化した．まず，表3-1に見るような各教育委員会が取り組むことが予想される学校支援策の実施状況に関する4段階の回答それぞれについて，「すでに実施している(実施

表 3-1 教育委員会の取り組む学校支援策

	質問項目
1	学校管理規則の見直し
2	意見具申の手続きの見直し
3	特別非常勤講師採用の校長委任
4	校長裁量経費の配分
5	学校裁量予算の配分
6	独自の学力調査の実施
7	学力向上プランの作成
8	自己点検・評価の手引き書の作成
9	個別指導記録モデルの作成
10	学習障害児対応の手引き書の作成
11	個に応じた指導の手引き書の作成
12	地域人材活用予算の措置
13	独自の研究指定校制度
14	独自の副教材の作成
15	独自経費による少人数指導加配
16	独自経費によるカウンセラー配置
17	総合的学習の時間の資料の作成
18	独自経費による心の教室相談員の配置
19	学校訪問の見直し
20	人材開発的教員研修への支援
21	校長の組織マネジメント研修
22	学社連携担当職員の配置
23	学習ネットワークの構築
24	情報担当指導主事の配置
25	カリキュラム開発のための人材配置

することが決定している）」に1点，「検討課題となっており，実施する可能性が高い」に2点，「検討課題となっているが，実施する可能性は低い」に3点，「検討課題となっておらず，実施する可能性はほとんどない」に4点を与えて得点化し，それらの合計得点を求め改革進展度を表す変数とした．

ここで，「検討課題となっており，実施する可能性が高い」とは，まだ実施していないし，実施も決定していないが，教育委員会会議での議論は煮詰まり，あとは最終の決定が残されているという状態にある場合や，教育委員会会議において，肯定的意見が多い場合を指す．「検討課題となっているが，実施する可能性は低い」は，検討課題として提案されたばかりで，検討材料とはなっているが，その決定にはまだ時間がかかることが予想されたり，教育委員会会議で反対意見が多い場合を指している．「検討課題となっておらず，実施する可能性はほとんどない」は，文字通り当該支援策が政策課題になっていないため，実施の可能性がないことを指している．したがって，ここでいう改革進展度とは，各改革案の実施の有無という二者択一的概念ではなく，広く教育委員会の教育改革への取り組みの状態まで含む概念である．

(2) 自治体教育行政の特性（説明変数）の構成

つぎに説明変数であるが，本章で説明変数の構成に用いた質問項目は，2章のものと基本的には同じである．ただし，新しい分析を行うこともあり，

表 3-2 自治体教育行政の主要アクターの特性

1) 教育長の特性	：関係者との交流
2) 教育委員会（狭義）の特性	：教育委員会会議の特徴 　教育委員の役割
3) 事務局の特性	：①機構体制：首長部局との連絡調整委員会の有無 　　　　　　　外部有識者会議の有無 　　　　　　　教育委員会内部の改革検討委員会の有無 　　　　　　　学校との連絡調整会議の有無 　　　　　　　意見収集窓口の有無 　　　　　　　派遣指導主事数を含む指導主事数 　　　　　　　社会教育主事数 　　　　　　　教育研修センター設置の有無 　　　　　　　構造特区申請の有無 　②機　　能：事務局スタッフの役割
4) 首長の特性	：首長像 　首長の教育行政・政策過程に対するスタンス
5) 住民の特性	：住民像 　住民リーダーの役割
6) 教員団体の特性	：教員団体の役割

いくつかの新たな質問項目も変数の構成に加えている．したがって，2章のものと使用する質問項目とは若干ちがっている．そこで，改めて，説明変数の構成について説明しておこう．

本章で用いる説明変数は，表3-2に見るような自治体教育行政の場を構成する主要アクターの特性を指標とする，自治体教育行政の特性に関する合成変数である．

合成変数の構成に当たっては，六つの変数カテゴリー別を基本に，そして，下位特性が設定されている場合は下位特性ごとに，自治体教育行政の特性に関する個別変数のうち[2]，個別変数と改革進展度とのクロス集計の結果1％の

表 3-3 自治体教育行政の各特性を表す合成変数の構成に使用した質問項目

		項目			項目
教育長の特性	交流	都道府県教育長	首長の特性	首長像	地域の教育問題を優先課題
		大学教授			地元のニーズ把握に積極的
		校長会			国・県・市町村の教育情報通
		議員			教育政策のアイデアが豊富
教育委員会(狭義)の特性	会議特性	議題への活発な議論がある		首長の政策スタンス	教育特区の申請に関心あり
		提案には発言がない			政策アイデアを積極的に出す
	委員役割	政策提案が多い			自身の発案を委員会を通して実現
		政策のアイデアをくれることが多い			具体的な指示をする
事務局の特性	機構体制	指導主事数	住民の特性	住民像	教育への関心が高い
		社会教育主事数			公聴会に参加する住民が多い
		教員研修センター設置の有無			意見を寄せる人が多い
		教育委員会と首長部局との連絡調整委員会			住民団体が多い
		構造特区申請の有無		住民リーダー役割	改革アイデアを提供する
		外部有識者会議の設置			政策の意見調整
		教育委員会内部の改革検討委員会の有無			政策への住民の評価を知らせる
		意見収集窓口の有無			住民の教育ニーズを伝える
		学校との連絡調整会議の設置			政策への理解を広める
	事務局スタッフの役割	内部役割	政策立案のブレーン	教員団体の特性	教員団体役割	政策への教員の評価がわかる
			実施上の意見提供			政策への教員の関心がわかる
			政策の具体化に貢献			政策展開上の課題の理解
		外部役割	学校や地域のニーズ把握			
			首長との調整			
			学校との調整			

水準で有意な関係を示している個別変数を抽出し，主要アクターの特性別に，因子分析により単一因子とみなせるかどうかを確認しつつ，合計11の合成変数を構成した．変数の構成に使用した質問項目は表3-3の通りである[3]．各合成変数について，以下に説明する．

(a) 教育長の特性

教育長の特性に関しては，教育長の交流に関する質問項目の回答を用い，教育長の関係者との交流の度合いに関する合成変数を構成した．「都道府県教育長」，「大学教授」，「校長会」，「議員」との交流頻度に関する回答を得点化し，その合計を分析に用いた．これは，交流の積極度を表す変数である．

(b) 教育委員会(狭義)の特性

教育委員会(狭義)の特性としては，まず，教育委員会会議の特徴に関する回答を用いて，会議の活発度に関する合成変数を構成した．「議題への活発な議論がある」，「提案には発言がない」，(「発言がない」は，負の相関であるため，与える得点をほかの変数とは反対にした)の回答を得点化し，その合計を用いた．これは，会議が活発か否かを表す変数である．

つぎに，教育委員の活動に関する回答を基に，教育委員の役割遂行度に関する変数を設定した．「政策提案が多い」，「政策のアイデアをくれることが多い」に関する回答を得点化しその合計を用いた．これは，教育委員会が，役割遂行度が高い委員で構成されているか否かを示す変数である．

(c) 事務局の特性

事務局の特性は，まず，「指導主事数」，「社会教育主事数」，「教育研修センター設置の有無」，「教育委員会と首長部局との連絡調整委員会の有無」，「構造特区申請の有無」，「外部有識者会議の有無」，「教育委員会内部の改革検討委員会の有無」，「意見収集窓口の有無」，「学校との連絡調整会議の設置」に関する回答を得点化し合計して，機構体制に関する合成変数を構成した．

つぎに，事務局特性について，事務局スタッフの役割に関する質問項目への回答を基に，もう一つの合成変数を構成した．この特性については，因子分析を行った結果，二つの因子が抽出されたので，内部役割遂行度と外部役割遂行度という二つの合成変数を設定することとした．内部役割遂行度とは，「政策立案のブレーンである」，「政策実施上の意見を出してくれる」，「政策の具体化に貢献している」に共通して見られる特性を捉えている．また，外部役割遂行度とは，「学校や地域のニーズ把握に不可欠な存在である」，「首長との調整に不可欠な存在である」，「学校との調整に不可欠な存在である」に共通する特性を捉えたものである．それぞれの回答を得点化し，その合計

を用いて合成変数を構成し分析に用いた．これは，各役割遂行度の高い事務局か否かを示す変数である．
(d) 首長の特性

首長の特性については，まず，首長像に関する質問項目への回答を基に，首長の教育への関心の度合いを示す合成変数を構成した．「地域の教育問題を優先課題にしている」，「地元のニーズ把握に積極的である」，「国・県・市町村の教育に関して情報通である」，「教育政策のアイデアが豊富である」，「教育特区の申請に関心がある」の回答を得点化し，その合計を分析に用いた．これは，教育への関心の高い首長か否かを表す変数である．

つぎに，首長の教育政策へのスタンスに関する質問項目への回答を基に，首長の教育政策への関与の度合いに関する合成変数を構成した．「政策アイデアを積極的に出す」，「自身の発案を委員会を通して実現する」，「具体的な指示をする」の回答を得点化し，その合計を分析に用いた．これは，教育政策に積極的に関与する首長かそうではない首長かを示す変数である．

(e) 住民の特性

地域住民特性に関しては，まず，住民像に関する質問項目への回答を基に，地域住民の教育政策への関心の度合いに関する合成変数を設定した．「教育への関心が高い」，「公聴会に参加する住民が多い」，「意見を寄せる人が多い」，「住民団体が多い」に関する回答を得点化して合計し分析に用いた．これは，教育への関心が高い住民の多い自治体であるか否かを表す変数である．

つぎに，住民リーダーの役割に関する質問項目への回答を基に，住民リーダーの教育政策への関心度に関する合成変数を構成した．「改革アイデアを提供する」，「政策の意見調整」，「政策に関する住民の評価を知らせる」，「住民の教育ニーズを伝える」，「政策への理解と支持を広める」に関する回答を得点化して合計し分析に用いた．これは，住民リーダーの教育政策への関与度が高いか否かを表す変数である．

(f) 教員団体の特性

教員団体の果たしている役割に関する質問項目への回答を基にして，教員団体の政策関与度に関する変数を構成した．「教育政策への教員の評価がわかる」，「教育政策に対する教員の関心がわかる」，「政策展開上の課題が理解できる」に関する回答を得点化して合計し分析に用いた．これは，教育政策への関与度の高い教員団体か否かを示す変数である．

3 分析結果──自治体教育行政の特性と教育改革の進展──

(1) 改革推進要因の抽出──相関分析の結果から──

教育改革の進展度と自治体教育行政の特性との相関分析の結果は，表3-4に見る通りである[4]。

表 3-4 改革進展度と自治体教育行政の特性との相関

特 性	教育長の関係者との交流度	会議の活発度	委員としての役割遂行度	機構体制の整備度	内部役割遂行度	外部役割遂行度
ピアソンの相関係数	0.351**	0.139**	0.160**	0.458**	0.297**	0.259**
有意確率(両側)	0.000	0.001	0.000	0.000	0.000	0.000
N	1149	1143	1155	1027	1148	1149
特 性	首長の教育関心度	首長の政策関与度	住民の教育関心度	住民リーダーの政策関与度	教育団体の政策関与度	
ピアソンの相関係数	0.231**	0.187**	0.312**	0.257**	0.142**	
有意確率(両側)	0.000	0.000	0.000	0.000	0.000	
N	1139	1113	1134	1140	1128	

** 相関関数は1％水準で有意（両側）

(a) 教育長特性と改革進展度

教育長の関係者との交流の度合いと改革進展度については，両者の間に弱い相関関係が成立することが確かめられた．交流の度合いを示す変数は，教育長が，都道府県の教育長，校長会や議員といった地域の関係者，大学教授といった教育専門家との交流頻度に関する回答を基に構成したものである．したがって，教育長がこれらの関係者と積極的に交流していることが，改革進展の一要因として作用しているということができる．

(b) 教育委員会(狭義)特性と改革進展度

会議の活発度と委員としての役割遂行度の両者共に，改革の推進度との間には，本分析においては，ほとんど相関が見られなかった．

(c) 事務局特性と改革進展度

まず，事務局の機構体制の整備と改革進展度との間には，やや強い相関関係が見られる．変数構成に使用した質問項目に戻って考えれば，指導主事の配置や教員研修センターの設置といった，学校や教師に対する専門的な支援のためのインフラストラクチュアの整備や，教育委員会と首長部局との連絡調整委員会の設置，外部有識者会議の設置，教育委員会内部の教育改革検討

委員会の設置といった，地域の関係者とのネットワーク構築が改革推進要因となっていることが示唆される．

つぎに，改革進展度と事務局スタッフの内部役割の遂行度や外部役割の遂行度との間に，弱い相関関係が成立することが明らかとなった．内部役割，外部役割を問わず，事務局の積極的な役割遂行が教育改革の進展に寄与していると考えられる．

(d) 首長特性と改革進展度

首長の特性に関しては，教育政策に関する関心度と改革進展度との間に，弱い相関関係が成立することが確かめられた．教育政策に関するアイデアや情報を有する首長の存在は，改革の進展に寄与している一要因といえよう．

(e) 地域住民特性と改革進展度

地域住民の特性に関しては，住民の教育への関心度と教育改革の進展との間に，弱い相関関係があることが明らかとなった．住民の教育への関心の高さは改革の進展の一要因といえる．住民リーダーの教育政策への関与の度合いについても，弱い相関関係があることが明らかとなった．教育関心の高い住民や教育施策への関与の度合いの高い住民リーダーの存在は，教育改革に対する一定の刺激剤となっていることが考えられる．

(f) 教員団体特性と改革進展度

教員団体の教育政策への関与の度合いと改革進展度との間には，ほとんど相関関係は見られなかった．

(2) 改革推進要因相互の相対的規定力 ―重回帰分析の結果から―

これまでの分析で，教育改革の進展度と相関関係を有する自治体教育行政の特性が明らかとなった．これらの諸特性は自治体教育行政の場を構成し，改革の推進に関わる要因であると考えられる．しかし，これらの諸特性が，改革の推進要因として同じ比重で働いているかどうかは明らかではない．これらの諸特性の教育改革の推進要因としての相対的な規定力を解明することが必要である．そこで，自治体教育行政の特性を示す合成変数の相互の相対的な規定力を重回帰分析を用いて比較検討する．

重回帰分析に当たっては，改革進展度を被説明変数として，相関が見られた変数，すなわち，「教育長の関係者との交流度」，「首長の教育への関心度」，「事務局の機構体制の整備度」，「事務局スタッフの内部役割の遂行度」，「事務局スタッフの外部役割の遂行度」，「住民の教育への関心度」，「住民リーダーの教育政策への関与度」を使用した．重回帰分析を行うに当たっては，ス

テップワイズ法を用いている．

重回帰分析の結果は，表3-5の通りである．表の数値は，改革進展度に対する各変数の相対的寄与度を示しており，説明変数を同時に投入するという条件の下での，各変数の規定力の目安となるものである．

表 3-5 改革進展度に対する各特性の相対的規定力

特性（説明変数）	標準偏回帰係数	順位
機構体制の整備度	0.359**	①
教育長の関係者との交流度	0.222**	②
事務局の内部役割遂行度	0.101**	③
地域住民の教育関心度	0.094**	④
首長の教育関心度	0.074*	⑤
R2乗	0.326	
自由度調整済みR2乗	0.322	
F値	89.676**	

$**p<0.01, *p<0.05$

順位は，機構体制の整備の程度が改革進展に対してもっとも高い規定力を有しており，ついで，教育長の関係者との交流の程度，事務局スタッフの内部役割遂行度，地域住民の教育への関心度，首長の教育への関心度という順となった．

この結果を端的に述べれば，まず，教員研修センターが設置され，指導主事の陣容が充実すると同時に，教育委員会と首長部局，地域の有識者，学校関係者，一般住民などとの間に連絡や調整のネットワークが構築されるなど，事務局の機構体制の整備がなされていること，ついで，教育長が校長会や議員といった地元自治体の関係者や学識経験者と意欲的に交流していること，そして，事務局スタッフが政策立案や政策実施などの役割に関して積極的に職務を果たし，教育長をサポートしていること，地域住民が自治体の教育に対して大きな関心を有していること，首長が教育問題への高い関心を有し，教育政策を優先的な課題と考えていること，これらの諸条件が総体として改革の推進を規定しているという結果が示されているといえる．

4 分析結果の意味するもの

以上において，教育改革の進展にとって重要な意味を持つ自治体教育行政

の諸特性，いいかえれば，教育改革にとって促進的に作用する教育行政の場＝状況を構成する基本的要因が明らかにされ，さらに，それぞれの要因の相対的な重要性の度合いもまた明らかにされた．この分析結果は，自治体教育改革の推進という，今日的課題に対していかなる示唆を含んでいるのか．

　重回帰分析の結果を俯瞰すると，まず，事務局の組織機構の整備の重要性が改めて注目される．教育委員会制度の在り方をめぐる議論において，必ず論議の的になってきたのが，教育委員会事務局は教育長を補佐する機構として機能しているのかという点であり，特にその組織機構としての未整備が問題として取り上げられてきた．こうした課題に関してわれわれの分析結果は，これまでも提起され続けてきた教育行政の活性化にとっての事務局の整備・充実が不可欠であることを実証しているといえる．事務局は教育改革の推進にとってもインフラストラクチュアとしての意味を持っていることが明らかで，事務局の組織機構としての整備・充実は，組織の内外にわたって広範なコミュニケーションのネットワークの構築を促し，地域の教育問題に関する情報の伝達と交換を促進することにより，教育長の政策的リーダーシップを支えている．また，規定力の順位でいえば機構特性ほど上位に位置してはいないが，事務局スタッフの役割の重要性も見逃せない．スタッフが政策立案や政策実施に際してのブレーンとして積極的に活動することが，教育長の政策的リーダーシップにとって不可欠の存在であることを示唆している．

　つぎに，教育長の特性，関係者との交流度が大きな規定力を示している．教育改革の推進における教育長の役割については，すでに1章で検討している．そこでは，教育改革を推進する教育長に共通の態度・行動特性として，関係者との幅広い交流，職務遂行における外部関係者との積極的な働きかけが見られ，教育長が教育改革をリードするためには，地域の教育ニーズや課題について首長や議員に説明してその認識を新たにし教育問題への関心を高めたり，あるいは問題解決の方策を提示して説得を試みたりする行動が必要不可欠であることが示唆されている．本章で行った分析において，教育長の特性については，関係者との交流という行動特性のみを取り上げたが，交流度の高い教育長の重要性が改めて浮き彫りになったということができよう．事務局に関する分析の結果とあわせて考えれば，教育長を支える事務局体制が機構的にも確立されることで，教育委員会の改革の取り組みが活発化する．そして，そうした取り組みを積極的に外部に伝え，支持や理解を取りつけると同時に，新たな政策形成の基盤となる情報の収集を行うことが改革の進展には不可欠であって，交流度の高い教育長がそれを担っているという構

4 分析結果の意味するもの

図をここに見ることができる．

　また注目すべきは，住民の教育への関心度や教育行政・政策過程に積極的に関わる住民リーダーの存在からうかがわれる地域住民の市民としての成熟度というものが，独自の教育改革への取り組みにとって重要であるという事実である．自治体において何らかの教育改革が推進される際，手がかりとなるのは住民の教育関心やニーズであることを，この事実は暗示している．教育改革を進展させようとする際には，住民への働きかけと住民参加の双方が必要であり，それは，改革への支持や理解を取りつけると同時に，政策過程に地域住民を巻き込むことの必要性を意味している．住民の関心の有無が改革進展度に対する規定力で上位にあることは，住民参加を，それが制度理念の一つであるからではなくて，教育改革を推進する上でその「正統性」の源泉として，相互の信頼感を醸成し，その成否を左右する要因であるとみなすべきことを示唆する．

　首長が教育改革の推進にとって重要な要因であるという事実は，自治体の教育行政が「政治的中立性」の確保という名の下に，首長との連携・協働が軽視され，教育行政の独立が志向されることでは地域の教育問題の解決にはつながらないことを示唆する．むしろ，そうしたスタンスは「支援なき孤立」を招きかねない．本章の分析は，首長が教育ビジョンを持ち，教育課題を共有し，教育政策過程に積極的に関わらなければ，問題解決は支障を来すことを物語る．

　これら規定力が上位にある自治体教育行政の特性が教えていることは，分権改革の時代において教育改革を推進していくためには，教育行政の中心となる広義の教育委員会の組織と機能を充実させることが重要であるが，それだけでは十分ではなく，教育改革に強い関心を有する住民や首長といった存在が不可欠だということである．それは，すなわち，住民や首長を教育改革に広く巻き込んでいく必要があるということであり，そのために，教育長は利害関係者と広くかつ積極的に接触・交流を図ることが求められるということである．これらの諸要因が以上のような形で有機的に結びついた自治体教育行政の場が形成された時に，教育改革は進展していくといえる．

　以上において，自治体レベルにおける教育改革に推進要因として作用する自治体教育行政の特性とその相対的な重要度について，その意味合いを考察してきた．ただし，ここに明らかにされた推進要因(合成変数)がどの自治体にも万遍なく存在しているわけでは全くない．どの要因がどれだけ備わっているかは，自治体ごとに異なる．したがって，上位にある要因の欠如する自

治体においては，下位の要因が重要な意味を持つことになる可能性がある．例えば，教育委員会会議の活発度は相対的な規定力は低いが，それゆえにあまり重要ではないというのではなくて，自治体教育行政の場＝状況を構成する要因のありようによっては，教育改革の推進にとって重要性を帯びることがあり得るということである．このような問題，すなわち，自治体の置かれた文脈によって，これらの特性の重要性が異なるという問題は当然検討されるべき問題である．例えば，自治体教育行政のどの特性が推進要因として重要であり，どれだけの規定力を持つかは，自治体の人口規模によって異なることが予想される．次章では，この問題について検討する．

【注】
1) 教育改革の進展に影響を及ぼす自治体教育行政の特性およびその相対的規定力の分析が本章の課題であるが，分析手法として，相関分析と重回帰分析を用いている．2章では，教育改革の進展に関わる自治体教育行政の特性について，クロス集計による相関関係の分析を行っている．3章においても，クロス集計の結果に基づいて，判別分析による特性(要因)相互の規定力の分析も可能であるが，説明変数として，自治体教育行政の特性を表す合成変数を新たに構成し分析に用いているということもあり，相関分析と重回帰分析を用いている．

　その理由は，つぎの通りである．2章では説明変数としての自治体教育行政の特性は個別の質問項目を通して把握される個別変数として表し，個別変数それぞれと改革の進展との関連性を分析している．個別の質問項目で把握される個別変数は，質問項目が5件法であり，得点は1〜5点の間にプロットされ，それらをさらに3段階の変数へと構成し直したことから，どちらかといえば質的な性格が強く，そのために，改革進展度との関係の分析においてクロス集計を使用している．これに対して，3章での説明変数としている自治体教育行政の特性は合成変数のそれであり，それは個別の質問項目の得点を合計しており，得点の分布はより広い範囲となっており，どちらかといえば，量的な性格が強いと判断して，改革進展度の関係の分析において相関分析と重回帰分析を用いることにした．こうした合成変数を量的変数と見なすことは，統計分析で一般的に見られることである．なお，本章の統計分析には，SPSS. Inc の SPSS 12.0 for windows を用いている．
2) 個別変数は，機構特性については，「ある」に1点，「ない」に2点(「指導主事数」，「社会教育主事数」は，平均値を基に指導主事(社会教育主事)が多い教育委員会と少ない教育委員会とに分け，それぞれ1点，2点を与えた)，教育長の交流については，「あわない」から「ほぼ毎日あう」の5段階の回答に，それぞれ1から5点を，それ以外の項目は，「全くあてはまらない」から「よくあてはまる」までの5段階の回答に，1から5の得点を与えて得点化し，各得点を合計し平均値を求め，平均値に基づいて各変数を構成した．
3) 2章の分析では使用していない質問項目も加えているが，これらについてもクロス集計

を行い1%水準で有意な関係が見られたもののみを使用している．
4) 相関係数の読み取りに関しては，つぎのように行っている(以下の章でも同様)．

相関係数がいくつ以上あると直線的な関連性が強いといえるのかについては，明確な基準が存在しておらず，研究分野やデータの種類などによって異なるとされていることが多い(例えば，井上文夫，井上和子，小野能文，西垣悦代『よりよい社会調査を目指して』創元社(1995)，p.157．ここでは，井上他前掲書(p.157)や森岡清志『ガイドブック社会調査』日本評論社(1998)，p.221を参考とし，以下の基準で結果を読み取った．

$0.0 \leq |r| < 0.2$　ほとんど相関がない
$0.2 \leq |r| < 0.4$　弱い相関がある
$0.4 \leq |r| < 0.7$　やや強い相関がある
$0.7 \leq |r| < 1.0$　強い相関がある

また，有意確率について述べておけば，両側検定で有意水準1%，5%をそれぞれ設定するならば，帰無仮説を棄却できるための，標本相関係数の大きさの下限はつぎのようになっている．

標本数	有意水準1%	有意水準5%
N=100	0.256	0.197
N=400	0.129	0.098
N=1000	0.081	0.062

(盛山和夫『社会調査法入門』有斐閣(2004)参照)

4章

自治体レベルにおける教育改革の進展と人口規模

1 研究の課題：教育委員会の教育改革への取り組みに人口規模はどう影響するか

　2章において，教育改革に積極的に取り組んでいる自治体教育委員会に共通して見られる特徴は何であるのかという問いを解明し，教育改革の推進要因としてどのようなものがあるかを明らかにしてきた．そして，3章では，それら改革推進要因の相対的な重要性も明らかにしてきた．

　しかしながら，改革推進要因は，どの自治体にも万遍なく存在しているわけではない．そのことは，改革の進展度合いの地域格差を見れば明らかである．つまり，改革推進要因の存在パターンは，自治体ごとに異なっており，その差異が教育改革の進展に地域差をもたらすと考えられる．このような改革推進要因の自治体ごとの備わり方のパターン，つまり，どういった自治体に改革推進要因が備わっており，どういった自治体に備わっていないのかという，改革推進要因の存在パターンは，とりわけ人口規模の影響を受けており，例えば，小規模自治体における教育改革の相対的遅れは，その現れであると考えられる．

　そこで，本章は，教育委員会による教育改革を支える要因と自治体の人口規模との関係，すなわち，改革推進要因は人口規模の影響を受けるのか，受けるとすれば，それはどのような影響なのかを検討しようとするものである．

　人口規模の影響に注目する理由は，一つには，教育改革の進展などを含んだ教育委員会の運営に対する人口規模の影響は重要な問題であるとの指摘がなされてきたにもかかわらず，これまで経験的・実証的研究が十分に行われてこなかったことがある．本章の分析には，そうした研究の空白を埋めるねらいがある．二つには，人口規模の影響を検討することはとりもなおさず，教育委員会の適正規模論を検討するための基礎的な資料を得たいというねら

1 研究の課題：教育委員会の教育改革への取り組みに人口規模はどう影響するか

いがある．これまで，人口規模の影響に関して検討されてきた事象は，指導行政の組織体制，とりわけ指導主事の陣容に対する影響に限定されてきたといっても過言ではない．しかし，取り上げる事象を広げなければ，適正規模論を十全に展開することはできないであろう．本章は，教育改革に対する人口規模の影響を検討することによって，適正規模論を展開するための幅広い実証的基盤を築こうとするねらいがある．

まずは教育委員会制度における人口規模の問題について，若干，敷衍しておきたい．教育委員会制度論において，人口規模の問題は，小規模自治体における教育委員会の行政能力の不足の問題に関わる背景要因として，教育委員会の設置単位＝適正規模の観点から注目されてきた論点である．

教育委員会制度の発足時，文部省は，その行政能力が危惧される小規模の町村教員委員会にまで教育行政の責任を持たせることには問題があるとして，その設置単位を検討課題としていたことは，教育委員会法(1948)が，すべての市町村に教育委員会を設けることをうたっているにもかかわらず，発足当初，一定の人口規模を持つ自治体にのみ教育委員会が設置された経緯に現れている[1]．一斉設置後も，例えば，『わが国の教育の現状』(1953)において，「教育委員会法が前提とする新しい教育事務の配分は，地方自治の本旨に沿つて市町村の教育事務はできる限り市町村民の民意によつて処理しようとすることにあるのであるが，この理想が現在の市町村，特に町村の規模においてどの程度達成し得るかという問題を含んでいる」[2]と懸念が表明されている．

こうした教育委員会の設置単位の適正規模，特に，教育委員会制度がその制度的趣旨を十分に実現するべく機能するために最小限度必要とされる人口規模の下限は，現在に至っても大きな課題となっている[3]．

例えば，臨時教育審議会の第 2 次答申(1986)は，教育委員会制度改革の主要な課題の一つとして，小規模市町村教育委員会の事務処理体制の広域化を提言している．また，近年では，中教審答申の部会のまとめ「地方分権時代における教育委員会の在り方について」(2005)において，「小規模の市町村教育委員会では，指導主事を配置できないなど事務体制が弱体化しており，学校に対する専門的な指導・助言などが十分にできない」と指摘されている．

要するに，教育委員会制度に関しては，その活性化＝再生という問題と関わりながら，教育委員会が自治体レベルの教育行政の中心的アクターとしての役割を果たすためには，一定の組織能力が求められるとして，そうした能力を備えるために必要とされる人口規模は最低限どの程度でなければならな

いのかが大きな課題として問われてきたといってよい．分権改革の中で，教育委員会が，教育行政の地方分権の「受け皿」，すなわち，地域の教育問題解決の中心的な機構として，改めて注目を浴びつつある中で，この課題の解明はより重要なものとなっているといえる．

しかしながら，教育委員会の設置単位の適正規模については，示唆的な検討材料を提供する実証的研究は少なく，全国規模の経験的なデータに立脚した設置単位論の議論はなされてこなかった．教育委員会の教育改革の推進能力と当該自治体の人口規模との関連性について明らかにしようと試みた全国規模の実証的研究がなかったことはいうまでもない．人口規模が教育委員会制度の運用にどのような影響を与えているかについての経験的なデータは，主として，事務局の機構体制の整備に関するものだけに焦点化されていたといってよい．これまでの研究では，例えば，指導主事の配置率が問題とされ，小規模自治体の教育委員会には，指導主事が配置されていないこと，その結果，教育委員会の中心的な任務である「教育指導行政」を効果的に推進できない教育委員会が少なくないことが指摘され，問題解決の方策の一つとして，教育行政単位の広域化，市町村合併の必要性が提起されてきた．

教育委員会制度の運用に対する人口規模の影響を実証的に論ずる体系的な研究は，ほとんどがこの種のきわめて限定された研究であったといってよい[4]．指導主事の配置率などの事務局の機構体制は，たしかに重要な側面である．しかし，それは制度の一側面にすぎないのであり，こうした研究の提出した証拠は，制度運用に対する人口規模の影響という主題に関する経験的証拠としては限定されたものであることは否定できない．したがって，教育委員会がその任務を効果的に遂行するために最低限必要とされる人口規模（適正規模）の下限を検討するための証拠の蓄積は不十分なままであるといわなければならない．

ところで，分権改革が進展する中，自治体教育委員会にとって，教育課題の解決に際して，護送船団方式に依拠し，横並び意識で対処すればよしとされる時代ではもはやなくなっている．すなわち，教育委員会が否応なく競争的環境に置かれ，そのパフォーマンスが評価される時代にあって，教育改革に積極的に乗り出し，地域の教育課題の解決に主体的に取り組むことは，教育委員会にとって至上命題であるといってよい．こうした状況の中で，制度運用の重要な側面として，教育委員会が地域の教育課題の解決に取り組み，教育改革を効果的に実施していくことができるか否かという側面が注目されるのは必然といえる．

このように，分権改革下での改革主体としての教育委員会への期待が高まっていることを考慮する時，制度運用の一側面としての改革への取り組みを取り上げ，教育委員会が改革主体であるために備えるべき条件との関わりで人口規模の影響を検討することは，教育委員会の設置単位の適正規模をより広い経験的基盤で論じるための格好の材料を提供するものであり，重要な研究テーマといえよう．人口規模は，改革推進という教育委員会の活動に影響を与えているのか．人口規模の大きい自治体であることは，教育改革の推進においても有利な条件の下に置かれていることを意味するのか．こうした問いの解明は，喫緊の課題であるといえるだろう．

 本章は，人口規模と改革推進要因(当該自治体の教育委員会の教育改革への取り組みを促進する要因)との関係について実証的なデータを提供し，その意味合いを考察することにより，設置単位の適正規模論(その下限)への貢献を試みるものでもある．その意味で，研究の空白を埋めるという学問的意義にとどまらず，実践的にも意義のある研究といえる．

 なお，本章の分析に用いるデータは，2章，3章のそれと同じく，2004年の1月および7月に実施した全国の市区町村教育委員会の教育長を対象とする「自治体教育改革の動向に関するアンケート調査」のそれである．行政区分別の送付数，回収数，回収率は表2-1を参照されたい．

2 分析の方法

 本章では，教育改革の進展と人口規模との関係を解明するために，人口規模別に見た改革推進要因の存在パターンを分析する．つまり，改革推進要因のそれぞれについて，人口規模ごとの存在パターンを明らかにする．

 まず，①人口規模別に改革推進要因の多寡(備わり方)を明らかにする．ここでは，人口規模別に，各推進要因に関わる質問項目への回答を得点化し，その平均値を比較する．つぎに，②人口規模別の改革推進要因のバリエーションの傾向性を明らかにする．そのために，人口規模を説明変数とし，各推進要因を被説明変数とするクロス集計を行う．

 ここで取り上げる改革推進要因は，教育改革の進展度を被説明変数とし，自治体教育行政の特性を表す合成変数[5]を説明変数とする相関分析の結果，弱い相関，中程度の相関，強い相関が明らかになった合成変数である(表4-1参照．相関分析については，3章を参照されたい)．すなわち，それは，「教育長の関係者との交流度」，「首長の教育への関心度」，「事務局の機構体制の整備度」，「事務局スタッフの内部役割の遂行度」，「事務局スタッフの外部役割

表 4-1 改革進展度と自治体教育行政の特性との相関

特 性	教育長の関係者との交流度	会議の活発度	委員としての役割遂行度	機構体制の整備度	内部役割遂行度	外部役割遂行度
ピアソンの相関係数	0.351**	0.139**	0.160**	0.458**	0.297**	0.259**
有意確率（両側）	0.000	0.001	0.000	0.000	0.000	0.000
N	1149	1143	1155	1027	1148	1149
特 性	首長の教育関心度	首長の政策関与度	住民の教育関心度	住民リーダーの政策関与度	教育団体の政策関与度	
ピアソンの相関係数	0.231**	0.187**	0.312**	0.257**	0.142**	
有意確率（両側）	0.000	0.000	0.000	0.000	0.000	
N	1139	1113	1134	1140	1128	

** 相関関数は1％水準で有意（両側）

の遂行度」,「住民の教育への関心度」,「住民リーダーの教育政策への関与度」の七つである．

　また，分析に際して使用する人口規模の区分についていえば，教育委員会の設置単位論において，適正規模として10万人程度が一応の目安とされていることや，用いるデータの各人口規模区分間の自治体数のバランスを考慮して（自治体数の偏りによるデータの偏りを回避するために），1万人未満，1万人以上〜5万人未満，5万人以上〜10万人未満，10万人以上の4区分とする．人口区分ごとの自治体数は，表4-2の通りである．

表 4-2 人口区分ごとの自治体サンプル数

人口規模	自治体数	％
1万人未満	524	37.3
1万人以上〜5万人未満	571	40.6
5万人以上〜10万人未満	165	11.7
10万人以上	145	10.3
合 計	1405	100.0

3　人口規模別に見た改革推進要因の存在パターン

(1) 人口規模別の改革推進要因の多寡

　まず，改革推進要因のそれぞれの人口規模ごとの多寡（備わり方）を明らかにしよう．ここでは，人口規模別に各要因に関わる質問項目への回答を得点化し合計点を求め，その平均値を比較する．表4-3がその結果である[6]．

3 人口規模別に見た改革推進要因の存在パターン

表 4-3 人口規模別に見た改革推進要因の多寡

人口規模	教育長の交流	機構体制の整備度	事務局の内部役割遂行度	事務局の外部役割遂行度
1万人未満	8.905 ④	6.046 ④	10.824 ④	10.882 ④
1万人以上〜5万人未満	9.285 ②	6.436 ③	11.489 ③	11.490 ③
5万人以上〜10万人未満	9.832 ①	7.200 ②	12.372 ①	12.148 ①
10万人以上	10.088 ③	8.427 ①	12.043 ②	11.943 ②
全国平均	9.288	6.621	11.409	11.393
N	1360	1194	1353	1356

人口規模	首長の教育関心度	住民の教育関心度	住民リーダーの政策関与度
1万人未満	16.831 ④	12.752 ④	15.365 ④
1万人以上〜5万人未満	17.323 ③	13.328 ③	15.832 ③
5万人以上〜10万人未満	17.913 ②	13.850 ②	15.987 ②
10万人以上	18.319 ①	14.331 ①	16.777 ①
全国平均	17.315	13.280	15.775
N	1345	1335	1342

各要因の右側の数字は平均値の順位を示している．

表4-3からは，いくつかの例外はあるが，改革進展要因は，総じて，人口規模の大小によってその備わり方（多寡）が影響を受けており，基本的には，人口規模が大きくなるほど改革推進に影響を持っている要因をより多く備えていることが明らかとなった．

特に，1万人未満の人口規模の自治体では，すべての改革推進要因の備わり方の順位が4位であり，改革推進要因が十分に備わっていないことがわかる．そのことは，1万人以上〜5万人未満の自治体も同様であり，すべての特性の備わり方が3位であった．反対に，5万人以上〜10万人未満，10万人以上の自治体では，すべての改革推進要因に関して，その備わり方の順位が，1位あるいは，2位であった．

ここで，表4-3に見られる改革推進要因の備わり方の人口規模別の順位を参考にして，5万人を境として人口規模が大きい自治体とそうではない自治体とに分け，改革推進要因の平均値を比較したものが，表4-4である．表4-4に見る通り，すべての改革推進要因において，5万人未満の自治体の各改革推進要因の平均値よりも，5万人以上の自治体における各改革推進要因の平均値の方が高いものとなっている．ここからも，人口規模が大きな自治体ほ

表 4-4 人口規模別の改革推進要因の平均値の比較

	人口規模	N	平均値
教育長の交流度	5万人以上	297	9.949
	5万人未満	1061	9.105
機構体制の整備度	5万人以上	286	7.783
	5万人未満	906	6.256
事務局の内部役割遂行度	5万人以上	304	12.220
	5万人未満	1047	11.172
事務局の外部役割遂行度	5万人以上	303	12.053
	5万人未満	1051	11.201
首長の教育関心度	5万人以上	298	18.101
	5万人未満	1045	17.089
住民の教育関心度	5万人以上	296	14.071
	5万人未満	1037	13.055
住民リーダーの政策関与度	5万人以上	298	16.356
	5万人未満	1042	15.609

ど改革推進要因がより多く備わっていることが見て取れよう．

(2) 人口規模別の改革推進要因のバリエーション

つぎに，人口規模と改革推進要因の備わり方の傾向をさらに詳しく検討するために，人口規模を説明変数，改革推進要因を被説明変数としてクロス集計を行う．改革推進要因に関しては，各要因に関する合成変数について，そ

表 4-5 人口規模と改革推進要因のクロス集計

	教育長の交流		合計	機構体制		合計
	高	低		高	低	
1万人未満	175	328	503	109	308	417
	34.8%	65.2%	100.0%	26.1%	73.9%	100.0%
1万人以上〜5万人未満	246	312	558	190	299	489
	44.1%	55.9%	100.0%	38.9%	61.1%	100.0%
5万人以上〜10万人未満	93	68	161	105	45	150
	57.8%	42.2%	100.0%	70.0%	30.0%	100.0%
10万人以上	85	51	136	127	9	136
	62.5%	37.5%	100.0%	93.4%	6.6%	100.0%
合計	599	759	1358	531	661	1192
	44.1%	55.9%	100.0%	44.5%	55.5%	100.0%
		$p<0.000$			$p<0.000$	

3 人口規模別に見た改革推進要因の存在パターン

表 4-5 人口規模と改革推進要因のクロス集計（つづき）

	内部役割 高	内部役割 低	合計	外部役割 高	外部役割 低	合計
1万人未満	220	279	499	199	301	500
	44.1%	55.9%	100.0%	39.8%	60.2%	100.0%
1万人以上～5万人未満	336	212	548	305	246	551
	61.3%	38.7%	100.0%	55.4%	44.6%	100.0%
5万人以上～10万人未満	124	40	164	123	39	162
	75.6%	24.4%	100.0%	75.9%	24.1%	100.0%
10万人以上	104	36	140	92	49	141
	74.3%	15.7%	100.0%	65.2%	34.8%	100.0%
合計	784	567	1351	719	635	1354
	42.0%	58.0%	100.0%	53.1%	46.9%	100.0%
	$p<0.000$			$p<0.000$		

	首長の教育関心 高	首長の教育関心 低	合計	住民の教育関心 高	住民の教育関心 低	合計
1万人未満	202	295	497	182	310	492
	40.6%	59.4%	100.0%	37.0%	63.0%	100.0%
1万人以上～5万人未満	264	284	548	255	290	545
	48.2%	51.8%	100.0%	46.8%	53.2%	100.0%
5万人以上～10万人未満	93	67	160	92	68	160
	58.1%	41.9%	100.0%	57.5%	42.5%	100.0%
10万人以上	86	52	138	86	50	136
	62.3%	37.7%	100.0%	63.2%	36.8%	100.0%
合計	645	698	1343	615	718	1333
	48.0%	52.0%	100.0%	46.1%	53.9%	100.0%
	$p<0.000$			$p<0.000$		

	住民リーダーの政策関与 高	住民リーダーの政策関与 低	合計
1万人未満	235	261	496
	47.4%	52.6%	100.0%
1万人以上～5万人未満	295	251	546
	54.0%	46.0%	100.0%
5万人以上～10万人未満	96	63	159
	60.4%	39.6%	100.0%
10万人以上	87	52	139
	62.6%	37.4%	100.0%
合計	713	627	1340
	53.2%	46.8%	100.0%
	$p<0.000$		

の合計得点の平均値を基準として，推進要因の備わり方の程度の高い教育委員会と低い教育委員会とに分けている．表4-5は，その結果を一覧にしたものである．

結果を概観すると，まず，すべての改革推進要因に関して，人口規模との間に統計的に有意な水準で関係があることが明らかとなった．まず，教育長の交流の程度，機構体制の整備度，首長の教育関心度，地域住民の教育関心度，住民リーダーの政策関与度に関しては，人口規模が大きくなるほど，各要因の備わり方の程度の高い教育委員会が多数に上っている．特に，これらの改革推進要因に関しては，5万人を境に，改革推進要因を高い程度で備えている教育委員会と，低い程度でしか備えていない教育委員会との割合が逆転していることに注意しておきたい．これらの特性に関しては，5万人以下の自治体では，改革推進要因の備わり方の程度が低い教育委員会が過半数を占めるのに対して，5万人以上の自治体では，改革推進要因の備わり方の程度が高い教育委員会が過半数を占めているという結果となっている．

つぎに，事務局スタッフの内部役割遂行度と外部役割遂行度に関しては，両者ともに各要因を高い程度で備えている教育委員会の割合がもっとも大きい人口区分は，5万人以上～10万人未満，ついで，10万人以上であった．他方で，小規模自治体に注目してみると，内部役割を高い程度で備えている教育委員会の割合は，1万人以下の自治体では44.1%，1万人以上～5万人未満の自治体では61.3%，外部役割に関しては，1万人以下の自治体では39.8%，1万人以上～5万人未満の自治体では55.4%となっている．

この二つの推進要因に関しては，1万人以上～5万人未満の自治体において，必ずしも要因を高い程度で備えている教育委員会の数が半数を割るわけではないが，人口規模が5万人以上の自治体に比べると，その割合は，相対的に小さいものとなっている．また，1万人未満の自治体では，二つの特性に関しても，要因を高い程度で備えている教育委員会の割合は，過半数を割る結果となった．したがって，これら二つの推進要因に関しても，おおよそ，5万人という人口規模を境に，改革推進要因の備わり方が変化していることがわかる．

これらのクロス集計の結果は，平均値の比較で見た人口規模別の改革推進要因の備わり方の多寡の結果を補完するものであると考えられる．とりわけ，すべての改革推進要因に関して，統計的に有意な水準で人口規模との関係が明らかになったこと，そして，要因を高い程度で備えている教育委員会の割合が5万人を境に変化していることが解明されたことは重要であろう．

3 人口規模別に見た改革推進要因の存在パターン

表 4-6　人口規模と改革進展度のクロス表

	改革進展度		合計
	高	低	
1万人未満	134	295	429
	31.2%	68.8%	100.0%
1万人以上〜5万人未満	234	236	470
	49.8%	50.2%	100.0%
5万人以上〜10万人未満	110	43	153
	71.9%	28.1%	100.0%
10万人以上	120	11	131
	91.6%	8.4%	100.0%
合　計	598	585	1183
	50.5%	49.5%	100.0%

$p<0.000$

　すなわち，これらの結果は，改革推進要因は自治体規模が大きくなれば，特に，5万人を境界として備わりやすくなっていることを示していると考えられる．これらのことは，表 4-6 に見られるように，改革進展度が人口規模により大きな影響を受けている事実を説明するデータとして見られることができよう．

　表 4-6 は，人口規模を説明変数，改革進展度を被説明変数としたクロス集計を行った結果を表している[7]．この表からは，人口規模と改革進展度との間に明確な関係があること，そして人口5万人未満の小規模自治体の教育委員会では改革進展度が低い教育委員会が多数に上るのに対して，5万人以上〜10万人未満の自治体では72%の，10万人以上の自治体では90%以上の教育委員会が改革進展度が高い層に属する結果となっていることが見て取れる．つまり，改革進展度は，人口規模が大きくなるほど高くなる，すなわち改革が進んでいる教育委員会が増えるという傾向があり，5万人という人口が，その一つの境界となっているということが明らかである．

　この事実は，表 4-3〜表 4-5 のデータと整合するものである．繰り返していうならば，表 4-3〜表 4-5 で見たように，5万人以上の自治体では，5万人未満の自治体に比べて改革推進要因がより多く備わっているのであり，表 4-6 のデータは，そうした推進要因の備わり方が高い改革進展度として現れているということを示していよう．

　これらの結果は，5万人という人口規模が改革の推進にとって重要な人口規模となっていることを示唆しており，注目に値するといえよう[8]．

4　分析結果の考察―教育委員会設置単位論への示唆―

　以上において，教育委員会による教育改革の推進に対する人口規模の影響について分析してきたが，ここからどのようなことが示唆されるか。教育委員会制度の運用に関してどのような意味合いが引き出されるであろうか。

　まず，基本的なことから述べるとすれば，きわめて限定された視点からの知見であるが，このように人口規模の影響が明らかになったことは，教育委員会制度改革に際して，人口規模論の観点からの検討が必要不可欠であることを裏付けるといえよう。端的にいえば，設置単位の広域化は，改革が進展するための条件の一つといえる。すなわち，教育改革の推進（ここで定義された意味においてであるが）という側面に関していえば，人口規模の影響は大きいものがあり，改革推進要因としての自治体教育行政の特性の備わり方に人口規模が影響を与えていることは，市町村合併が教育委員会が改革主体としての役割を発揮するための促進条件としての意味合いを持つことを示していよう。市町村合併による設置単位の規模の拡大は，それだけ改革促進要因を備える自治体が増加する可能性があるということを意味しているからである。

　人口規模の影響という問題が，設置単位論（すなわち，教育委員会が制度的に期待される職責を果たすために必要とされる最小限度の人口規模に関する理論）という形で教育委員会制度の発足時から自覚されていた問題であることはすでに述べた。繰り返していえば，例えば，教育行政分野の特徴の一つといわれる教育指導行政の担い手である指導主事の配置に関して，早くから人口規模による自治体間の格差が指摘され，その結果として生じている教育指導行政の地域格差が問題視され，指導主事のいない小規模自治体での教育指導行政をどうするかという問題が検討されてきた経緯がある。一定の行政能力を備えるには一定規模の人口を必要とするという問題は決して軽視されてきたわけではない。そのために市町村合併の必要性も指摘されてきたし，教育行政の広域化の方策（例えば，事務の共同処理）も提案されてきた。小規模自治体の教育委員会の行政能力の向上は，関係者にとって一貫した検討課題であったといってよい。

　それは今日でも変わらない。というよりも，より重大な課題となっている。近年の中教審答申『今後の地方教育行政の在り方について』，中教審・教育制度分科会・教育行政部会の『部会まとめ』，中教審答申『新しい時代の義務教育を創造する』の記述に，それは明らかである。分権時代の到来とともに，教育委員会には自主・自律が求められ，そのための行政能力の確保が至上命

4 分析結果の考察

題となっていることから，その課題の重要性が今まで以上に認識され，市町村合併などによる設置単位の規模拡大が方策の一つとして提案されているのである．本章の分析結果は，このような合併による小規模自治体教育委員会問題の解消という政策に一定の意味があることを経験的に裏付けるものといえる．

さらに，人口規模の影響に関する，これらの分析結果は，5万人以上という人口規模が，教育改革の進展にとって一つの境界値となっていることも示している．すなわち，人口5万人以上の自治体というのが，設置単位の広域化に際しての，求められる人口規模(したがって，市町村合併)のメルクマールといえるだろう[9]．

人口規模に関しては，近年の市町村合併により，小規模町村の合併が積極的に行われ，大規模化が急ピッチで進められている．合併前後の人口規模構成は，表4-7のようになっている[10]．

表 4-7 人口規模別に見た自治体数の変化

人口区分	2000年		2006年	
	数	%	数	%
1万人未満	1557	48.2	496	27.2
1万人以上〜5万人未満	1220	37.8	782	42.9
5万人以上〜10万人未満	224	6.9	282	15.5
10万人以上	229	7.1	262	14.4
合　計	3230	100.0	1822	100.0

2000(平成12)年の段階で14%にすぎなかった5万人以上の自治体は，2006年には，約30%にまで増えている．また，改革推進要因が十分に備わっていないことが明らかとなった1万人未満の自治体数の減少にも注目しておく必要があるであろう．合併により，市町村の全体数が減少すると同時に，大規模化が進んでいるといえる．

改革推進要因への人口規模の影響および，適切な設置単位の一つの目安としての5万人以上の人口規模という分析結果に照らせば，こうした自治体の大規模化は，教育委員会の改革推進力の向上をもたらす可能性が高い．今後は，もっとも数が多く，5万人の人口に届かない1万人以上〜5万人未満の自治体の教育委員会の組織的力量についてのより詳細な分析が課題となろう．

結論をまとめよう．本章の分析によって教育委員会の設置単位の規模拡大を行うならば，一定の行政能力が確保され，教育改革の推進という，制度運

用が改善される可能性が高くなることが経験的データとして裏付けられた．現在の人口規模別の職員配置を見れば，事務局の組織陣容の充実については，自治体規模の拡大により，それは確実に保障されるであろう．そして，事務局の機構体制の整備以外の改革進展度に影響を与えている要因も，人口規模が拡大することによって，備わる可能性が高いことも明らかとなった．すなわち，本分析結果は，間接的ではあるが，人口規模が教育委員会の行政能力の構築に密接に関わる制度運用の各側面，すなわち，教育長のリーダーシップ，事務局の政策立案能力，教育委員会と学校との関係，教育長と首長の関係，教育委員会と地域住民との関係などにどう影響するかに関する示唆を含んでいる．このような示唆は，分権時代における教育委員会制度の存続可能性が論議され，教育委員会が自治体の教育行政を担うだけの能力をいかに構築するかが重要な関心事になっている今，特に重要である．この点で，合併による設置単位の規模の拡大は制度運用の改善を図る上で有効な方策といえる．

とはいえ，設置単位の規模拡大によって問題がすべて解決されるわけではもちろんない．解決可能な運用側面もあれば，そうでない運用側面もあると考えられる．人口規模が教育委員会制度の運用のどの側面にいかなる影響を与えるかについての経験的データや研究知見は蓄積されてこなかった．そのため，そうした問題について，人口規模の影響（したがって，設置単位の拡大の効果）を判断する十分なデータはほとんどないといってよい．教育委員会制度の研究に際して，制度運用のさまざまな側面について，人口規模の観点から分析，検討して，人口規模の影響に関する広範かつきめ細かなデータを蓄積する必要があろう．

【注】
1) 1948年11月の発足時には，都道府県および5大都市に設置された．
2) 教育白書，『わが国の教育の現状』（昭和28年度）（文部科学省，http://www.mext.go.jp/b_menu/hakusho/html/hpad195301/index.html，2007年8月確認）．
3) 本章においてわれわれが適正規模という場合，それは，最適規模を意味するわけではない．また，規模の上限と下限を明らかにしようとするものでもない．ここでは，一定の行政能力を発揮する上で，どれくらいの人口規模を有する自治体である必要があるのかという，設置単位論で含意されてきた問題を検討しようとするものである．それは，ある意味で，適正規模の下限を意味しているといえるが，その上限を規定しようとするものではない．設置単位論の主題は，これまでは，基本的に，下限を問題にして

しかし，今日，大都市における教育委員会制度の問題も重要な問題となりつつあることを考えれば，今後は，その上限の問題も取り上げる必要があろう．ここで注意しておきたいことは，大都市の教育委員会制度の問題は，設置単位論の問題，つまり，大規模の教育委員会をより適正な規模の教育委員会に「分離」する問題としてよりも，組織の再編成，特に，自治体内分権化（域内分権）の問題として検討されていることである．例えば，横浜市では，区レベルに一定の権限を委譲することが検討されている．ということで，ここで，設置単位論＝適正規模論という場合，それは，下限の問題であり，それに限定されている．

4) 市川昭午「分権改革と教育委員会制度」，特に3「市町村教育委員会の事務処理体制の充実」参照（西尾 勝・小川正人編『分権改革と教育行政』ぎょうせい（2000），所収）；加治佐哲也「地方教育行政の地域設定と教育委員会の設置単位」，特に3節「市町村教育委員会の設置単位規模と職務遂行体制・能力」参照（堀内 孜編集代表『地方分権と教育委員会制度』ぎょうせい（2000），所収）．
5) 合成変数の構成については，3章を参照のこと．
6) 得点化の仕方についても3章を参照のこと．また，変数ごとに，合成変数の作成に使用した質問項目数が異なるので，各項目の最大値と最小値は異なる．したがって，平均値を用いて推進要因間の比較を行うことはできないことに注意しておきたい．
7) なお，改革進展度に関しては，3章で構成した改革進展度を表す合成変数について，その得点の平均値を求め，それを基準として改革進展度が高い教育委員会と低い教育委員会とに分けている．
8) 人口規模を説明変数，改革進展度を従属変数として，相関分析を行ったところ，相関係数は0.345（p＜0.000）であり，両者の間に相関関係が認められ，クロス集計が示すものと同一の結果が得られた．
9) 人口規模の影響の大きさということについていえば，行政区分をコントロールすることで，より鮮明になる．

表4-8に見られるように，同一の行政区分に分類される自治体であっても，異なる

表 4-8 人口区分と行政区分のクロス集計

人口区分	市	町	村	合計
1万人未満	0	326	197	523
	0.0%	62.3%	37.7%	100.0%
1万人以上～5万人未満	142	408	21	571
	24.9%	71.5%	3.7%	100.0%
5万人以上～10万人未満	158	6	1	165
	95.8%	3.6%	0.6%	100.0%
10万人以上	132	0	0	132
	100.0%	0.0%	0.0%	100.0%
合　計	432	740	219	1391
	31.1%	53.2%	15.7%	100.0%

$p<0.000$

人口規模に属している自治体が存在している．

そこで，比較可能であると思われる自治体，具体的には，市における1万人以上〜5万人未満(142)，5万人以上〜10万人未満(158)，10万人以上(132)，そして，町における人口1万人未満(326)と1万人以上〜5万人未満(408)の自治体サンプルについて，行政区分をコントロールした上で，人口規模別に各要因に関わる質問項目への回答を得点化し，人口規模別に合計点を求め，その平均値を比較する．表4-9がその結果である．各要因の右側の数字は平均値の順位を示している．

市においては，内部役割と外部役割をのぞいたすべての改革推進要因が，人口規模の大小によって，その備わり方(多寡)が影響を受けており，人口規模が大きくなるほど，改革進展要因を備えた教育委員会が多くなることが見て取れる．また町おいても，機構特性をのぞいて，人口規模が大きい方が改革推進要因を備えた教育委員会が多数となる結果となった．これらのことは，同一の行政区分に分類される自治体であって

表 4-9 行政区分をコントロールした上での各特性の多寡

市

人口規模	教育長の交流度		機構体制の整備度		事務局の内部役割遂行度		事務局の外部役割遂行度	
1万人以上〜5万人未満	9.562	③	6.968	③	12.080	②	12.137	②
5万人以上〜10万人未満	9.818	②	7.231	②	12.376	①	12.148	①
10万人以上	10.065	①	8.333	①	12.023	③	11.923	③
全国平均	9.288		6.621		11.409		11.393	

人口規模	首長の教育関心度		住民の教育関心度		住民リーダーの政策関与度	
1万人以上〜5万人未満	17.496	③	13.618	③	16.391	②
5万人以上〜10万人未満	17.876	②	13.850	②	16.072	③
10万人以上	18.270	①	14.274	①	16.777	①
全国平均	17.315		13.280		15.775	

町

人口規模	教育長の交流度		機構体制の整備度		事務局の内部役割遂行度		事務局の外部役割遂行度	
1万人未満	9.066	②	6.070	②	10.812	②	11.013	②
1万人以上〜5万人未満	9.203	①	6.273	①	11.297	①	11.267	①
全国平均	9.288		6.621		11.409		11.393	

人口規模	首長の教育関心度		住民の教育関心度		住民リーダーの政策関与度	
1万人未満	16.759	②	12.683	②	15.270	②
1万人以上〜5万人未満	17.279	①	13.267	①	15.650	①
全国平均	17.315		13.280		15.775	

4 分析結果の考察

も，人口規模が改革推進要因の備わり方の方に影響を与えていることを示している．市，町といった行政区分のちがいを考慮した上でも，改革の進展には人口規模の大小が影響を与えていることが明らかになったといえよう．

市における内部役割と外部役割については，つぎのようなことが仮説的に提示できるのではないかと考えている．内部役割については，人口規模別の平均値の差が小さく(すなわち，人口規模が異なっても，内部役割の遂行度の多寡に大きな差が生じているわけではない)，かつ，ここで分析に用いたすべての人口規模の平均が全国平均(11.409)よりも大きい．このことは，ここで示した，どの人口規模の自治体であっても内部役割の遂行度の高い事務局が存在していることを示している．その結果として，人口規模の大小と，平均値の順位が比例しないのではないかということである．外部役割に関しては，10万人以上の大規模自治体と1万人未満の小規模自治体の平均値が両者とも低いのは，大規模自治体では教育に関係する諸アクターとのネットワークの構築が進んでおり，事務局の活動として，外部との関係構築のプライオリティが相対的に低くなっているのに対し，小規模自治体では，事務局の陣容が整っていないがゆえに，外部役割の遂行にまで手が回らない傾向がある，と全く別の理由によるのではないかと考えられる．

教育再生会議第一次報告書『社会総がかりで教育再生を』(2007)では，人口規模5万人をメルクマールとして，共同設置などの方策を用いて，教育委員会の統廃合を行うべきとの提案を行っている．ただし，その根拠は示されてはいない．

10) 表4-7は，「平成12年国勢調査市町村別主要指標」(http://www.stat.go.jp/data/kokusei/2000/kihon1/shihyo.htm，2006年10月確認)および平成18年の「住民基本台帳に基づく人口・人口動態及び世帯数」(http://www.soumu.go.jp/c-gyousei/020918.html，2006年10月確認)を基にしている(両データとも，東京特別区を一つとして扱った)．市町村合併の促進の結果，人口5万人未満の自治体が大幅に減少していることが見て取れる．

また，表4-7の2000年の数値に関しては，本来であれば教育委員会の抽出に用いた資料と同じ平成15年の人口規模別自治体数を用いるべきであったが，市町村ごとの人口を調べることができる国勢調査は5年に一度であり，つぎの統計資料は平成17年(2005年)版になってしまうことから，調査年にもっとも近い2000年(平成12年)のものを用いている．ただし，2003年(平成15年)の市町村の全体数は，2月3日において3215，7月3日で3191(総務省HP，http://www.soumu.go.jp/gapei/，2007年9月確認)であり，2000年(市町村数3230)と2003年で，市町村の全体数の変化はほとんどない．2006年のそれに関しては，もっとも近年の資料を基にするために，国勢調査ではなく「住民基本台帳に基づく人口・人口動態及び世帯数」を用いている(「住民基本台帳に基づく人口・人口動態及び世帯数」は，平成18年(2006年)版では個々の市町村ごとの人口を調べることができるが，それ以前のもの，例えば平成15年(2003年)版は概要のみが記載されたものであったために，本調査で設定した人口区分ごとの市町村数の基となるデータとして使用することができなかった)．

第 2 部

教育委員会会議の運用実態

5章

教育委員会会議の運用実態と会議の活性化要因

1 研究の課題：活発な教育委員会会議を支えるものは何か

　教育委員会制度をめぐる論議の対象の一つに，教育委員会会議（以下，教委会議と略記）がある．教育委員が「名誉職」化しているため，教委会議は地域の教育問題を解決するための政策フォーラムとして機能しておらず，そのため，教育長が事実上の政策リーダーと化し，ほかの教育委員は，政策過程において制度的に期待されている役割を発揮していないのではないか，という議論である．本章は，教委会議を取り上げ，教委会議はどう運営されているのか，そして，それを改善するための課題は何かを明らかにしようとするものである．

　このような研究課題を設定することの意義はどこにあるのか．それは，教委会議のありようが，教育委員会制度の形骸化論議の焦点の一つをなしてきた経緯があり，それを改善することは形骸化論を克服する一つの方途と考えられるからである．例えば，中教審答申『今後の地方教育行政の在り方について』(1998)は，「教育委員会会議では議決を必要とする案件の形式的な審議等に終始することが多く，様々な教育課題についての対応方針等について十分な話し合いや検討が行われていない」と述べ[1]，教委会議が活性化されることが制度再生の基本条件の一つであるという認識から，委員会構成の多様化や会議の公開といった改革案を提言している（この提言は，地方教育行政法の法改正として具体化された．第4条の4，第13条の6）．志木市の教育特区申請案に提起された，いわゆる「教育委員会廃止論」に見られる改革案も，現在の教委会議が制度理念から期待されるような政策フォーラムとして機能していない現実に注目し，それに対する注意を喚起し改善方策を探る意味合いを持っていたといえる．

　これらの問題提起に通底するのは，あえて単純化していえば，教委会議がレイマンコントロール（教育行政の住民統制）というもっとも基本的な制度理

念を体現する仕組みであることが想定されているにもかかわらず，会議は一般的に不活発であるため，教育委員会が合議体として機能せず，政策論議の場としての意味を持ち得ていないという実態があり，教育委員が住民代表として期待されている役割を果たし得ていない現実をもたらしているという批判的な見方である．

　本章の目的は，このように制度の根幹をなすにもかかわらず厳しい評価にさらされている教委会議について，(1)その運用実態について，体系的な経験的データを提示すると同時に，(2)そのありようを規定する要因を探ることによって，いわゆる「教育委員会制度の形骸化」の重要な一側面を構成する教委会議の形式化を解消するための改善方策について示唆を得ることにある．

2　分析の方法

　分析方法としては，教委会議の様相に着目し，会議の活発度とそれに関連する諸変数を中心として構成される分析枠組みを設定して，上記の目的にアプローチする．

　教育委員が，自らの教育識見を活用しつつ地域の教育課題について大所高所から政策判断をする，いわゆるレイマンコントロールの担い手であることを期待されていることはいうまでもない．その職務の基本は，教委会議に出席し，教育政策・施策上の諸問題を審議し決定することにある．教委会議は，教育委員が地域の関係当事者とのさまざまな接触・交流の機会を通じて得た意見や要望を地域の教育ニーズとして伝達すると同時に，政策アイデアの提供や政策の提案を行う場である．つまり，教委会議の様相とその機能は，教育委員が自らの役割をどのように果たしているかを判定するためのリトマス試験紙ともいえるものである．本章は，このような意義を有する教委会議の様相をキーコンセプトとして，その実態とそれを規定する諸要因を解明しようとする試みである．

　分析課題としては，つぎのものを設定する．①会議の様相の一般的傾向を経験的データに基づいて明らかにする．②会議の様相に関する回答結果を用いて「会議の活発度」という合成変数を構成し，それを被説明変数とするクロス集計を行い，会議の活発度の高低に関連する要因を探り，会議を活性化させ政策論議の場として機能させる要因としてどのような要因があるかの解明を試みる．③これらの知見および関連データを基に，教育委員会が合議体として機能し，制度理念から期待される本来の機能を回復するためには何が

必要であるのかについての示唆を得る.

分析に用いるデータは,2004年の7月に実施した全国の市区町村教育委員会の教育委員長(以下,委員長と略記)を対象とする「教育委員会制度の現状と課題に関するアンケート調査」のデータである.調査対象は,市区教育委員会と人口3万人以上の町村教育委員会は悉皆,人口3万人未満の町村教育委員会は半数抽出とした(組合設置の教育委員会は調査対象からのぞいている).教育委員会の抽出に当たっては,『平成15年版 全国教育委員会一覧』(2003年5月1日現在)および国土地理協会編『平成15年度住民基本台帳要覧』を用いた.行政区分別の送付数,回収数,回収率は表5-1の通りである.

本章の依拠する調査データは,委員長を対象とする調査のそれであり,会議を主宰する立場にあるものから見た会議運用の実態に関するデータであることから生ずる限界には注意しておきたい.

表 5-1 行政区分別サンプル数

行政区分	送付数	回収数	回収率
市	676	507	75.0%
東京特別区	23	14	60.9%
町	1024	623	60.8%
村	275	175	63.6%
不 明[2]	—	51	—
合 計	1998	1370	68.6%

3 教育委員会会議の運用実態はどうなっているか

まず,会議運営の諸側面に注目しながら,教委会議の一般的な傾向を明らかにしておきたい.ここで,一般的な傾向に関する記述統計データを提示するのは,「規定要因に関する分析」において説明変数として扱っている各要因に関する質問項目への回答結果の分布を見るためでもあるが,これまで,教委会議の運用実態に関する体系的なデータの収集と提示がなされてこなかったこともあり,記述統計データの提示自体に意義があると考えたからである.まずは,教委会議の運用実態について一つ一つ確認していこう.

はじめに,教委会議の開催頻度について見ると,定例と臨時を含めた教委会議の開催頻度は,年間11回以下が10%,12～14回が35%,15～17回が39%,18回以上が16%であった(図5-1).

会議の開催頻度に対する評価を尋ねたところ,79%が「おおむね十分であ

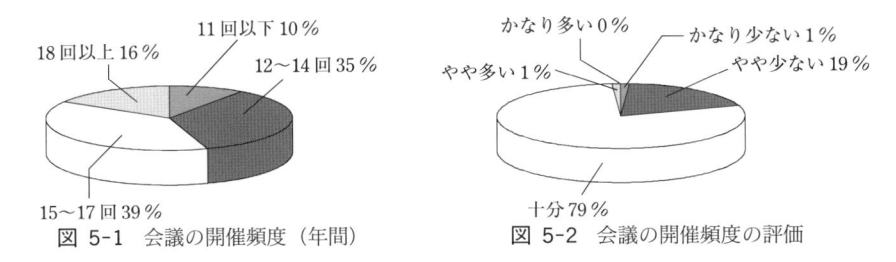

3 教育委員会会議の運用実態はどうなっているか

図 5-1 会議の開催頻度（年間）

図 5-2 会議の開催頻度の評価

る」と回答している．反対に「かなり少ない(1%)」「やや少ない(19%)」は合計20%となっている（図5-2）．

会議時間はどれくらいか．1回の会議にかけられる時間は，2時間未満が6%，2時間以上3時間未満が50%，3時間以上4時間未満が36%，4時間以上が8%である（図5-3）．

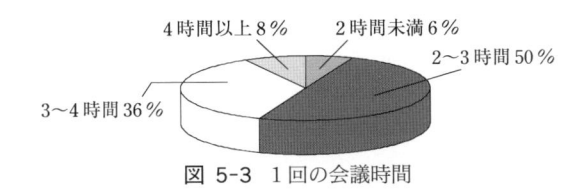

図 5-3 1回の会議時間

そうした会議では採決はあるのか．教委会議で採決に至ることがあるかどうかを尋ねたところ，「あまりない」との回答が44%あり，「全くない(18%)」を加えると6割を超える．さらに，議題について結論が出ずに，つぎの会議への持ち越しの有無を聞いたところ，「あまりない」との回答が54%であり「全くない(25%)」を加えると79%となる（図5-4，図5-5）．

会議での報告事項と審議事項の在り方について委員長はどう評価しているのか．1回の会議の報告事項は多いと思うかどうかを聞いたところ，「どちらともいえない」が半数近く(46.1%)となり，ついで「あまり多くない」との回答が30.7%であった．つぎに，1回の会議の審議事項は多いと思うかどう

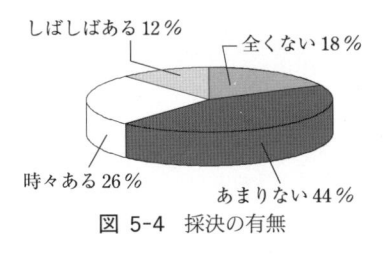

図 5-4 採決の有無

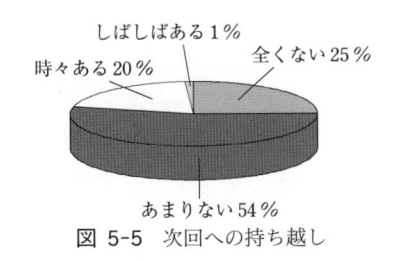

図 5-5 次回への持ち越し

表 5-2 会議の報告事項と審議事項

項 目	多すぎる	やや多い	どちらともいえない	あまり多くない	全然多くない
報告事項	1.2%	20.2%	46.1%	30.7%	1.7%
審議事項	0.2%	9.4%	52.7%	35.9%	1.8%

かを聞いたところ,「どちらともいえない」が半数を超える(52.7%),ついで「あまり多くない」が35.9%を占めた(表5-2).

審議事項に関連する事柄として,「委員からの議題発案」がなされているのかという問題がある.会議において,教育長・事務局以外から議題が発案されることはどれくらいあるのか.

定例的な審議事項を除いた,教育長・事務局以外からの議題発案の有無を尋ねたところ,「ほとんどない」との回答が41%であった.「比較的多い(21%)」,「非常に多い(2%)」をあわせても20%をやや超える程度にとどまっている(図5-6).

ところで,会議運営にとって無視できない重要な機構として事務局がある.事務局は本来,教育委員会にとって補佐機構として存在するものであるが,会議との関わりはどのようになっているのか.

事務局の準備する「会議資料の質と量」が,議論をする上で十分か否かを尋ねたところ,「やや十分である(43%)」と「十分である(28%)」をあわせると約70%が不足を感じてはいないことがわかる(図5-7).

つぎに会議資料の「配付の時期」についてはどうか.教委会議に際して,

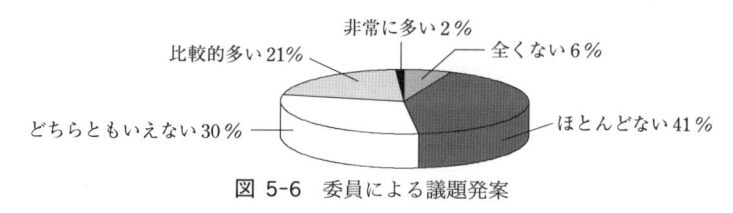

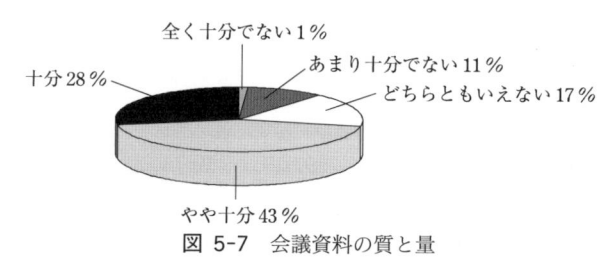

図 5-6 委員による議題発案

図 5-7 会議資料の質と量

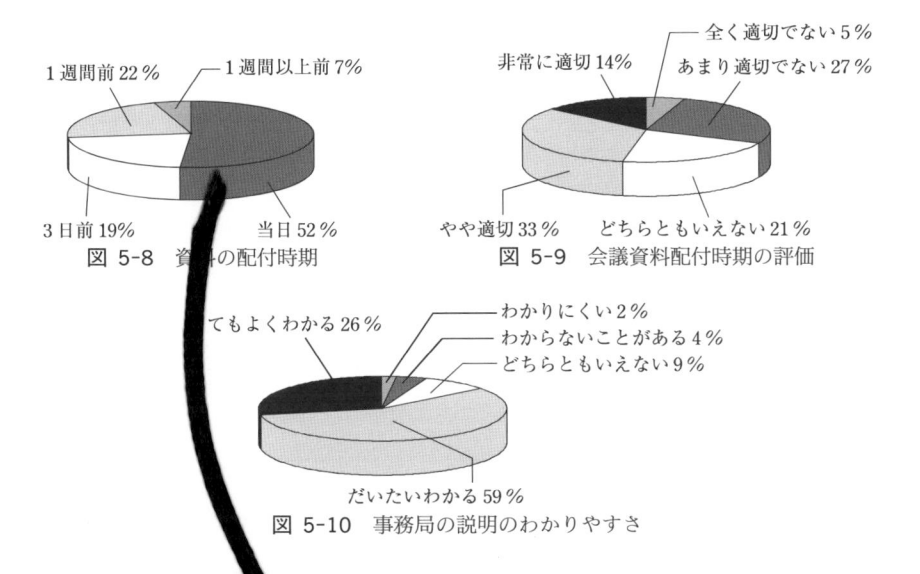

図 5-8　資料の配付時期

- 1週間以上前 7％
- 1週間前 22％
- 3日前 19％
- 当日 52％

図 5-9　会議資料配付時期の評価

- 全く適切でない 5％
- あまり適切でない 27％
- どちらともいえない 21％
- やや適切 33％
- 非常に適切 14％

図 5-10　事務局の説明のわかりやすさ

- わかりにくい 2％
- わからないことがある 4％
- どちらともいえない 9％
- だいたいわかる 59％
- とてもよくわかる 26％

　資料の配付はいつごろなされるかを尋ねたところ，半数を超える教育委員会が「会議の当日(52％)」との回答であった．その配付時期が適切であるかどうかは，「やや適切である(33％)」との回答がもっとも多いものの，「非常に適切である(14％)」をあわせても半数に満たず，「あまり適切とはいえない」と答えた回答も27％となっている．さらに，「事務局による説明」がわかりやすいかどうかを尋ねたところ，「だいたいわかる(59％)」と「とてもよくわかる(26％)」とをあわせると85％近くが事務局の説明はわかるとしている(図5-8〜図5-10)．

　このように運用されている会議の全体的な特徴について，教育委員長はその特徴をどのように捉えているのか．会議の特徴をめぐるいくつかの質問項目を設定して，それを尋ねた．

　会議の特徴に関しては，「会議では多様な意見が自由に交わされる」，「反対意見でも自由に発言できる雰囲気がある」，「提案された政策について活発な議論が展開される」という，会議の活発な様子を示す項目に対して肯定的な回答が多く，それぞれの項目に関して「とてもそう思う」，「ややそう思う」の回答の合計が80％を超えている．他方，「提案された政策に関してはあまり発言はない」，「提案された政策はそのまま認められることが多い」という，会議の活発さに関して否定的な二つの項目には，逆に否定的な回答が多く，「全くそう思わない」と「あまりそう思わない」の合計がおおよそ60％に達し

表 5-3 委員長調査に見る教育委員会会議の特徴

項目	平均	全くそう思わない	あまりそう思わない	どちらともいえない	ややそう思う	とてもそう思う
会議では多様な意見が自由に交わされる	4.32	0.4%	3.9%	5.1%	44.6%	46.0%
反対意見でも自由に発言できる雰囲気がある	4.25	0.4%	3.1%	9.7%	44.3%	42.5%
提案された政策について活発な議論が展開される	4.08	0.5%	5.3%	13.2%	48.3%	32.7%
提案された政策はそのまま認められることが多い	2.43	22.1%	36.6%	19.7%	19.4%	2.3%
提案された政策に関してはあまり発言はない	2.25	25.4%	41.4%	18.1%	12.7%	2.3%

表 5-4 教育長調査に見る会議の様相

項目	平均	全くあてはまらない	あてはまらない	どちらともいえない	あてはまる	よくあてはまる
教育長のリードで展開する	3.16	4.5%	20.1%	35.5%	34.7%	5.2%
提案はそのまま認められることが多い	3.76	1.3%	5.2%	20.5%	62.6%	10.5%
提案への発言はほとんどない	2.45	10.2%	48.0%	29.3%	12.1%	0.5%
反対意見が自由に発言できる	4.03	0.1%	1.1%	12.1%	69.0%	17.6%
議題への活発な議論がある	3.82	0.0%	3.7%	26.2%	54.9%	15.2%
多様な意見が自由に出る	4.04	0.0%	2.9%	12.5%	61.9%	22.6%

ている．調査に回答した委員長の多くが，教委会議では議論が活発に行われていると捉えていることがわかる(表5-3)．

　この調査とは独立に実施した教育長を対象とする調査(2章，3章，4章で分析に使用した調査)でも，会議の特徴について尋ねている．質問の趣旨が若干異なるが，比較の意味で紹介しよう．表 5-4 が集計の結果である．
　この結果を比較すると，委員長と教育長の認知に大きな差異は見られず，教育長も委員長と同様に会議は活発に行われていると捉えている．ということは，巷間いわれているほどの低迷した会議という様相は浮かんでこない．これは，やはり，臨教審答申の「活性化」論，さらには，分権推進と規制緩和の改革動向の中で教育委員会の主体性の回復が叫ばれ，それに呼応する形で教育委員会自身の自己改革の兆しが現れてきていることの結果といえるか

もしれない．本章で示した分析結果は，あくまでも委員長と教育長の認知であって，一般の教育委員の認知ではないが，委員長と教育長という立場の異なる当事者の認知において大きな差異がないということは重要である．ほぼ，現状を反映しているデータといってよいのではないか．

ところで，教委会議は，法制上，政策上の意思決定の場と位置付けられているが，会議での審議・討論の結果は，自治体の教育政策に反映されているのか．教育委員の提案やアイデアが，自治体の教育政策に反映されているかどうかを尋ねたところ，「やや反映されている(54%)」と「十分に反映されている(15%)」をあわせると約70%の委員長が反映されていると捉えているという結果になっている(図5-11)．

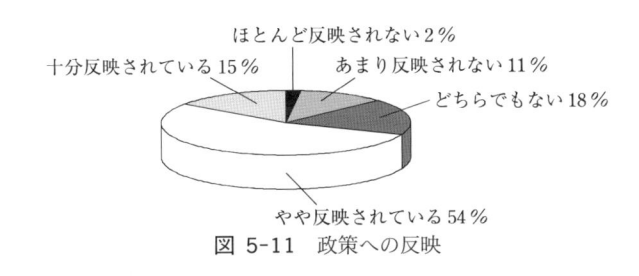

図 5-11 政策への反映

4 教育委員会会議の活発度に関わる規定要因の分析

(1) 教育委員会会議の様相をどう把握するか

以上，会議運営の諸側面に注目しながら，その一般的な傾向を明らかにしてきた．つぎに，会議の活発度を被説明変数とし，教委会議の運用に関わる特性(会議の形態，教育委員の人選や教育委員のための研修などの在り方，事務局の役割遂行上の特性など)を説明変数とする統計分析(クロス集計)を行い，会議の活発度を左右する要因としてどのようなものがあるか，その抽出を試みる．まずは，被説明変数である教委会議の活発度の構成から説明しよう．

被説明変数である教委会議の活発度は，委員長調査で用いた「教育委員会会議の特徴」を把握するための質問項目への回答を基に合成変数を構成した．合成変数の構成に際して使用した質問項目は，①会議では多様な意見が自由に交わされる，②反対意見でも自由に発言できる雰囲気がある，③提案された政策について活発な議論が展開される，④提案された政策はそのまま認められることが多い，⑤提案された政策に関してはあまり発言はない．

得点化に当たっては,「全くそう思わない」に1点,「とてもそう思う」に5点を与えた(「⑤提案された政策に関してはあまり発言はない」,「④提案された政策はそのまま認められることが多い」については,「全くそう思わない」に5点,「とてもそう思う」に1点を与えた)上で,すべての項目の点数を合計して,その平均値を求め,それを境にして会議が活発な教育委員会と不活発な教育委員会とに分けた.

説明変数である教委会議の運用に関わる特性については,それぞれ,つぎのように変数として構成した.まず,会議の頻度については,会議の頻度を尋ねた質問項目への回答を,「11回以下」「12～14回」「15～17回」「18回以上」の四つに分けた.会議時間に関しても,1回にかける会議時間について尋ねた質問項目への回答を「2時間未満」「2時間以上～3時間未満」「3時間以上～4時間未満」「4時間以上」の四つに分けている.教育委員の人選,委員の研修機会,委員のアイデアの政策への反映の有無,委員の議題発案,委員の政策提案,事務局の準備する資料の質と量,事務局による説明に関しては,5件法で尋ねた質問項目の回答を,3件法の回答に構成し直している.例えば,委員の人選であれば,「非常に慎重である」「慎重である」「どちらともいえない」「慎重ではない」「全く慎重ではない」という5件法の回答を,「非常に慎重である」の回答と「慎重である」の回答とをあわせて「慎重である」として,「慎重ではない」と「全く慎重ではない」をあわせて「慎重ではない」とし,「どちらともいえない」を加えて3件法の回答としている.資料の配付時期に関しては,「当日」「3日前」「1週間前」「1週間以上前」の四つに分けた.

(2) 教育委員会会議の活発度に関わる規定要因
(a) 教育委員会会議の形態

まず,教委会議の形態に関するデータと会議の活発度との関係を分析しよう.分析の結果,会議の活発度との間に,有意な関係が見られたものは,①会議の開催頻度,②1回の会議にかけられる時間であった[3].

① 会議の開催頻度

会議の開催頻度と会議の活発度との関係については,会議が年間11回以下の教育委員会では,活発度の低い教育委員会の割合が大きくなるのに対して,15回以上のところでは,活発度の高い教育委員会の割合が明らかに大きくなっているという結果となっている(表5-5).

② 1回の会議にかけられる時間

会議の時間と活発度との関係を見ると,会議が2時間以下の教育委員会で

4 教育委員会会議の活発度に関わる規定要因の分析　　　　105

表 5-5　会議の頻度と会議の活発度

		会議の活発度		合計
		高	低	
教委会議の頻度	11回以下	62	70	132
		47.0%	53.0%	100.0%
	12～14回	243	218	461
		52.7%	47.3%	100.0%
	15～17回	317	199	516
		61.4%	38.6%	100.0%
	18回以上	140	69	209
		67.0%	33.0%	100%
合　計		762	556	1318
		57.8%	42.2%	100.0%

$p<0.01$

表 5-6　会議時間と会議の活発度

		会議の活発度		合計
		高	低	
会議時間	2時間未満	29	53	82
		35.4%	64.6%	100.0%
	2時間以上～3時間未満	360	299	659
		54.6%	45.4%	100.0%
	3時間以上～4時間未満	293	175	468
		62.6%	37.4%	100.0%
	4時間以上	80	29	109
		73.4%	26.6%	100.0%
合　計		762	556	1318
		57.8%	42.2%	100.0%

$p<0.01$

は，活発度の低い教育委員会が過半数を占めるが，会議時間が3時間以上の教育委員会では活発度の高い層に属する教育委員会が60～70%と明らかに多数になる結果となった(表5-6).

　これらの分析結果は何を示唆しているのか．それは，教委会議が活発に行われるためには，一定度以上の開催数，おおよそ月に2回程度，が確保されること，1回の教委会議において，3時間程度の会議の時間が確保されている

ことが必要であるということである[4]．すなわち，議案をしっかりと議論するための時間的余裕を確保することが，会議の活発化のための重要な要素であるといえよう．

(b) 教育委員会の特性

つぎに，教育委員会の特性と会議の活発度との間の関係を考察する．分析に用いた項目のうち，会議の活発度と有意な関係が見出されたものは，①教育委員の人選，②教育委員の研修，③委員アイデアの政策への反映の有無，④委員の議題発案の程度，⑤委員の政策提案の程度，である．

① 教育委員の人選

委員の人選に慎重であるか否かと会議の活発度との間には統計的に有意な関係が現れた．人選に慎重な教育委員会では，その65％が活発度の高い群に属するのに対して，慎重ではない教育委員会では，62％が活発度の低い群に属している(表5-7)．

表 5-7　委員の人選と会議の活発度

		会議の活発度		合計
		高	低	
委員の人選	慎重ではない	43	70	113
		38.1%	61.9%	100.0%
	どちらともいえない	119	161	280
		42.5%	57.5%	100.0%
	慎重である	571	298	869
		65.7%	34.3%	100.0%
合　計		733	529	1262
		58.1%	41.9%	100.0%

$p<0.01$

② 教育委員の研修

委員に対する研修の機会が十分に配慮されているか否かと，会議の活発度との関係を見てみると，「配慮されている」教育委員会の66％が活発度の高い群に属する一方で，「配慮されていない」教育委員会では，56.1％と，その過半数が活発度の低い群に属するという結果となった(表5-8)．

③ 委員アイデアの政策への反映の有無

教育委員のアイデアが自治体の教育政策に反映されているかどうかと会議の活発度との関係については，反映されているとする教育委員会では，約68％が活発度の高い群に属するのに対して，反映されていない教育委員会で

4　教育委員会会議の活発度に関わる規定要因の分析

表 5-8　委員の研修と会議の活発度

		会議の活発度		合計
		高	低	
委員の研修機会への配慮	配慮されていない	143	183	326
		43.9%	56.1%	100.0%
	どちらともいえない	129	111	240
		53.8%	46.3%	100.0%
	配慮されている	469	240	709
		66.1%	33.9%	100.0%
合　計		741	534	1275
		58.1%	41.9%	100.0%

$p<0.01$

表 5-9　委員アイデアの政策への反映と会議の活発度

		会議の活発度		合計
		高	低	
委員のアイデアの政策への反映	配慮されていない	56	107	163
		34.4%	65.6%	100.0%
	どちらともいえない	93	145	238
		39.1%	60.9%	100.0%
	配慮されている	591	280	871
		67.9%	32.1%	100.0%
合　計		740	532	1272
		58.2%	41.8%	100.0%

$p<0.01$

は，その約66%が低い群に属している(表5-9)．

④　委員の議題発案の程度

　教育委員の議題発案の多寡と会議の活発度との関係に関しては，議題発案が多い教育委員会において会議が活発となっていることが明らかとなった．委員による発案が多い教育委員会では，その75%が会議が活発な群に属する結果となっている(表5-10)．

⑤　委員の政策提案の程度

　委員の政策提案の多寡と会議の活発度に関しては，委員が積極的に政策提案を行っている教育委員会において，会議が活発となっていることが明らかとなった．提案が少ない教育委員会では，65%が活発度が低い群であるが，提案が多い教育委員会では，その69%が活発となっている(表5-11)．

表 5-10　委員の議題発案と会議の活発度

		会議の活発度		合計
		高	低	
委員の議題発案	発案は少ない	298	323	621
		48.0%	52.0%	100.0%
	どちらともいえない	238	160	398
		59.8%	40.2%	100.0%
	発案は多い	223	73	296
		75.3%	24.7%	100.0%
合計		759	556	1315
		57.7%	42.3%	100.0%

$p<0.01$

表 5-11　委員の政策提案と会議の活発度

		会議の活発度		合計
		高	低	
委員の政策提案	提案は少ない	75	136	211
		35.5%	64.5%	100.0%
	どちらともいえない	183	185	368
		49.7%	50.3%	100.0%
	提案は多い	471	214	685
		68.8%	31.2%	100.0%
合計		729	535	1264
		57.7%	42.3%	100.0%

$p<0.01$

　以上の分析結果は，教委会議の活発化には，教育委員の選任に十分な時間をかけ，教育識見など教育委員としての資質能力を有する人材を探し出して登用すること，そして，その研修機会を十分に確保し，資質能力の持続的な向上のための環境を整備すること，さらに，委員が積極的に議題や政策の提案をし，そうした委員の提案を教育施策に反映させるという実績をつくることで，委員が，自分の発言やアイデアが自治体の教育施策に影響を与えているという感覚を有することが重要であることを示唆している。いいかえれば，教育施策に対する委員の当事者意識を確保し，委員が住民代表であることの意味を理解し，積極的にコミットするような誘因や環境を整備すること

が重要ということである．

これらの条件が整えられることが教委会議の形骸化を防ぐことにつながる．すなわち，教育委員が無力感にさいなまれ，結果として，会議が不活発になり，教育長・事務局による意思決定を事後承認する場と化すという事態が避けられるのである．

(c) 教育委員会事務局の役割遂行

第三に，教育委員会事務局が果たしている役割と，教委会議の活発度との関係を分析する．分析に使用した項目のうち，会議の活発度との間に統計的に有意な関係が見出されたものは，①事務局の準備する会議資料の質と量，②事務局の会議資料配付の時期，③事務局による説明の適切さである．

① 事務局の準備する会議資料の質と量

教委会議で議論する上で，事務局の準備する資料が質，量ともに十分か否かについては，「十分」である教育委員会では，活発度の高い群に属するものが64％になるのに対して，「不十分」である教育委員会では，約53％と，その過半数が活発度の低い群に属している（表5-12）．

表 5-12 事務局の資料の質・量と会議の活発度

		会議の活発度		合計
		高	低	
事務局の準備する資料の質と量	不十分	70	78	148
		47.3%	52.7%	100.0%
	どちらともいえない	93	127	220
		42.3%	57.7%	100.0%
	十分	577	331	908
		63.5%	36.5%	100.0%
合計		740	536	1276
		58.0%	42.0%	100.0%

$p<0.01$

② 事務局の会議資料配付の時期

教委会議に際して，各委員への事務局による資料配付の時期と会議の活発度との関係を分析すると，配付時期が早くなるほど活発度の高い群に属する教育委員会の割合が増加していくことが見て取れ，反対に，配付時期が会議日に近づくほど活発度の低い教育委員会が増加していくという結果となった（表5-13）．

表 5-13　資料の配付時期と会議の活発度

		会議の活発度		合計
		高	低	
会議資料の配付時期	当日	345	304	649
		53.2%	46.8%	100.0%
	3日前	143	90	233
		61.4%	38.6%	100.0%
	1週間前	164	100	264
		62.1%	37.9%	100.0%
	1週間以上前	58	31	89
		65.2%	34.8%	100.0%
合計		710	525	1235
		57.5%	42.5%	100.0%

$p<0.01$

③　事務局による説明の適切さ

　事務局による説明がわかりやすいか否かと会議の活発度との関係を見てみると、「わかりにくい」という教育委員会では、活発度の高い教育委員会と低い教育委員会の割合が拮抗しているのに対して、「よくわかる」教育委員会においては、活発度の高い層に属するものが61%と過半数にのぼるという結果となった（表5-14）。

　以上の分析結果は、教委会議が活発に機能するためには、事前検討の余裕がある時期に質と量を備えた会議資料が配布されているとともに、会議当日

表 5-14　事務局の説明と会議の活発度

		会議の活発度		合計
		高	低	
事務局による説明	わかりにくい	40	37	77
		51.9%	48.1%	100.0%
	どちらともいえない	40	76	116
		34.5%	65.5%	100.0%
	よくわかる	660	424	1084
		60.9%	39.1%	100.0%
合計		740	537	1277
		57.9%	42.1%	100.0%

$p<0.05$

の事務局による説明がわかりやすいことが必要であることを示唆している．それは，教育委員会事務局の良質のサポートが，教委会議が活発化し，会議本来の任務を果たすために必要不可欠であることを示している．いいかえれば，専門的教育職員を含めた事務局スタッフが，関連資料の収集・整理・提示という，教委会議における効果的な意思決定のための基礎的環境を提供しているということである．教育委員会事務局は，そのための組織的能力を備えていることが求められる．

5 教育委員会会議を活性化する条件とは

　以上の調査知見は，会議を活性化するための条件について，つぎのようにまとめることができよう．まず，教委会議の形態に関していえば，議案を議論するための十分な時間の確保が重要であるということである．つぎに，教育委員会の特性に着目すれば，まず，時間をかけて，教育識見などの資質能力を有する人材を登用すること，また，委員の研修機会を確保し，委員としての使命感などの資質能力の向上に継続的に努めること，さらに，委員の提案が教育施策に反映されるという実績をつくることで意欲的な活動の誘因を与えること，これらの特性が会議の活発化にとって重要である．最後に，教育委員会事務局の役割に関していえば，会議に対する教育委員会事務局の良質のサポートが，教委会議の活発化にとって必要不可欠なものとなっている．

　これらの調査知見から示唆された会議の活発化に関わる諸要因は，教育委員会制度の形骸化を防止するための，会議運営の側面に関わる基本的な対応策を示唆するものとみなすことができる．つまり，これら諸要因は，地方自治体にとって操作可能な要因であり，地方自治体の取り組みにより整備することができる要素である．したがって，これらの諸要因を積極的に整備することによって，教委会議を活性化させ，教育委員会が政策フォーラムとして機能することを促すことができると考えられるのである．

　ところで，これらの活性化のための条件は，教委会議の特徴に関する質問項目を基に構成した合成変数である会議の活発度（被説明変数）と，教委会議の形態，教育委員会の特性，教育委員会事務局の役割を示す各変数（説明変数）との間の統計的に有意な関係の有無に着目して明らかになったものであるが，本調査においては，この分析に使用した会議運営の実態に関する質問項目とは別に，委員長に「教委会議が合議体として機能し，教育委員会本来の役割を果たすためには，どのような要素が大切であるか」を尋ねる，意見調査的な質問も実施した．表5-15は，その回答結果を示している．平均値は

表 5-15 教育委員長から見た教育委員会会議が合議体として機能するために必要な要素

	平均	全くそう思わない	あまりそう思わない	どちらともいえない	ややそう思う	とてもそう思う
委員の意欲・使命感と自己啓発	4.42	0.5%	3.3%	6.9%	32.3%	57.0%
委員と教育長との情報交換	4.03	0.5%	6.7%	16.2%	43.1%	33.5%
議事内容の事前連絡	3.96	0.6%	7.8%	15.3%	47.7%	28.6%
研修を増やし教育識見を高める機会	3.94	0.5%	7.3%	17.5%	47.6%	27.1%
教育政策に委員の発言が反映される実績	3.92	0.4%	7.3%	19.4%	45.9%	27.1%
委員の構成の多様化	3.19	6.1%	26.1%	23.4%	31.8%	12.6%
委員の年齢構成の見直し	3.10	6.3%	26.9%	25.3%	33.4%	8.1%
委員の一部常勤化	2.41	22.8%	36.1%	24.2%	11.2%	5.7%
委員数の増加	2.29	21.1%	41.2%	28.1%	7.2%	2.4%

5件法の回答について「全くそう思わない」を1点として順に得点を与え，「とてもそう思う」を5点とした平均である．

結果としては，「委員の意欲・使命感と自己啓発(平均値4.42)」がもっとも平均値が高く，「教育委員と教育長との情報交換が頻繁になされること(平均値4.03)」，「議事内容についての事前の連絡が十分なされること(同3.96)」，「教育委員の研修を増やし，教育に関する識見を高める機会を増やすこと(同3.94)」，「教育委員の発言が自治体の教育政策に反映されるという実績があること(同3.92)」などの要素が大切であるとみなされている(表5-15)．

特に，「議事内容についての事前の連絡が十分なされること」，「教育委員の研修を増やし，教育に関する識見を高める機会を増やすこと」，「教育委員の発言が自治体の教育政策に反映されるという実績があること」が上位にある点に注目したい．この事実は，委員長が会議の活発化のために大切であると考える要素，すなわち，委員長が主観的に認知した会議活性化のための要素と，会議の特徴に関する五つの質問項目に関する回答結果から構成された合成変数である「会議の活発度」(被説明変数)と説明変数との間の統計分析によって明らかにされた前記した会議の活発度に関わる規定要因との間に関連があることを示している．つまり，制度運用の実態データの客観的分析により示唆された会議の活発度に関わる要因が，委員長が日ごろの経験から感じている会議活性化の重要な要素のいくつかと一致したということである．客観的分析においても，主観的な認知においても，会議の活性化に関わるほぼ共通する要因が現れたことに注目したい[5]．要するに，本章の分析で示された

会議の活発化に関わる要因は，教委会議の形骸化を防止するための基本的な対応策を示唆するものと見なすことができよう．

6 教育委員会会議を活性化することの意義はどこにあるか

本章を閉じるに当たって，会議の活発度の規定要因を明らかにすることの意義について，改めて言及しておきたい．すでに述べたように，会議が活発であるか否かは，教委会議が政策フォーラムとして機能しているかどうかの一つの指標であり得るから，その規定要因を明らかにすることは重要な意義があることはまちがいない．しかしながら，この分析の意義はそれにとどまらない．教委会議が活発か否かは教育委員会制度の単なる一側面であるにとどまらず，制度のそのほかの側面とも重要な関連性を有する現象なのである．表 5-16 は，会議の活発度と教育委員の果たしている役割との相関分析の結果を示したものである[6]．

表 5-16 教育委員会会議の活性度と教育委員の果たす役割との相関

	政策提案	政策アイデア提供	住民ニーズの伝達	住民の政策理解の支援	住民への政策伝達	首長との調整	地域団体との調整
相関係数	0.366**	0.398**	0.345**	0.333**	0.291**	0.330**	0.232**
N	1264	1265	1262	1264	1268	1268	1265

**相関係数は，1%水準で有意（両側）

表に見るように，会議の活発度と教育委員が果たしている役割との関係に着目すると，分析に用いた全項目に関して，会議の活発度との間に相関関係が見られた．このことは，会議が活発か否かと，教育委員に求められる本来の役割遂行を教育委員が積極的に果たすか否かとの間に密接な関係があることを示唆する．

また，表 5-17 は，会議の活発度と教育改革の進展度とのクロス集計の結果である[7]．表に明らかなように，会議の活発度は改革の進展度と統計的に有意な関係にあり，改革の進展にとって教委会議が活発であることが重要な条件の一つとなっている．

このように，教委会議の活発度は，教育委員の役割遂行を刺激する誘因ともなっている一方で，各自治体の実際の教育改革の進展に関わっている．このことは，教委会議が活発か否かは，現実の教育委員会を合議体としての教育委員会という，その制度理念に近づけるだけではなく，教育改革の推進という今日の教育委員会に課せられている重要な使命の達成を促進する要因で

表 5-17 改革進展度と会議の活発度

		改革進展度		合計
		高	低	
会議の活発度	高	417	289	706
		59.1%	40.9%	100%
	低	205	304	509
		40.3%	59.7%	100%
合　計		622	593	1215
		51.2%	48.8%	100%

$p<0.01$

あることを示唆しており，会議の活発化の制度的意味合いは鮮明である．ここに，その規定要因の解明にスポットライトを当てる意味がある．

　以上，教委会議の運用実態の体系的な経験的データを提示すると同時に，そのありようを規定する要因を明らかにしてきた．しかし，会議のありようを規定することが明らかになった要因のうち，どれが相対的に重要なのかの検討は行っていない．検討を行うには，要因相互の相対的な規定力を解明する必要がある．さらに，市町村の規模や地域性（例えば，地域住民の教育への関心度や住民リーダーの教育政策への関与度，あるいは，地域の経済的特性）や教育問題に対する首長の政策的スタンスが会議の活発度と関係があるか否か，またあるとすれば，それぞれ異なる条件の下で規定要因の組み合わせにはどのような差異が生ずるのか，といったことも重要な検討課題であると思われる．次章では，人口規模別に活性化要因に差が見られるのか，また，要因相互の規定力に人口規模による差があるのかを検討する．

【注】
1) 中教審答申『今後の地方教育行政の在り方について』(2章1-(2)参照)．
2) 表中の不明とは，行政区分を問う質問項目に無回答の数である．ただし，その他の質問項目に対する回答は，分析に使用しているので，合計回収数には含めている．
3) 本章では，クロス集計の結果，統計的に有意な関係が見られた項目のみ提示した．調査票で準備し，クロス集計にかけた質問項目のすべてに有意な関係が現れたわけではない．
4) 会議の時間を会議の活発さに先行する要因とみなす解釈に対しては，会議が活発であるがゆえに会議の時間が長くなるのではないかという解釈がありうる．われわれが前者の解釈をとったのは，調査設計上の理論的想定に基づいている．すなわち，相関分析

の場合でも，一定の仮説に基づいて，説明変数と被説明変数を想定して分析を行うことは一般に行われており，われわれは，会議にどれだけの時間をとっているかは教育委員会によって異なる制度運用上の条件の一つではないかと考えて，会議の時間は，説明変数として組み込んだ．会議の時間は，会議が活発になったとき，それに応じて伸縮自在に設定されるというよりも，それぞれの教育委員会において慣行的に設定されているものと考えたのである．

5) ただし，委員構成の多様化などの，委員長の意見では順位が低い項目が，教委会議の活性化と関係がないというわけでは全くない．ここでは，表にある項目のすべてとクロス集計の結果明らかになった要因とを比較しているのではなく，委員長が重要視している項目の中に，クロス集計の統計的検定の結果により明らかとなった要因と一致するものがあることを述べていることに注意していただきたい．委員の構成の多様化などが，会議の活性化とどう関係しているかは今後の課題としたい．

6) 教育委員の果たす役割を示す変数については，本章で使用している委員長調査における，教育委員の果たす役割に関する質問項目への回答をもとに構成している．使用した質問項目は，「政策提案」「政策アイデア提供」「住民ニーズの伝達」「住民の政策理解の支援」「住民への政策伝達」「首長との調整」「地域団体との調整」の七つである．各質問項目に対する5件法の回答に対して，「全く当てはまらない」に対しての1点から「よく当てはまる」の5点まで順に得点を与え得点化し変数として構成した．

7) つぎに，表5-17のクロス集計で用いている改革進展度を表す変数に関しては，委員長調査のデータを基にして，次のような手順で変数の構成を行った．被説明変数である改革進展度は，各教育委員会の取り組んでいる学校支援策の実施状況に関する4段階の回答に，「すでに実施している」から，「検討課題となっておらず，実施する可能性はほとんどない」に，1点から4点を与えて得点化し合計得点を求め，その平均値を基準にして，改革進展度の高い教育委員会とそうではない教育委員会とに分けた．用いた質問項目は，校長裁量予算の配分，教員人事における意見具申の方法・手続きの見直しの実施，地域独自の副教材の作成，地域人材活用予算の措置の実施，学習情報ネットワークの構築，学社連携担当職員の配置，学力向上プランの作成，自己点検・自己評価の手引書の作成である．

6章

教育委員会会議の活性化要因とその相対的規定力
―人口規模別のバリエーションに注目して―

1 研究の課題：人口規模は教育委員会会議の活性化にどう影響するか

　教育委員会会議（以下，教委会議と略記）を活性化すること，すなわち，教委会議を制度理念にふさわしい政策フォーラムとして機能回復すべきことは，分権時代を迎え，自治体教育行政の自主性・主体性が求められるいま，喫緊の課題となっており，会議のありようをめぐる分析は運用実態に関する実証的研究の重要な一部分といわなければならない．以上の問題意識から，5章では，その教委会議のありようを「会議の活発度」という指標で数量的に把握して，会議の活発度を規定する要因（活性化要因と呼ぶことができる）を明らかにした．それをふまえて，本章では，①会議の活性化要因は人口規模による影響を受けるのか，という問いと，②活性化要因相互の規定力の順位はどうなっており，それは人口規模の影響を受けるのか，という2種類の問い＝分析課題を設定し，その解明を試みる．

　このような問いを設定し解明することの意義はどこにあるのか．

　前者の問い，すなわち活性化要因と人口規模との関係を問うのは，前述した，教育委員会形骸化論の主要な部分として展開されている「会議の形式化」論の焦点は主として，小規模自治体の教育委員会に向けられているからである．すなわち，小規模自治体の教育委員会では，ほかの自治体教育委員会に比べて，会議が形式化し，政策フォーラムとして機能していないこと，ゆえに，教育委員会が合議体の機構として存在し得ていないことが特に指摘されており，そのような批判が経験的に裏付けられるのかどうかは教委会議の改善論にとって重要な検討課題と考えられるからである．つまり，活性化要因の人口規模別の布置を明らかにして，それが人口規模の影響を受けるかどう

かを検討することは，こうした小規模自治体教育委員会批判の経験的な妥当性を検証することにつながるのである．

後者の活性化要因相互の相対的規定力に関する問いは，どんな意義があるのか．会議の活性化要因として5章では10項目の要因が明らかとなった．しかし，それら活性化要因は会議の活発度に対して同じ比重で作用するのではなく，会議の活発度を左右するその度合い(規定力)には，差異があるのではないか，さらに，それらの要因の規定力の順位も人口規模の影響を受けるのではないか，という仮説がこの問いの背後にある．活性化要因の規定力の差異があるとすれば，会議の改善のために優先的に採るべき方策の選択に際してそのことは当然に配慮されなければならないであろう．こうした研究知見はそのヒントを与えることであろう．また，人口規模の影響の有無を検討することも，会議改善の方策選択に活用できるデータを提供すると考えられる．すなわち，その規定力が人口規模の影響を受けない要因は，会議の改善に取り組む際，どのような自治体でも配慮すべき要因ということになるし，その規定力がある特定の規模の自治体でのみ顕著に見られる要因であることが判明したら，当該自治体でのみ配慮すべき要因ということになる．つまり，活性化要因の規定力の順位を明らかにし，また，その順位の差異を人口規模との関連で検討することは，会議改善のために各自治体において取り組むべき優先方策を判断する手がかりを与えてくれると考えられるのである．なお，分析に用いるデータは，5章で用いたのと同じものである．

2　教育委員会会議の活性化要因と人口規模

(1) 教育委員会会議の活性化要因

前章で見たように，教委会議の活発度を被説明変数とし，会議の運用に関わる特性(会議の形態，委員の役割遂行上の特性，教育委員の人選や教育委員のための研修などの在り方，事務局の役割遂行上の特性など)を説明変数としたクロス集計によって，つぎのものが会議の活性化要因として明らかにされた．

まず，教委会議の形態については，会議の開催頻度(会議頻度)および1回の会議にかける時間(会議時間)と，会議の活発度との間に統計的に有意な関係が現れた．つぎに，教育委員会の特性と会議の活発度との間の関係について，関連が見出されたものは，委員による議題発案の有無，委員による政策提案の有無，委員提案の政策への反映の有無，委員の人選(それが慎重に行われているか否か)，委員の研修(研修の機会が十分に配慮されているか否か)

であった．さらに，会議に関わる教育委員会事務局の役割遂行上の特性については，事務局の準備する会議資料の質と量(それが十分であるか否か)，会議資料の配付時期(適切な時期に配付しているか否か)，そして，事務局の説明(それがわかりやすいか否か)と，会議の活発度との間に関連性が見られた．

(2) 教育委員会会議の活性化要因と人口規模

上記のような会議の活発度に影響を与えている要因(活性化要因)は，人口規模の大小によって，影響を受けるのであろうか．まず，活性化要因の備わり方(多寡)が人口規模によって異なるか否かを分析する．この点を明らかにするために，人口規模別に各要因に関わる質問項目への回答を得点化し，人口規模別に合計点を求め，その平均値を比較する．

人口規模の区分に関しては，教育委員会の設置規模論において，適正な規模が10万人程度とされていること[1]や，各人口規模区分間の教育委員会数のバランスを考慮して，1万人未満(421，32.1％)，1万人以上〜3万人未満(336，25.6％)，3万人以上〜5万人未満(194，14.8％)，5万人以上〜10万人未満(180，13.7％)，10万人以上(182，13.9％)の5区分としている(表6-1)．

表 6-1　人口規模別に見た教育委員会サンプル数

	教育委員会数	％
1万人未満	421	32.1％
1万人以上〜3万人未満	336	25.6％
3万人以上〜5万人未満	194	14.8％
5万人以上〜10万人未満	180	13.7％
10万人以上	182	13.9％
合　計	1313	100.0％

表6-2がその結果である[2]．各要因の右側の数字は平均値の順位を示している．

分析結果を概観すると，各活性化要因は，大きく分けると，人口規模の区分にしたがい，すなわち，人口規模が大きくなる(あるいは，小さくなる)にしたがって，平均値が順次変化している要因と，人口規模の区分に応じた平均値の順次的な変化が見られず，人口規模の区分と平均値の大小とが首尾一貫していない要因とがある．

前者は，「会議頻度」「会議時間」「政策提案」「政策反映」「委員人選」「資

2 教育委員会会議の活性化要因と人口規模

表 6-2　各活性化要因の平均値の人口規模別の比較

人口規模	会議頻度		会議時間		議題発案		政策提案		政策反映	
	平均	順位	平均	順位	平均	順位	平均	順位	平均	順位
1万人未満	13.359	⑤	2.616	①	2.674	④	3.453	⑤	3.682	④
1万人以上～3万人未満	14.770	④	2.577	②	2.760	③	3.557	④	3.644	⑤
3万人以上～5万人未満	15.129	③	2.412	③	2.836	①	3.640	②	3.684	③
5万人以上～10万人未満	15.328	②	2.389	④	2.764	②	3.609	③	3.711	②
10万人以上	16.956	①	2.224	⑤	2.528	⑤	3.680	①	3.782	①
全国平均	14.736		2.495		2.715		3.562		3.691	

人口規模	委員人選		委員研修		資料の質と量		資料の配付時期		事務局の説明	
	平均	順位	平均	順位	平均	順位	平均	順位	平均	順位
1万人未満	3.752	⑤	3.352	⑤	3.708	⑤	1.468	⑤	3.966	⑤
1万人以上～3万人未満	3.773	④	3.383	④	3.833	④	1.633	④	4.012	④
3万人以上～5万人未満	3.839	③	3.479	①	3.924	③	1.972	③	4.081	③
5万人以上～10万人未満	3.977	②	3.394	②	3.966	②	2.384	②	4.107	①
10万人以上	4.073	①	3.392	③	4.051	①	2.382	①	4.097	②
全国平均	3.840		3.391		3.862		1.836		4.030	

料の質と量」「資料の配付時期」「事務局による説明」である。これらの要因に関しては、「会議時間」をのぞいて、人口規模が大きいほど、平均値が高くなっている。これらの結果は、人口規模が大きいほど、会議の行われる頻度が高く、積極的に政策提案を行う教育委員が存在しており、委員のアイデアや意見が政策に反映されることが多く、委員の人選を慎重に行っており、事務局の準備する会議資料が質、量ともに充実しており、事務局が事前検討の余地のある時期に資料を配付しており、会議資料に関する事務局の説明がわかりやすい教育委員会が多くなるということを示している。反対に、「会議時間」については、人口規模が大きくなるほど、会議時間が短くなるという傾向があることがわかる。

このことからは、会議の活性化要因の多くが、人口規模の大小によって、その備わり方(多寡)が影響を受けており、人口規模が大きくなるほど、基本的に、活性化要因を備えた教育委員会が多くなることが明らかとなった。

後者は、「委員研修」と「議題発案」である。これら二つの要因については、平均値の順位と人口規模の大小との間に一定の関係が見られない。委員の研修に関しては、3万人以上～5万人未満の自治体で平均値がもっとも高く、それに続いて5万人以上～10万人未満、10万人以上、1万人以上～3万人未満、

1万人未満という順で平均値が高く，この人口規模の順で，研修への配慮がなされていることがわかる．議題発案については，3万人以上〜5万人未満の自治体で，議題発案をする委員が存在する教育委員会がもっとも多くなり，5万人以上〜10万人未満，1万人以上〜3万人未満，1万人未満の順となり，10万人以上の教育委員会の平均値がもっとも低くなっている．

　これら二つの要因については，つぎのように解釈できるのではないかと考えている．委員研修については，人口規模別の平均値の差が小さく（すなわち，人口規模が異なっても，研修の配慮の過多に大きな差が生じているわけではなく），かつ，すべての人口規模の平均が中央値(5件法で回答を求めているために，この場合は3)よりも大きい．このことは，どの人口規模の自治体であっても委員研修の機会への配慮がある程度なされていることを示している．その結果として，人口規模の大小と，平均値の順位が比例しないのではないかということである．議題発案に関して，10万人以上の大規模自治体と1万人未満の小規模自治体の平均値が両者とも低いのは，大規模自治体では教育委員会の官僚制化（合理的官僚制の確立）が進んでおり，事務局の組織陣容が整っていることもあり，会議運営の手続きが合理化され，教育長や事務局による発案が多く，結果として委員が積極的に議題発案を行う必要性が希薄である状況があり，そのために委員による議題提案が少なくなっているのに対し，小規模自治体では，教育識見や問題解決の意欲に富む教育委員の確保が困難であるというリクルート面の弱さがあるために委員による議題発案が少ない傾向がある，と全く別の理由によるのではないかということである．

　以上，人口規模別の活性化要因の備わり方（多寡）の差異を見てきた．このように，人口規模別に活性化要因の平均値を比較すると，いくつかの例外はあるが，総じて，人口規模の大きい自治体の教育委員会において，ほとんどの活性化要因が高い平均値を示していた．これらの結果は，人口規模の大きい自治体の会議が，相対的に活発であることを示唆する．

　そこで，人口規模と会議の活発度とのクロス集計を行ってみると，人口規模が小さい自治体において会議の活発度が低い教育委員会が多数を占めるようになるわけではないが，人口規模が大きい自治体ほど，会議が活発な教育委員会が増えていくという結果となっている（表6-3）．すなわち，会議の活発度は，人口規模が大きくなるほど高くなるという傾向がある．この結果は，人口規模別の活性化要因の平均値の差異に基づく予測を裏書きするものであるということができよう．

表 6-3 人口規模別に見た会議の活発度

人口規模		会議の活発度		合計
		高	低	
人口規模	1万人未満	213	189	402
		53.0%	47.0%	100.0%
	1万人以上～3万人未満	177	153	330
		53.6%	46.4%	100.0%
	3万人以上～5万人未満	111	73	184
		60.3%	39.7%	100.0%
	5万人以上～10万人未満	118	58	176
		67.0%	33.0%	100.0%
	10万人以上	117	55	172
		68.0%	32.0%	100.0%
合　計		736	528	1264
		58.2%	41.8%	100.0%

$p<0.001$

3　教育委員会会議の活性化要因相互の相対的規定力と人口規模

(1) 教育委員会会議の活性化要因相互の相対的規定力

　これまでの分析で，会議の活発度との間に統計的に有意な関係がある会議の運用に関わる諸特性が明らかになった．しかし，これらの諸特性が，会議の活発化のための要因（活性化要因）として同じ比重で働いているかどうかは明らかではない．これらの諸特性の活性化要因としての相対的な規定力を解明することが必要である．そこで，これら活性化要因相互の規定力の差異を判別分析を用いて検討する．

　判別分析に当たっては，会議の活発度を被説明変数とし，上記のように，会議の活発度との関連性が明らかになった要因―「会議の頻度」「会議時間」「議題発案」「政策提案」「政策反映」「委員人選」「委員研修」「資料の質と量」「資料の配付時期」「事務局による説明」―を説明変数とした．また，判別分析を行うに当たっては，ステップワイズ法を用いている．判別分析の結果は，表 6-4 の通りである．表の数値は，会議の活発度に対する各要因の相対的寄与を示すものであり，説明変数を同時に投入するという条件の下での，各要因の規定力の目安となるものである．

　順位は，委員による政策反映がもっとも高い規定力を有しており，ついで，

表6-4 会議の活発度に対する活性化要因の相対的規定力

活性化要因	正準判別関数係数	順位
政策反映	0.332**	①
委員人選	0.276**	②
政策提案	0.248**	③
会議時間	0.245**	④
議題発案	0.240**	⑤
事務局の説明	0.238**	⑥
会議頻度	0.188**	⑦
委員研修	0.186**	⑧

**p<0.01

委員の人選，政策提案，会議時間，議題発案，事務局の説明，会議頻度，委員研修という順となった．

　分析結果をまとめると，会議において議題発案を行う，あるいは政策提案やアイデアを提供する教育委員がおり，委員の提案が教育施策に反映されるという実績が蓄積されることが会議が活発に進められる上で重要であり，そうした条件が会議の政策フォーラム化を支えていることがわかる．つぎに，慎重な委員人選も欠かせない条件である．つまり，教育識見などの委員としての資質能力を有する適材を時間をかけて選任することが会議の活発化にとって重要である．さらに，議案を検討するための十分な会議時間や会議回数を確保すること，事務局が十分な質と量を備えた資料を準備しわかりやすい説明を行う努力をすることもまた活発な会議運営にとって無視できない条件であることが明らかである．

　この相対的な規定力についての結果を端的にいいかえれば，会議の活性化にとって，まずもって教育委員が政策決定者としての資質と意欲を持つこと，適材を確保すべく慎重に委員の人選に取り組むこと，ついで，会議の頻度や時間といった審議のための機会の確保や事務局のサポートといった制度的条件が存在すること，が重要であるということである．

(2) 人口規模別に見た活性化要因相互の相対的規定力

　では，これら活性化要因の規定力は，人口規模別に見た場合には，どのように変化するのであろうか．この課題を解明するために，人口規模をコントロールした上で，会議の活発度を被説明変数とし，会議の活性化要因を説明

変数とした判別分析を行う．これは，人口規模別に活性化要因相互の規定力の順位を明らかにすることによって，人口規模別に活性化要因の相対的な規定力が異なるのかどうか，そして，異なるとすれば，どのように異なるのかを明らかにする分析である．

分析の結果は，表6-5のようになった．表は，人口規模の区分ごとに，上から，会議の活発度に対するその寄与率＝規定力の高い順に，活性化要因を並べたものである．

表6-5 人口規模別に見た活性化要因の規定力

項目	正準判別関数係数	要因の平均値の順位	項目	正準判別関数係数	要因の平均値の順位	項目	正準判別関数係数	要因の平均値の順位
1万人未満			1万人以上～3万人未満			3万人以上～5万人未満		
政策反映	0.457**	④	委員人選	0.548**	④	会議時間	0.211**	③
会議時間	0.406**	①	議題発案	0.496**	③	政策反映	0.190**	③
会議頻度	0.400**	⑤	政策提案	0.377**	④	政策提案	0.172**	②
議題発案	0.339**	④	資料質量	0.358**	④	説明	0.152**	③
資料質量	0.333**	⑤				議題発案	0.149**	①

項目	正準判別関数係数	要因の平均値の順位	項目	正準判別関数係数	要因の平均値の順位
5万人以上～10万人未満			10万人以上		
委員人選	0.528**	②	委員人選	0.591**	①
議題発案	0.502**	②	政策反映	0.543**	①
政策反映	0.453**	④	会議時間	0.375**	⑤

$**p<0.01$

「政策反映」のように，総じて，どの人口規模においても上位にある要因，すなわち，どの人口規模においても，会議の活発度に対して規定力の高い要因が存在する．他方で，いくつかの要因の規定力の順位は人口規模によりかなり異なっている．例えば，「委員の人選」は，人口規模が5万人以上の自治体で，規定力の順位が高い．また「会議時間」については，人口規模が3万人以上～5万人未満，10万人以上の自治体では規定力は高いが，それ以外の人口規模ではその順位は下位にとどまっている．

以上のように，会議の活発度に影響を与えている要因相互の規定力に関する結果は，どの人口規模でも規定力の高い要因があると同時に，人口規模別に規定力が異なり，一様でない要因もある．これは何を意味するのであろう

か．それは，会議の活性化に際して，どの人口規模の自治体でも共通に優先的に取り組むべき施策があると同時に，ある特定の自治体規模において特に優先的に取り組むべき施策があることを意味する．

例えば，委員の発案を積極的に政策に取り入れることはどの人口規模の自治体にとっても規定力が大きく，会議を活発化させるために，無視できない重要な特性であるといえる．したがって，そうした委員の職務遂行を刺激あるいは促進するような方策に取り組むべきことを示唆する．また，小規模の自治体では，会議資料の質と量の充実という形での事務局のサポートを改善することが方策として求められるのに対して，大規模自治体では，委員のリクルートに際して慎重な人選への取り組みが重要な意味を持ち，優先されるべきことを示唆するのである．

ここで，上記表6-5の中の「要因の平均値の順位」に注目していただきたい．各活性化要因の平均値の人口規模別の差異はすでに検討したが，これは，自治体規模別の，規定力の大きい順に並べられた活性化要因の平均値の順位である．この順位は当該自治体において規定力のある活性化要因がそれぞれどれだけ備わっているか，その順位を示している．表を見ると，3万人未満の小規模自治体の問題性が浮き彫りになっている．すなわち，会議の活発化にとって規定力の高い要因が，どれも小規模自治体には相対的に少ししか備わっていないことが明らかである．1万人未満の自治体，1万人以上～3万人未満の自治体では，規定力の高い要因はほとんどどれをとってもその平均値はいずれも低く，3万人以上～5万人未満の規模の自治体になってようやく，活性化要因がある程度備わっていることがわかる．これに対して，5万人以上の自治体では，規定力の相対的に高い要因がいずれも平均値が高い．例えば，政策反映という要因は会議の活性化要因として規定力がどの自治体でも大きいが，平均値で見れば，大規模自治体においては，委員による政策提案がなされている教育委員会が多く，小規模自治体では相対的にその割合が小さくなっていく．

4 残された課題

以上において，教委会議のありようという教育委員会制度の運用実態の一側面に焦点をあてた分析によって得られた知見を整理してきた．4章の調査知見と同様に，このように人口規模の影響が明らかになったことは，教育委員会制度の運用実態の研究に際して，今後，人口規模論の観点からの分析を本格的に組み込む必要のあることを示唆する[3]．

人口規模の影響という問題は，設置単位論という形で教育委員会制度の発足時から自覚されていた問題であり[4]，特に目新しい問題ではない．そして，これについては4章で述べた通りであるが，あえて繰り返して言及するならば，例えば，教育委員会の一斉設置後は，特に，教育行政分野の特徴の一つといわれる教育指導行政の担い手である指導主事の配置に関して，早くから人口規模による格差が指摘され，結果として生じている教育指導行政の地域格差が問題視され，指導主事のいない小規模自治体での教育指導行政をどうするかという問題が検討されてきた経緯がある[5]．

つまり，教育委員会の設置単位を適正化する問題，一定の行政能力を備えるには一定の人口規模を必要とするという問題は決して軽視されてきたわけではない．そのために市町村合併の必要性も指摘されてきたし，教育行政の広域化の方策(例えば，事務の共同処理)も提案されてきた．小規模自治体の教育委員会の行政能力の向上は，一貫した課題であったといってよい．さらに，近年の中教審答申『今後の地方教育行政の在り方について』でも，中教審・教育制度分科会・教育行政部会の『部会まとめ』でも，そして中教審答申『新しい時代の義務教育を創造する』でも，その必要性が示唆されている．そこでは，分権時代の到来とともに，教育委員会には自主・自律が求められ，そのための行政能力の確保が至上命題であり，そのためには，市町村合併などによる設置単位の規模拡大が前提条件である，という論理を見ることができる．

しかし，教育委員会の設置単位の規模拡大を行えば，行政能力が確保され，制度運用が改善されるのか．例えば，事務局の組織陣容の充実については，現在の規模別の職員配置を見れば，自治体規模の拡大により，それは確実に保障されるであろう．この点で，合併による設置単位の規模の拡大や事務の共同的，広域的処理は制度運用の改善を図る上で有効な方策といえる．しかし，設置単位の規模拡大によって解決可能な運用側面もあれば，そうでない運用側面もあると考えられる．例えば，教育長に対して行ったアンケート調査では，人口規模が小規模であるほど，住民の集会に出席する教育長が多いという結果が現れている．住民集会への参加といった点から見ると，小規模自治体の教育長の方が，地域住民のニーズに敏感であることがうかがえよう[6]．人口規模と制度運用との関係をめぐる問題は実証的な研究課題としてこれまで本格的に検討されてこなかったし，人口規模が教育委員会制度の運用のどの側面にいかなる影響を与えるかについての経験的データや研究知見は蓄積されてこなかった．人口規模の影響(したがって，設置単位の拡大の効

果も含めて）を判断するデータはない．教育委員会制度の研究に際して，人口規模の観点から運用実態の各側面を綿密に検討し，データを蓄積する必要があるゆえんである．

今後，分権時代における教育委員会制度の存続可能性を高めるための改善策がさまざまな観点から検討されなければならないが，改善論の基本は，教育委員会が自治体の教育行政を担うだけの能力をいかに構築するかであり，その点で，本章で示唆したように，とりわけ，小規模自治体の教育委員会の能力をどう高めるかが焦点でなければならないであろう．そのためには，人口規模が教育長のリーダーシップ，事務局の政策立案能力，教育委員会と学校との関係，教育長と首長の関係，教育委員会と地域住民との関係など，制度運用の各側面にどう影響するかに関する研究知見が蓄積されなければならない．

【注】
1) 例えば，つぎの文献を参照．市川昭午「分権改革と教育委員会制度」西尾 勝・小川正人編『分権改革と教育行政』ぎょうせい(2000)，p. 102：加治佐哲也「地方教育行政の地域設定と教育委員会の設置単位」堀内 孜編『地方分権と教育委員会制度』ぎょうせい(2000)，p. 205．
2) 要因間で平均値が大きく異なる場合があるのは，各要因に関する質問項目に対する回答の選択肢が，それぞれ異なっているからである．
3) 以下の論述については，分析の性格上4章と重複する部分もあることをお断りしておきたい．
4) 市町村に対する教育委員会の一斉設置が当初見送られていたことは，人口規模の影響が問題視されていたことを物語ることであるし，制度の導入に際して，CIE（民間情報教育局(Civil Information and Educational Section)の略称．連合国総司令部(GHQ)幕僚部の部局の一つ．教育・宗教などの分野に関する事項を担当した）は一斉設置ではなく，全国に600ほどの教育委員会設置を構想していたといわれることも，この問題に自覚的であった証拠であろう．市川昭午，前掲論文参照．
5) 例えば，日本教育行政学会の共同研究「教育指導行政に関する総合的研究」では，教育指導行政のさまざまな側面について検討され，人口規模との関連，とりわけ小規模自治体の問題が言及されている（日本教育行政学会指導行政研究特別委員会編『教職の質的向上と教育指導行政に関する総合的研究』(1982)）．
6) 教育委員会制度調査研究会（代表，筑波大学，堀 和郎）『教育委員会制度および県費負担教職員制度の運用実態に関する調査』平成16年度文部科学省委嘱研究(2004)，p. 45参照．

第 3 部

教育委員会と首長

7章

自治体教育行政における首長と教育委員会との関係構造

――市町村長に対する面接調査を基に――

1 研究の課題:教育委員会と首長は相互隔離の状態にあるのか

　分権改革が進行する中で,教育委員会(広義)に対して,自治体レベルの教育改革を推進する中心的なアクターとしての注目と期待が高まっている.そうした注目と期待に応える教育委員会が存在していることは事実である.しかし,その一方で,教育委員会にそうした役割を期待することは過大な期待であり,自治体独自の教育改革を推進する上で教育委員会はむしろ桎梏となっており,分権時代において首長を中心として展開されるべき総合行政の一環としての教育行政を制約する要因であるとして,教育委員会制度に対しては抜本的な見直しをすべきという強力な主張も提起されている[1].序章で見たように,その代表的主張が廃止論であり,権限縮小論である.

　廃止論にしろ,権限縮小論(事務移管論)にしろ,その前提にあるのは,教育委員会は首長の影響力から独立し,自治体の一体的な行政の一部として教育行政が展開されることを妨げているという認識である.しかし,このような教育委員会=首長の影響を受け付けない閉じたシステム=という認識は,首長にどの程度共有されているのであろうか.

　本章は,そうした課題意識に基づき,市町村長への面接データを基にして,首長は自治体教育行政において教育委員会をどう位置付け,どのような存在と見ているのかを明らかにしようと試みるものである.そのために,①首長は,教育委員会との間にどのような関係を構築しているのか,そして,②首長は教育行政に対してどのようなスタンスでどこまで関わっているのかという二つの視点を設定した.この二つの視点から,首長と教育委員会の関係構造を明らかにすることを通して,首長から見た自治体教育行政における教育委員会の位置を確かめる.そして,そうした首長の認識が教育委員会制度の

1 研究の課題：教育委員会と首長は相互隔離の状態にあるのか

見直し論に対してどのような意味合いを持つのかを検討する．

首長と教育委員会との関係は，中教審教育制度分科会・教育行政部会の部会まとめ「地方分権時代における教育委員会の在り方について」(2005)や中教審答申『新しい時代の義務教育を創造する』(2005)の提言を待つまでもなく，自主・自律が求められる今後の自治体教育行政にとってますます重要性を帯びることが予想される．

すなわち，地方分権を推進する政策が展開される中，首長は，住民のニーズに応答的で効果的な自治体行政を行うことが求められており，そのために教育行政を含んだ自治体行政の総合化が提起され，教育委員会と首長との関係は，自治体行政の重要な検討課題となっている．例えば，地方6団体の一つである全国市長会は，2001年に「学校教育と地域社会の連携強化に関する意見―分権型教育の推進と教育委員会の役割の見直し―」の中で，両者の関係構築が重要なことをつぎのように述べている．「今後，地域が一体となった教育を推進するためには，広く教育委員会が所管する事務について，住民の代表である市町村長の意向が適切に反映されるよう，市町村長と教育委員会との間で定期的な協議を行うなど，可能な限りの意思疎通を図ることが望ましい」[2]．

また，中教審部会まとめ「地方分権時代における教育委員会の在り方について」(2005)や中教審答申『新しい時代の義務教育を創造する』(2005)などの提言においても両者の関係が注目されている．『新しい時代の義務教育を創造する』では，「首長は，現行制度でも，教育関係の予算の編成・執行の権限を持つなど，教育行政に大きな責任を負っているところであり，教育委員と首長との協議会の開催など，首長と教育委員会との連携を強化していくことが重要である」[3]と提言されている．このように，教育委員会と首長との関係が改めて注目され，その見直しが重要な課題となっているのである．

事実，自治体教育行政における首長の果たす役割について，すでに，2章，3章で見たように，その重要性が明らかにされている[4]．すなわち，首長の存在は，教育改革の進展にとって重要な要因となっており，首長が地域の教育問題に対して関心とビジョンを持ち，教育長と教育課題を共有し，教育政策過程に積極的に関わっている自治体では，教育改革が進んでいるのである．

このように，首長が自治体教育行政において重要な政策アクターであり，首長と教育委員会との関係が注目されているとすれば，首長が教育委員会をどう位置付け，どのような存在と見ているか，そして，首長と教育委員会との間にどのような関係が築かれているのかを解明することは，教育委員会が

分権時代の地方教育行政を担える機構たりうるのかといった見直し問題を展望する上での手がかりを提供する重要な研究テーマということができる[5]．

2 調査対象とサンプル

本章で用いるデータは，平成16(2004)年度の文部科学省委嘱研究「教育委員会制度及び県費負担教職員制度の運用実態に関する調査」の一環として行った，首長に対する面接調査のそれである[6]．調査対象の選定については，茨城，栃木，埼玉，千葉，神奈川のすべての市と，各県の町村から10の町村を無作為に抽出し，161人の市町村長に面接調査の依頼を行い，面接の許可を得られた50の市町村から，サンプルが特定の県・自治体に集中することがないように[7]，最終的に26の市町村を選んだ．その内訳は，市長18人，町長7人，村長1人であった．県別の分布は，茨城5，栃木3，埼玉5，千葉9，神奈川4であった．

3 首長と教育委員会の関係構造―首長から見た教育委員会[8]―

(1) 首長と教育委員会(教育委員，教育長，事務局)との関係

(a) 教育委員との関係

まずはじめに，首長と教育委員との関係についていえば，首長と教育委員の接触・交流の度合いは高くない．特に，フォーマルな形で交流を行っている市町村は少ない．時折，教育委員会会議に傍聴参加する首長や年に数回の教育委員との懇談会を定期的に実施している首長が見られる程度である．しかしながら，学校教育や社会教育の行事を通しての接触・交流の機会は比較的多い．そうしたインフォーマルな形の交流を通じて，首長と教育委員は，地域教育のビジョンについて意見を交換したり，地域の教育課題について情報交換をしている．

例えばTA市長は，つぎのように語っている．「(教育委員は―括弧内は引用者補足．以下同じ．)行事にはかなり出てきてくれますし，私も行事に出ますし，そしてその行事が終わっていろいろと．やはり月に2～3回は，(行事の)あとで懇親会などの場があるものですから，そういう時にはむしろ，教育委員の人が，『市長，これはこうしたらいいんじゃないか』とか『こういうところはこうだと思うよ』というような話は，食事をしながらします」．TA市長の他にも「(教育委員とは)いろいろな行事の時に会うのです．例えば野球大会のあと反省会があるとか，いろいろな会合で．そういう時には努めて，こちらの意思も伝わるような話はしています」(YU市長)，「普通の接触の仕

方としては，学校の行事をやる時なんかは，教育委員はみんな大体出るでしょう．それに私も出るから，そこで顔を会わせるとか，そういう形が多いかな．それから，なんかの委員会とかいうので，教育委員が入っているような所で一緒になるとか．あとは教育委員もさっきいったようにいろいろいるので，かなり社会教育とか一般的なボランティア活動とか，国際交流の活動とか，いろいろやっている人もいますので，そういう活動を通じて接触するというのは，むしろ接触の仕方としてはより深い接触にはなりますね」と語る町長もいる(AM町長).

実際，学校行事に参加するなどの教育委員の活動はどの自治体においても量的に増大している傾向を見ることができた．近年では，首長が，学校関連の行事に参加することが増えてきており，そうしたコミュニケーションの機会は一層増える傾向にある．

こうした交流の機会のほかに，「(教育委員との交流は)定期的にはありません．(中略)ただし，教育委員会の皆さんとの交流は年間何回でもあるのです．まず，予算段階になりますと，(中略)『こんなことが今重要ですから』ということで教育委員長とそろって懇談会を持ってくれたり，それから，教育委員会の目的も何もなくて，忘年会をやったり，あるいは新年会をやるとか．それから，小中学校の校長，教頭さん，幹部職員が転退職する時には教育委員会の歓送迎に私を呼んでくださいます．ですから，そういう点ではしょっちゅうコミュニケーションはあります」(TG市)というように，予算の編成期や校長などの歓送迎会といった年中行事の中で委員と交流しているという首長や定期的な懇談会などの開催に積極的な首長も見受けられる．

現在のところ，首長と教育委員との交流の大きな部分は，学校教育や社会教育の行事を通してのインフォーマルな形の交流が多いが，交流機会の多様化や定期的な懇談会の実施などを通して，より緊密化する傾向にあるといえるだろう．

(b) 教育長との関係

つぎに，首長と教育長との交流・接触は，どうなっているか．端的にいえば，それは，きわめて頻繁である．まず，教育長はほとんどの自治体において，助役，収入役とともに三役会のメンバーであるとともに，部長会あるいは庁議と呼ばれる部長以上の役職者の参加する定期的な会議には教育次長とともに出席している場合が多い．この庁議への参加が，教育長と首長とのフォーマルな交流のルートとなっている．「部長会は毎週月曜にありますが，そこに教育長が入っています．教育長と部長はちょっと立場が違うんだけ

ど，などと私は冗談にいうのですが，やはり部長会は部長たちがそれぞれの各部の情報交換をします．(中略)結局，教育長から部長と同じようなことを，今週の行事はこういうことがある，それからどういう集会があるなど，そういうことを部長会で話をします．(部長会で教育に関して主として話題になることは)いわゆる施設関係ですね．例えば体育館の修理が必要だとか，陸上競技場のスタンドの整備などをしていきたいなど，そういう話は，担当の施設を所管している都市部の部長が聞いていた方が話はしやすいわけです．そういう時に，『じゃあ，これは都市部の部長，頼むぞ』ということで，私からも一声かけて，すぐ設計してやれなど，そんなふうにいいます」(SK市)や「(教育長は)部長会にも出ます．市政全般のこともある程度頭に入れていてもらう．それから教育関係のことで特に意見があれば話してもらう．こういうことをしたいのだとか，こういうことをやりたいのでということは部長会に出してもらって，お互いの理解を深める」(YU市)，「やっぱり週1回はちゃんと顔会わせて，基本的な行事予定ぐらいきちんとつかまえて，今週どこの部局でどういうのがあるのかみんな了解し合ってなければまずいだろうということで，それはきちんとやっています．週に1回」(AM町)，あるいはまた「(市長と教育長と定期的な交流の場は)フォーマルだと庁議ということになります．庁議には教育長も出ていただいて，四役の一角として発言の機会をいただいたり意見交換の場を持っています．インフォーマルの中では，最低でも週1回は教育長との意思の確認は，業務上の事業の進行状況までの確認はさせていただいています．当然教育行政部門に関しても，他部門の長から当然意見が飛んでくることもあるし，教育長はほかの分野に対しても意見をいわれるということですね」(TO市)というように，三役会，庁議などへの教育長の出席は多くの市町村で行われている．

　これ以外にも，必要があればいつでも，教育長は首長と報告・連絡・相談を行っている．OI町長の場合は，毎日，朝と昼に教育長は三役と顔をあわせて意見交換をしている．「教育長とはしょっちゅう(接触)しています．助役，収入役，教育長で，朝ミーティングを持って，それから昼には一緒に昼食を摂る．これが，外へ出ていない限り，お互いに毎日．(自分の所に来る前に教育長のところには)たいがい校長が来ているから，学校でこんな問題があったとか，『教育長はどう思う』…と，解決の手立てを聞くわけです．聞いて，それはちょっとまずいとかこうした方がいいというようなことがあれば，私もいおうと思っているわけだけれど，大体きちんと対応している状況です」．また，「私どもは週に一度，月曜日の朝，課長会というのをやります．この中に

3　首長と教育委員会の関係構造　　　133

教育長も参加します．教育委員会は生涯学習課と学校教育課の二課制です．両方の課長と教育長が会議に参加します．（その時に要望を）いって来る時もありますが，普段でもちょこちょこ来て，いろいろな話をします．今も…，実は教育長と学校教育課長を呼びまして，村の循環バスを廃止するので，僻地というか，ちょっと離れた所の子どもの通学をどうするかという話を，ここでやったところです．（中略）ですから，割と気楽に，私と教育長，学校教育課長で話をしているのではないでしょうか．いつもここは開けっぱなしで，職員に関しては出入り自由です．いちいち秘書を通してとか庶務課を通してというような話ではなくて，必要なことはどんどんいってきてもらうし，私も出向いていきます．そういうスタイルで行政をやっています」とほとんど毎日会っているくらいだというMO村長や，「（教育長は）随時，いろいろな時に来ます．これは市長にいっておいた方がいいということについては，報告に来ます．必要に応じて，実は今度こういうことをやりますとか，こういうのがありますとか，こういう関係でこういうことをやりたいのですとか，そういう相談はあります」（YU市），「四役会議なり，三役会議なり，飯でも食いながら情報交換しようよということはやっています．ただ，それをいちいちやらなくても，教育長とはしょっちゅうやっていますから，よその部長より多いかもしれないですね」（UR市）といった事例もあった．このように，両者の間で日常的なコミュニケーションがとられていることの具体的な言及は多くなされた．

　さらに，「教育長との交流は，ほぼ何でも語りますし，スポーツ関係のイベントでもしょっちゅう一緒ですしね．それは完璧です」（CI市）といったように，スポーツをはじめとした，社会教育や生涯学習のイベントなどの場での交流もなされている．接触の働きかけは，教育長の方からのもの（TO市，CH市，KU市など．例えば，TO市長は「（意思疎通に来るのは）教育長の方から来る方が多い．いろんな会い方をしていますよ．ふらっと来たり，深刻な顔して真面目な話をしに来たり．ただ，やっぱり仕事面では勝手にどうこうはできません．それは必ずそういうふうに確認をしながらやっています」と語っている．）もあれば，首長の方からの場合（CI市，AK市など．CI市長は「（接触の働きかけは）1年数ヶ月を振り返ると，私の方からが多かったかもしれないですね」と述べている．）もある．

(c)　教育委員会事務局との関係

　最後に，首長（部局）と教育委員会事務局との関係であるが，両者は統合が進み，組織機構として一体化されている．法制上は，首長部局からは独立し

て組織される教育委員会事務局であるが，全庁的には，学校教育部(課)や生涯学習部(課)といった形で，多くの自治体において，同じ庁舎の中に位置付けている．庁舎が独立している場合でも，実態としては別格の部(課)としての取り扱いをされているわけではなく，自治体行政機構の統合的一部分を形成している場合が多い．

統合をもっとも象徴するのが人事である．専門的教育職員は別として，それ以外の職員の人事は全庁的に行われており，かつていわれていたような，教育委員会事務局への「出向」を忌避する風潮は現在では見られなかった．IM市長は「そうした風潮はありましたが，今はそうはいかないですよ．若干，生涯学習課には社会教育主事のような特殊な仕事をやってもらう，またそういうことに適した人間が必要でしょうけど，学校教育課に関してはそうはいきませんね．これはある意味で，私はエリートと呼んでいます．地方自治の中で教育がわからなかったら，(昇進は)不可能ですよ」としているし，CH市長は「(両者間の人事交流は)交流というよりも渾然一体ですね」と表現している．

こうした中で，教育委員会事務局の人事は，首長部局の人事と一体化しているようである．「(教育委員会の事務局と，首長部局との人事交流は)かなり頻繁にやっています．特に予算編成など，やはり市庁部局から行っている．次長が今はそうなのですが．次長や，それから筆頭課が教育総務課というのですが，そこの課長や係員というのは，大体市長部局から行っている職員なのです．(中略)学校の教員から来ている職員は，ほぼ指導課など，そういう実際の学校や教職員の指導と，それから学校の管理などに教員出の人間が入っています．それから給食ですかね．それから，スポーツ振興は，両方の面が必要です．学校体育でやってきた人と市長部局の職員と，両方がやはりスポーツ振興に今入っています」(SK市)，「(人事交流は)ぐるぐる回していますね．ですから，教育委員会の方から企画の方へ来たり，あるいは教育委員会の課長が，病院の事務長になって行ったり，あるいは学校教育課の方に行ったり，もうぐるぐる回しています」(KT市)，「それで市長部局で採用した者，それも教育委員会に出向します．(教育委員会で採用した職員も)こちらに出向させる．2年なり3年なりその職務をやらせますね．ですから，辞める時は市長部局で採用した人は市長部局で採って1日おいて辞めると．教育委員会で採ったものは教育委員会に1日おいて，派遣した職務が終わって教育委員会で辞めさせる．(中略)今，教育委員会との交流はけっこういますよ，何人ですか．主要課長を含めて交流していますから．教育長もわがままです

から，自分の使いいいのしか採りませんので，こちらの職員は，教育長が目をつけてこの人がほしいというのは，やはりこちらでも使えるやつなのです．先取りされると困るので，これはだめだという時があるのです」（TG市）．このように，教育委員会事務局の人事と首長部局との人事は，CH市長がいった通り「渾然一体」であるといえよう．

こうして，教育委員会事務局のポストは「日陰の存在」ではなく，教育委員会への人事異動も「左遷人事」ではないといえる．むしろ，教育委員会の所管する事業内容ゆえに，一般行政職員にとって魅力的な職場となっている場合もある．例えば，IM市長は「意外と教育委員会に行きたいということで，人気があります．社会教育，国際交流，文化とかというのが入っていますので，けっこう人気があって，行きたいようです．異動時期前に，うちの方で全部希望を採るのです．そういうのでやはり人気があります」と国際理解教育や環境教育の推進などの事業に関しては，特にその傾向が強いと語っていた．

興味深い事例としては，SK市において，教育委員会事務局の職員としての経験が，キャリアパスの上で重要であることを，職員研修のガイドブックに記載していることがあげられる．SK市長はつぎのように語っている．「職員課が職員向けの研修のしおりを作っています．市役所の職員として採用されて定年になるまでの間に，いわゆる市長部局だけ歩いていたんではだめだ，外側のところを経験しなければいけないという，キャリアパスというように考えています．経歴の中で踏むべきコースを何通りかモデルを作ってあるのです．ずっと市長部局の中にいたのではもう頭打ちだから，大したことがないということで，職員の研修の条文の中に差し込んであります．」つまり，教育問題に関わった経験のないものは行政職員としての経験において不十分であるというわけである．SK市では近年では，学校教育課長職の経験が一般行政職における昇進の一条件として確立しつつあるという．TU市でも，「教育次長から秘書部長，筆頭部長というルートができあがっている」とのことであった．

一方で，ND市のように，「教員の方をのぞきますと，採用は市の方でやっています．採用は市でやっていますが，どうしても専門職化してきてしまいます．（中略）例えば博物館の学芸員や秘書などの職種がくれば，当然市の方で採用しますが，即教育委員会に出向であちらへ行ってしまったら，そのまま基本的にはもう戻ってこないという形です．一般事務職の場合には，当然行ったり来たりしています．ただ，その仕事が合った方は，どうしても長く

なる傾向にあります．ですから，今のうちの社会教育課長などは，ほとんど社会教育課で過ごしてきているという形で，係長をやって補佐をやって課長をやっているという形になっています」と述べているところもあった．

また，事務局間の交流の別の形態として，教育委員会の専門的教育職員に3年間の首長部局勤務を義務付けているという事例もあった(TG市)．そのねらいは，専門的教育職員に一般行政の経験を積ませるとともに，教育現場（ここでは公民館）という市民に近い場所で鍛えられてきている専門的教育職員と一般行政職員との交流を促すことにより，一般行政職員の「権力主義的な志向」を帯びた市民への対応を少なくすることにあるという．TG市長は「教育委員会で採用した者は，公民館とか社会教育施設に行って，いってみれば下働きで，市民と一体になって汗をかいて泥まみれになってやるのです．そうすると，市民の方々と，市の職員といいながら本当に打ち解けてしまっている．ですから，市政を運営するには，そういう人が特にこれからは必要なのです．これからの市長部局運営には権力主義者はいらないのです．そういう交流を今やっていますので，公民館で，市民の中でたたき上げられた職員が，やはり地方自治の自治行政をやるにはどうしても必要です」と語っている．

以上のように，教育委員会が行政委員会として法制上，首長部局から独立した執行機関として組織・編成されているからといって，相互交流がなく，首長部局から孤立している現実はほとんどないといえよう．つまり，両者の間には交流も頻繁であり，人事的にも一体的に組織されているために，そして，新規事業や予算編成についてもこうした相互交流があるために，政策上の総合調整が行われやすい．TG市長がいうように，「教育委員会にいた職員が（首長部局の）財政部門とか，企画部門にもいますので，（教育政策に関わる）理解が早い」という結果を生んでいる．

(2) 自治体教育行政への首長のスタンス

つぎに，首長の教育行政に対するスタンスはどのようなものなのか．
(a) 教育委員の選任

教育委員の選任について寄せられる批判として，教育問題への関心や問題解決への意欲といった委員としての適格性とは関係なく，地域の名士としての条件を備えた人物が選ばれることが多く，その背景には，首長が委員の選任を地域の教育問題の解決を左右するほどの意味を持つものとして認識せず，選挙の論功行賞や庁内のローテーション人事として利用するなど，慎重

に人選に取り組んでいないことがあるといった批判がある．実態はどうなっているのか．

　首長の多くは，教育委員の人選の重要性を認識し，任命権者としての職責の重大さを自覚しつつ，取り組んでいる．教育委員会からリストをあげてもらい，経歴などをいろいろと精査した後で，そこから選ぶ首長もいる．

　例えば，「私が市長になってから最初の教育委員の選任は，女性がいませんでしたから女性の委員をということで選考しました．その選考は，(中略)(事務局が)何人か候補を探してきてくれて，最終的に協議をしながら決めています」(AK市長)，「教育委員会に適当な人をどうしたらいいだろうかと相談をしまして，何人か出してもらって，その中で，ではこういう人がいいのではないかというのを選びました」(YU市長)，「欠員のところをどうするかということを教育委員会の方からも，教育長の方からも，どうですかという形で(中略)．ただ，教育長は「町長，いい方はいらっしゃいますか」というように，その辺はおもんぱかっていらっしゃるようです」(HK町長)などが，そうした選任の仕方をしている事例であろう．

　しかし，多くの首長は，教育委員の選任に一種のこだわりを持ち，自分で，いろいろな「つながり」を駆使して探し出す方法をとっている．任命権者としての自覚，教育問題の処理に関して心から託せる人物の選出をしなければという自覚で行動しているのである．特に，教育長(候補の教育委員)の選出をきわめて重視し，自ら選任することにこだわっている姿が浮かび上がった．

　例えば，ND市長はつぎのように語っている．「(選任のためのリストを教育長が作成したりというのは)私は，やりません．やると教育長の好みになってしまうでしょうね．これはやはり後継者を選ぶ時，人柄にもよりますが，後の人がやりやすい形で選ばないといけないと思います．そういうことからいうと，あまり前任の人の意見を参考にしながらということではなくて，私の方で「この人にしたいけれども」ということで，拒否権は発動させますし，『問題になったらいってくれよ』とはいいますけれども，そうでない限りは私の方で決めてしまうということです」．事実，ND市長は，教育長人事について，自薦や他薦がある中で，地元の校長経験者ではなく，隣接する市の校長経験者をリクルートしたことを話してくれた．「親分子分の関係を作っている方はあまり教育長にしたくなかったのです．それをやるとどうしても偏った人事(内申)になります」．決め手となったのは，「派閥を作って自分の勢力を拡げ」るような人ではなく，「公平にいろいろな人事ができる人」であっ

た．ここには，自分の考えにこだわって教育委員の選任を行おうとする首長の意思を見ることができる．

同様に，MO 村長も「(教育委員会の方からリストをあげるとかは)絶対やらせないです．役場の中のすべてのものがそうです．私から適任者のリストをあげてくれというケースはありますよ．しかし，あがってきたからといって，そのままにはしません．特に教育委員，民生委員，重要な職務に関しては…．それを徹底しないと，教育委員会とか役所そのものがそうですが，あれは村長と仲がいいから，あの人をやっておけば無難だろうみたいなところが出てくるのですよ」と述べている．ほかにも，TA 市長は「私は(中略)，教育に対してこういう人が携わるのがいいだろうなというのは持っていたものですから，みんな私が指名はしました」と語り，HG 町長も「前は地域で選んで，今度はうちの番だという人がいたけども，何をいっているのと．それは町長の専決的な権限において，こういう人を教育委員にしたいと…．選ぶ人ぐらいはこっちで．個人的な諮問の時間をもちろん経て選ぶけどね．(教育委員や教育長，あるいは事務局には)相談しないでしょう．場合によっては，これにしたけどどうだいという，それはやることはあるよね」と自分自身で選任することの重要性を語っている．

このほかにも，例えば，人材の不足しがちな自治体において，県から教育長をリクルートする(UR 市，MO 村)のも，「こだわり」の現れといえよう．教育長人事が，教育次長人事と関連付けられつつ，教育行政と一般行政との専門性のバランスが保てるように，慎重に行われていることも注目に値する(KT 市)．あるいは，教育長に就任する予定の教育委員の選任と，一般的な教育委員の選任とのちがいを述べる首長もいる．「これは結果的に教育委員会制度の独立性，中立性というふうなこととも関連してくると思うのですが，教育長にはやはり私自身の教育(信念)体系だとか教育に対する基本的な考えはきちっと理解していただきたい．共通認識の中で働いていただきたいという思いがありまして，そういった意味では私自身の考える教育の基本方針や方向性を十分理解し，または一緒にやっていける人間ということで選任させていただきました」(TO 市長)．

YU 市長は，教育長人事について，つぎのように語っている．「自分と同じような考えで教育行政をやってくれる人だったら心配はいりませんが，意見が違うような考えの方にやられると困ります．そういうことがないようにちゃんとしていかなくてはならない」．これは一見すると，情実人事で選任することになるのではないかという疑問を投げかけることもできるが，首長か

3　首長と教育委員会の関係構造

らすれば，当該人物とこれまで何らかの人間関係を築き，人柄を十分に知っていることは大切であって，教育行政をゆだねても安心感を得ることのできる人物に託すことが重要であるということである．こう考えれば，ほかからの推薦よりも，自らの「こだわりの」選任を優先する首長の判断も理解できる．

　こうした委員選任へのこだわりは，委員の選任に関して地区割りという強い伝統とも闘うという形でも現れている．周知のように，委員選任の慣行として，地区割りの慣行が行われている市町村がある．実際，地域から教育委員が選出されていることは，地域の問題を教育委員に陳情(し，それを教育委員が事務局に説明)することもできるし，なによりも地域が自治体全体の中で軽視されていないというシンボリックな意味合いがある．先に示したHG町長のように，否定的な見方をしている首長もいるが，地区選出の議員からの特定人物の選任に対する働きかけがあるのは事実であるし，逆に首長が(任期切れの教育委員の)後任人事の際に地区出身の議員を相談役としている場合もある(MO村)．AM町長も，「(選任に当たっては)地域別の，地方の配分みたいなものもありますからね．地域割りというのは一応，町には中学校が三つあって，中学校区が，一つの目安になっているので，そういう地域割りである程度バランスが取れるような，形ということは(考えています)」と語っているし，HK町長も「人事構成ということを考える際に，地域的なバランスを取ってこられたという経過もあります．教育委員の中身についても，一応5名ですので，各地区1名，プラス1名というような形で教育委員の選任をしてきております」と地区割りの存在について言及している．

　こうした意味で，地域的なバランスが重視されているといってよい．かといって，人選が形式化しているとはいえない．その地区で，ふさわしい人物を探す．だが，ふさわしい人物がいない場合は，断念する．TG市では，現在，同じ地区から3人の委員が選任されているとして，議員から批判されたが，市長は「もっともふさわしい人物を選んでいるのであって，それが結果的にある地区に集中したにすぎない．こんなに狭い地域のことなのだから，地域割りというような，そのような狭い了見で…，地域の教育がよくなるでしょうか」と反論したという．

　首長は，教育委員の構成にも気を配っている．女性委員の選任以外にも，学校教育と社会教育，教育畑出身委員の数などに気を遣っていることが見て取れる．例えば，KT市長は，教育委員の構成のバランスについてつぎのように語っている．「私は原則を持っていまして…，社会教育の部門から3名，

それから学校教育から2名という原則をずっと持っていました．（中略）この原則はずっとそうなのです．率直なところ，自分で考えて，あの方はどうだろうかということで選んでいます．あと，女の人をそのうち1人という原則も作っています」．また，AM町長も「そういう点でやっぱりどうしても選ばれる人は，いってみれば教育畑の人が多くなってくるので，教育畑だけではなくていろんなところで経験のある人も何人か選ぶことは必要だろうということと，あと私が就任したころは女性の教育委員がいなかったので，女性の方も1人ぐらい入れた方がいいだろうということで，そういうことは配慮しました」と語っている．

　総じて，首長は，自らの人脈も動員しつつ，肩書きや経歴といった形式的な属性よりはむしろ，さまざまなソースからの情報を基にして，その人間的な側面までも含めて，委員としての適格性を判断し，自ら信頼の置ける人物を委員に任命している．と同時に，委員会構成のバランスへの配慮も行っている．

　また，首長は，教育委員に対して就任を直接打診している場合がほとんどである．「教育委員だけは直接会います．そして，お願いに行きます．ほかのいろいろな審議会の委員とそれは別ですね」（TG市長）．そして，その際，自らの教育ビジョンや地域の教育課題について語っている．

　このように，面接調査で見る限り，首長による教育委員の人選が形式に堕していることはほとんど見出すことはできなかった．首長は，教育長をはじめとして，教育委員の選任を的確に行うことで，教育委員会をコントロールできると考えているといえる．つぎのような発言に，それは現れていよう．「教育委員の選任というのは，市長の固有の権利ですから，自薦・他薦があっても，市長が任命しない限りはないのですから，いうことをきかない教育委員なんてのはちょっとあり得ないのであって，そういう発想（現行制度の下では首長の関与が困難であるといった発想）自体がおかしいのではないかと思いますよ」（TA市長），「私が私の理念で，教育の施設なんかは整備することができても，教育の内容を私の理念でどんどん推し進めるわけにはいかないから，ある面では教育委員を選ぶことが，私の最大のあれ（仕事）ではないかと思っているんです」（OI町長），「単に出てきて，ふんふん，はいはいと判子を押して賛成ということを名誉職と考えるような感覚がもともとおかしいので，そういう人でいいと，設置者である市長，あるいは知事が望めばそうなるわけで，根っこはやはり財政を保証する市長であり，設置者である市長がどういう意識を持って教育行政をやっていくのかという，そこにあると思

3 首長と教育委員会の関係構造　　141

うのです．それは決して独立行政委員会ではないですよね．やっぱりつながっているのです」(CH市長)．

(b) 教育行政・教育政策へのスタンス

　すでに述べたように，現行の合議制の行政委員会方式の組織機構では，首長は教育政策のイニシアティブが発揮できにくいということが廃止論の根拠の一つであるが，実態はどうなのか．面接の中では，首長のほとんどが教育を政策課題として重視し，自らの政策アイデアを施策事業として具体化していると答え，イニシアティブを発揮しにくいという首長の声はほとんど聞かれなかった．例えば，CI市長は「少なくとも私が思ってこう進めていただきたいと，こういう観点で議論していただきたいということはその方向の中で，すごく大事にしていただきながら進めてもらっているのかなと思います」と語っている．また，AK市長も「私の方からもいうことはどんどんいっていますし，ある意味圧力もかけています．やはり直接の指揮命令系統ではないにしても，予算はこちらが提案するわけですし，市長が絶対にこうだ，ここはおかしいといえば，教育委員会も当然無視はできません．(中略)どうしてもこうしなければいけないというものは，ほぼ私の意見を教育委員会が踏まえて動いてくれているというのは背景にはあるのですが，向こうはどう思っているか，迷惑だと思っているかもしれません」と述べている．

　首長は，日常的な交流・接触の中で教育長と相談したり，自分の政策アイデアを伝えることもできるし，時に指示を出すこともしている．とりわけ，予算を伴う教育施策の場合，首長は必然的に関与することになるし，事実，関与している．

　とはいえ，首長のほとんどは，自分がリーダーシップを執らないと教育行政は動いていかない，あるいは，教育改革は進まないと考えているわけではない．教育を重視するが，基本的なスタンスとしては，教育行政・教育政策の領域は教育委員会が主体的に動くべき分野であり，自分から動くことはできるが，総じてそれを抑制している．自分の役割は，教育委員会が主体的に行う教育施策を必要に応じてチェック(あるいは，サポート)することであるとする首長が多い．

　首長達は，このことについてつぎのように語っている．「基本的に私どもの方が投げかけるのは具体的な政策立案というよりは骨格形成，基本的な柱を投げかけて，その柱を基に教育委員会の方で政策に対して肉付けをしてもらうというふうな形が多いです」(TO市長)，「執行機関として，そういう一つのラインとしては，そういうラインで仕事をするが，総合調整的なものとし

ては，私は一緒にやっても別に構わないと思っているのです．ただ，あまり教育委員会がないがしろになるようなものは上がってこない方がいいと思うのです．（中略）あまり壁をつくる必要もないと思っていますし，市長の総合調整権の中には，当然教育の政策も入ってしかるべきだと思います．（中略）市民は，市は一体であると思って見ている人が多いと思います．あれは教育委員会がやって教育委員がいて，いろいろ審議しているなどと思っている人はだれもいないです．ですから，いい調整さえあればいいわけです」(IM市長），「大きな問題については，必ず報告を受けています．私の意見も求められました．（私の方から提案した施策としては）放課後の子どもの対策で，学童保育というのがあります．だいぶ私の方から，教育委員会にその必要性についてお話をさせていただきました」(KU市長），「（教育政策に関しての）基本的な方針ですが，地域の子どもは地域で育てるというような，基本的な理念を持っていまして，（そうした理念に基づいた）教育方針の策定を教育長に指示をしております」(TO市長），「（教育行政に関しては）任せる部分が多いですね．その一方で，やはりやらなければならないことがあります．これは政策としてぜひやってくれということは，私から教育長にいいました．それでいくつか実現したものもあります」(SK市長），「（教育行政については）あんまりいちいちこちらから口出しするよりは，例えば，さっきいった学校林をつくるなんていうことについて，ある程度軌道にのるまではかなりこちらが積極的に考え方を打ち出した．図書館の関係なんかについてはいろんな議論がいろんなところから出たのです．だから，こういう議論が出ているのだから，それをやっぱり多少お金がかかってもちゃんと具体化するようにしようよと，そういう方向付けなり具体化については積極的にやっぱりいわないとなかなかね．やっぱり教育委員会もいろんな難しい課題と取り組まなければならないようなことが結構ありますので．だから，それについて，いちいち細かい具体的なことまでいうというよりは，やっぱりポイントポイントについてきちんとした指示なり対応をするように働きかけるということは，やっぱり必要だと思います」(AM町長），「主体的にやってくれてもいいと思いますが，ただ，相談だけはね．勝手にやられてしまって，後で報告がされるというのはまずい．だから，それだけはちゃんと連絡を取って，おれたちはおれたちの方でやるのだからかまわないのだというようなことでやられるのではなくて，すべて市のやることは市長にもちゃんと理解してもらって，了解を取って，市長に意見があれば付け加えるというところは考えてやってもらいたいという気持ちはあります．いろいろな大事なものについて

は，やはりこちらにちゃんと報告して，それからやってもらいたいと思っております」(YU市長)．

首長は，地域の教育問題の解決については，基本的に教育委員会の仕事として任せているが，このように，必要に応じて教育委員会の教育施策に積極的に関与する首長も多い．また，首長は，強い関心を有している課題については，自らリーダーシップを発揮してもいる．

特に，新規事業については必ず首長が査定する．この段階で，ある施策事業を承認するとかしないとかいうことで，首長はリーダーシップを発揮することができる．そうでなくとも，近年，多くの自治体が「計画行政」というコンセプトの下で自治体行政に関わる長期計画を策定し，各部課は，それに沿って特定年度の施策事業を立案し予算要求を行う．教育委員会の所管事業もその中で処理されている．その意味では，予算を伴う教育政策については，教育行政もすでに，総合行政の一環として動いている．例えば，KT市長はつぎのように語っている．「いちばんやり合うのは，予算編成時期の予算の取れるか取れないか．私は，例えば小学校から全部パソコンをそろえていくというのは，つい最近まで私は中学校からでいいと反対していましたから．(中略)財政に絡むものについては私もはっきりものをいいます．これはかなりのやり取りをします．それがやはり，要するにどういう政策を実践していくかということになってしまうんですよね．それでいちばん教育委員会との接点が，やり取りが多いのはここです」．

このような実態であれば，教育委員会による，自律的な教育行政はもはや存在しないのではないか，という疑問がでるかもしれない．だが，そうではない．教育委員会を設置することの根本的な趣旨である教育行政の自主性への配慮は，首長のスタンスの中に見られる．それは，自己抑制的ともいうべき，教育行政への関与に慎重なスタンスである．一つの典型的事例として，ある問題処理へのND市長の行動を紹介する．

ND市長は学習指導要領における学習内容の削減，学校週5日制の完全実施に危機感を持った．このことで地域の子どもの学習機会が質的に低下することがあってはならないという強い決意でもって，教育問題への「介入」を決断した．それは，学習内容の削減を補完するための，副教材づくりという施策である．これは予算を伴う施策であるから首長の決済を必要とし，議会に上程しなければならないから，首長の関与は遅かれ早かれ必然的といえる．しかし，副教材づくりは教育委員会の専管事項である教育課程に関わることだけに，市長は，予算を伴う施策といえども，それが「政治的介入」(政

治的中立性を侵す）と受け取られることを懸念し（ND 市長は「基本的に政治家は教育に関わってはいけないものだと私は思っていますから，ずっといわないできていたのです」と述べている），議会において，副教材づくりが「地域の子どもの学習機会を保障するための施策である」ことを丹念に説明することにより，議会の了解を求めた．そして，ほぼ 1 億円の予算を計上することになったが，これは教育委員会からの予算要求という形で議会で承認されたという．

　ここには，首長といえども，教育事務を所管する教育委員会（広義）の政策領域に介入することには慎重にならざるを得ないこと，しかし，自治体全体の教育課題に関わる問題には，必要に応じて積極的に行動を起こすというスタイルが示されている．これについて，ND 市長はつぎのように述べている．「教育についていいたくてしょうがなかったけれども（教育については教育委員会という担当機関があるから）いわなかったんだ．だから，これ（副教材の作成）だけはいわせてくれ」，「（議会に対して）自分でははっきり掟破りするからなといって，やらせていただいた」．この市長の場合，教育委員会が地域の教育に関する独立した執行機関であるという制度原則に配慮しつつ行動している（それは，「掟破り」という言葉を ND 市長が使っていることに現れている）．

　ND 市長は例外かといえば，そうではない．これほど慎重ではないにしろ，多かれ少なかれ，これは首長の多くが取っているスタイルである．例えば，KT 市長は「私としてはよその部局には干渉しないという方針を取っています．最低限，原則だけいって，あとは関与しません」と語っている．ほかにも「（教育委員会が）決めたことだったらいいけど，どこかでコントロールしすぎるとまずい，私は基本的にそう考えていますので，全然考えていないのではなくて，あまりにしすぎたら大変なことになる，取り返しがつかなくなると思っています」（SD 市長），「私の方は教育長に対して，市の方で教育については一切干渉しませんし，私は全部任せてありますから．私は四権主義者ですから，行政，司法，立法，教育権というのはお互いに侵してはいけないということを昔から，教研集会に出た時からそれが必要だということで，政治が教育に関与するとろくなことがないということを無条件でやっていますから．その代わり教育界から頼まれれば，それについてやるというのは，これはもうやらなければいけない」（TA 市長）などの発言が見られた．

　例えば，予算編成にしても，法制上は，首長（部局）で編成したものについて教育委員会の「意見を聴取」することになっているが，実際には，教育委

員会事務局が自ら(多くの場合,教育次長を中心に)編成し,それを首長部局の財政担当者と調整した後,首長の査定を受けるという手続きを多くの自治体で採用している.「現実には,教育委員会がつくってきたものを(予算を)これがいい悪いとチェックしています」(YU市長)というわけである.ほかにも,予算に関して,教育委員会のイニシアティブが認められていたり,教育予算への配慮が見られる.例えば,「うちの方は,今は財源が厳しいからあれですけれど,私のところに来る時点では,ある程度の予算が配分してある.それから,経常的経費とか何とかというものは,やむをえないから取ってある.だから,最後になってきて,教育関係で予算のセッションに上がってくるのは,学校の改修予算とか,備品を買い換えるとか買い換えないというところが,例年議論になるところです」(OI町長),「(教育予算の編成は)もちろん教育委員会から.基本的にはまず教育委員会で従来の流れに乗っかっている予算の場合は別段あれですが,新しいものをやるような考え方の場合には,特別の場合はこっちから指示してこういうことをやってくれという場合もあるけれども,あれやこれやで向こうで原案をつくって,財政課と協議をして,そこにここで3ヶ年計画方式というのをやって,大体3年分について計画を,全体計画みたいな大きい事業についてあるわけだけども,3年間でどういうような.少なくとも3年間の分は,一応は見通しをつけながらやっていくという,そういう仕組みでやっています」(AM町長)などの町長の言葉はそれを裏付けている.

　このようなスタンスは,現行制度への首長の適応の結果という部分もあるが,それだけではないであろう.そのスタンスは,教育行政の一般行政からの独立という教育委員会制度の創設理念に忠実なものとして評価されるだけでなく,そのやり方でも,首長の意向は教育行政に反映されるからである.首長は教育行政に関して教育委員会に「丸投げ」しているわけでもない.必要に応じてイニシアティブを発揮し,そのリーダーシップは教育委員会に及んでいる.

4　首長の認識に見る教育委員会との関係構造の持つ意味合い

　首長の認識に現れた首長と教育委員会との関係は,教育委員会は決して首長部局から独立しているものでもないし,まして孤立しているものではないという実態である.首長と教育委員会との間には,交流の制度化が見られ,とりわけ,教育長との接触,相互作用は頻繁で,濃密に行われている.事務職員の人事も一体化しており,教育委員会事務局と首長部局は有機的に連

携・協働しつつ機能している．また，委員の選任プロセスにはっきりと現れているように，首長の教育問題へのコミットメントも低いものではない．教育委員会が合議制の行政委員会として独立した執行機関であることは認識しつつも，首長はむしろ，自分が自治体の教育行政機関の一翼を担っている責任を自覚して教育行政の政策過程に関与しているというべきで，政策的なイニシアティブを発揮できないという状況に置かれているとは認識していない．

首長の認識から浮かび上がるこうした実態は，教育委員会の見直し論議にとって何を意味するのか．首長にとって，教育委員会は，廃止すべき存在なのか，権限を縮小すべき存在なのか，それとも改善することで存続可能な存在なのか．

明らかにされた首長と教育委員会との関係構造から見た場合，首長にとって教育委員会は，その権限を制約し，総合行政を妨げるといった存在でもなければ，「統制不可能な」存在でもない．自己抑制的ではあるが，首長はさまざまな手法を用いて教育行政の政策過程に関与できている．教育委員会制度は総合行政を推進する上での制約要因というより，首長のスタンス次第で柔軟な対応が可能な制度として，多くの首長に受容されているということができる．首長の多くは，教育委員会は一定の改善を行うことで，分権時代の教育行政を担うことができると認識しており，このことは，教育委員会制度に対する否定論＝廃止論ではなく，肯定論＝改善論に傾いていることを意味している[9]．

事実，教育委員会無用＝廃止論や事務移管論に暗示されている，教育行政の首長部局への一元化に対しては，ほとんどの首長が賛意を示していない．反対する理由として，つぎのような，一元化の問題点をあげている．まず，①一元化した場合，首長の交代により，継続性・安定性が損なわれる可能性がないとはいえない．ND市長は「今のシステムの骨組みを変えるべきではない．(中略)なぜかといえば，(一元化へと)システムが変わった時，首長が自分の判断を入れる…危険性の方が(今のシステムの)動かないまどろっこしさよりも(問題が)もっとあると私は思っています」と語っている．

つぎに，一元化によって，②首長が地域の政治・行政に対して今以上の責任を背負い込むことは，きわめて難しい．自分の管轄の下で直接処理するには，教育問題はあまりにも重大であり，責任が大きすぎる．これに関連して，YU市長はつぎのように述べている．「(一元化して)教育の細かい問題まで全部市長がやることになってしまったら，頭が回らないのではないか．特に，

教育というのは，こちらの経験の少ない分野ですよね．判断を間違ってしまうと大変な部分もあると思います．ある程度独自性を持ってやってもらいながら，チェックし，指導しながらやっていく方が私としてはやりやすい」．CI市長は「実際に，学校教育一つ取っても，生涯教育を取っても，それぞれの学校教育の権限を校長に任せるとして，校長と首長で議論ができるかといった場合，これは実質的に無理だと思います」と語っている．

現行の，教育行政権限を首長と教育委員会で「分担」して，いわば二元的なシステムで処理していても，必要に応じて，コントロールが可能であるし，十分に首長の意向を反映させることはできる．もちろん，そのためには，双方向的な意思の疎通を図り，地域の教育課題について共通の認識を持ち，互いに議論を重ねながら，パートナーとして行動しなければならない，というのが多くの首長の意見であった．SK市長も「こちらの権限は十分及ぶと思いますので，逆にいえば，教育に関してそういう機関があり，私の方の意思も十分に反映したり，いうことも聞いてくれる機関であればかえってやりやすい．（中略）今のところ，十分，こちらの監督下でいえる立場でもありますし，だめならだめといいますから，それが大事だと思います」といい切っている．こうした点については，YO市長は「十分こちらの意思を反映できるように持っていけるし，教育委員会が威張っていることもないし，特別ごり押しをしたりもしない．こちらがちゃんと指導ができると思っております」と語っており，また，HK町長は「そうですね．教育の中立性ということを考えると，教育委員会は私は絶対に必要だと思います．だけれども，首長とタッグを組まないと，ただ独立をしているばかりでは，率直にいえば，それほど大きな期待ができなくなってしまいます．逆にいえば，マンネリ化の弊害の方が大きくなりはしないかというような感じがします」と首長と教育委員会の相互連携が重要であり，その中で，首長のリーダーシップも十分に発揮できると語っている．

さらに，一元化に対して慎重になる理由としてあげられたのは，③教育問題の高度化や専門性という点からいって，教育委員会が一定の自律性を持って問題解決を図っていく方がより有効であるということである．すなわち，これまで教育委員会が積み上げてきた学校教育に関する「専門性の蓄積」は軽視できない．首長では判断の難しい部分については，教育委員会の「専門性」にゆだねることもできる．つまり，教育委員会が歴史的に培ってきた教育行政の「専門的ノウハウ」は，自治体教育行政を進める上で，軽視できないとの認識がある．それが分権時代の自治体教育行政に十分に活用されるな

らば，自治体行政への政策ニーズが多様化する中で，首長が信頼して任せることのできる部門(自治体の教育サービス部門)が確固として存在することとなり，そのことは自治体のすべての政策領域に責任を有する首長にとって心強いというのが首長の率直な思いであると考えられる．したがって，首長は，現行の制度の下での教育委員会との政治的分業という仕組みで，一定の成果を上げることができると判断しているとみなせよう．これに関連して，TG市長は地方分権も大事であるが，「地域内分権」もまた大事であるという表現で，首長から一定の自律性を持って教育委員会がさまざまな施策事業を展開できることの重要性を強調した．現行の仕組みは，意見の対立やコンフリクトが生じても，双方の連携・協働により，それをうまく調整することができる．

5 残された課題

以上において検討してきた面接データから導き出される，教育委員会制度に関する首長の認識については，つぎのように，一つの理論的仮説としてまとめることができる．すなわち，首長の多くは，現行の教育委員会制度の枠組みを是認しており，現行制度は，首長のリーダーとしての行動を制約する要因とはなっておらず，したがって，廃止や事務移管といった制度の変更をしなくても，現行制度の枠組みにおいても，分権改革下で自治体に求められている地域独自の自主的かつ積極的な教育行政の展開が一定程度可能であると認識している．

現行制度の下において，「教育と政治の分離」という規範が働いていることは事実であり，また，首長にとって自分が中心になって本格的にコミットするには教育問題はハードルが高い領域であるがゆえに，教育行政については基本的に教育委員会の自主・自律を認め，その裁量を尊重する形で行わざるをえない面がある．それは，ある意味で，首長部局から独立した形で，教育行政が展開されることでもある．しかしながら，現行制度において，首長は，委員の任命権，予算編成・執行権，条例提案権を通して，必要に応じてコミットし，教育行政に影響を与えることが可能である．教育委員会制度は必ずしも「自治体の政治的代表」としての首長のリーダーシップを制約する存在ではない．こうして，結局，分権改革が推進され，自治体の自主・自律が強調され，独自の教育改革など自主的な教育行政が自治体の重要課題となる中で，首長から見て現行の教育委員会制度はそれを担いうる装置として存続可能である．つまり，教育委員会は，首長から相対的に独立した合議制の行政

委員会として存在しつつなお，分権時代に求められる自治体教育行政の効果的な執行機関として十分に機能しうるということである．

とはいえ，首長が教育委員会制度の現状をすべて是認しているわけでは決してない．首長の認識は，現行の根幹となる枠組みに変更を加える必要はないとしているものの，教育委員会制度の改善に取り組むことは至上命題であるとしている．多くの首長が改善すべき制度の問題点について語っている．教育委員会の力量形成，地域の教育行政の当事者としての教育委員の自覚の涵養，文部科学省や都道府県教育委員会との関係の在り方の見直し，首長部局との役割分担の在り方(生涯学習事務の移管)などがそれである．

例えば，多くの首長は，文部科学省や都道府県教育委員会からの「指導・助言」の影響が強く作用する，いわゆる「縦割り行政」の弊害に言及している．首長は，文部科学省や都道府県教育委員会の行政指導が強く働くため，教育委員会との協働を推進する上で，いくつもの障害があることに不満を持っている．ただ首長は，教育委員会が「縦割り行政の浸透」によって文部科学省や都道府県教育委員会の指導だけを重視して，自分自身のイニシアティブやリーダーシップを受け付けない傾向があると考えているわけではない．むしろ首長は，教育委員会と緊密に連携・協働して，文部科学省や都道府県教育委員会の行政指導や人事権の行使に対応しようとしている．

自治体教育行政における首長の重要性を考慮する時，首長の認識するこれらの問題点をより具体的に明らかにし，その意味合いを考察することは，教育委員会制度改善の方向性を明らかにすることにつながるものであり，残された重要な研究課題といえる．この点については，次章で検討する．

【注】

1) 例えば，伊藤正次「教育委員会」松下圭一他編『講座　自治体の構想4(機構)』岩波書店(2002)所収：新藤宗幸「教育行政と地方分権化―改革のための論点整理―」東京市政調査会編『分権改革の新展開に向けて』日本評論社(2002)所収，などを参照．
2) 「学校教育と地域社会の連携強化に関する意見―分権型教育の推進と教育委員会の役割の見直し―」(全国市長会，2002年2月19日)(http://www.mayors.or.jp/opinion/iken/h130219education/h130219edu.htm　2006年1月確認)．
3) 「新しい時代の義務教育を創造する」(中央教育審議会，2005年10月26日)(www.mext.go.jp/b_menu/shingi/chukyo/chukyo 0/toushin/05102601/all.pdf　2006年1月確認)．
4) 堀 和郎，柳林信彦「学校支援の教育改革の規定要因に関する実証的研究―市町村教育委員会教育長に対する全国調査を基に―」筑波大学大学院人間総合科学研究科教育学

専攻『教育学論集』創刊号(2005).
5) 管見の限り，主たる実証的研究としては，岡田佐織，小川正人「教育委員会制度の機能と改革課題—全国市長・市教育長アンケート調査をもとに—」『東京大学大学院教育学研究科紀要』第42巻(2003)：村上祐介「教育委員会制度改革に対する自治体首長の意識と評価—全国首長アンケート調査報告」東京大学大学院教育学研究科『教育行政学研究室紀要』第24号(2005)の調査がある．
6) 面接調査を含む調査研究の全体については，教育委員会制度調査研究会(代表：筑波大学，堀 和郎)，文部科学省委嘱研究最終報告書『教育委員会制度及び県費負担教職員制度の運用実態に関する調査』(2005)を参照されたい．面接調査は1時間から1時間半かけて行われた．結果はテープ起こしされて保管されている．なお，この面接調査は，窪田眞二，平田敦義，戸室憲勇の各氏との共同調査研究として行われたものである．その並々ならぬご協力に深く謝意を表したい．
7) 本論文の依拠している面接データが関東圏のみの，数の限られた面接データである点で，限界のあることは確かである．ただ，面接調査に関して，どれくらいのサンプルがあれば客観的な論述が担保されるのかは，先行研究においても明確な基準は見出せず，本論文の扱ったサンプル数が，偏りがあるか否かは明確ではない．しかしながら，これまで，面接調査を用いた教育委員会制度研究がほとんどないことや，一般に面接調査においてはサンプル数が限られることが多い中で，首長の認識に関する理論的仮説を導き出すためのサンプル数としては，少ないとはいえないのではないかと考えている．また，自治体の特性，したがって首長の認識に大きな影響を与えると考えられる人口規模については，本調査のサンプルは特定の人口規模に偏ったものとはなっていない．表7-1参照．

表 7-1 人口規模別に見たサンプル数

人口規模	サンプル数	％
2万人未満	6	23%
2万人以上〜6万人未満	6	23%
6万人以上〜10万人未満	7	27%
10万人以上	7	27%
合　計	26	100%

8) 面接データの分析において問題となるのは，論述の客観性をいかに担保するかであり，都合のよい言説だけを取り上げる可能性がないとはいえない．そこで，結論の恣意的な構成を防ぐために，面接データから導く理論的仮説については，共同研究者として面接調査を行った窪田眞二(筑波大学教授)，平田敦義(同研究員，現比治山大学准教授)，戸室憲勇(筑波大学大学院生，現宇都宮大学教育実践センター研究員)の三氏に執筆者らを加えた共同討議で検討している．また，仮説の妥当性は，ほかの経験的データとつきあわせて検証されることによって，その妥当性がより高まると考えている．その点については，(注9)で触れているように，われわれの仮説は，村上が行った，市町村長に対する全国規模のアンケート調査における首長の教育委員会制度認識に関する知見とおおむね軌を一にしている．
9) 首長の多数が，制度肯定論＝制度改善論に傾いていることは，市町村長に対する全国規模のアンケート調査でも明らかになっている．村上祐介，前掲論文参照．

8章

首長から見た教育委員会制度の諸問題
――市町村長に対する面接調査の結果から――

1 研究の課題：首長は教育委員会制度のどこに問題を見ているか

　本章は，市町村長の面接調査から得られたデータを基に，首長は，教育委員会制度の現状に対してどのような問題点を認識しているか，それは，教育委員会制度改革の在り方にどのような意味合いを持っているのかを明らかにしようと試みるものである．

　首長が教育委員会をどう位置付けているのかという点に関しては，前章において，教育委員会制度は総合行政を推進する上での制約要因というより，首長のスタンス次第で柔軟な対応が可能な制度として，多くの首長に受容されているという知見を得た[1]．しかしながら，首長は，現状をそのまま認めているわけでは決してなく，教育委員会制度の基本的な枠組みに変更を加える必要はないが，教育委員会制度の改善に取り組むことは，自治体にとって重要な課題であるとしている．

　それでは，首長は教育委員会のどのような部分に問題を見ているのか，そして，それは，教育委員会制度改革にどのような意味合いを持つのか．この問いを解明すること，これが本章の目的である．教育委員会と首長との関係が重要となっている今，このような研究課題の解明は，教育委員会制度改革の方向性を明らかにする上で重要な意義を有すると考える．

　なお，本章で用いるデータは，前章で用いたものと同じで，2004（平成16）年の8月に行った，関東圏の市町村長への面接調査のそれである．

2 首長から見た教育委員会制度をめぐる諸問題

(1) 教育委員会の力量に関わる問題
(a) 教育委員の力量

　首長が認識する教育委員会制度の問題点としては，まず，組織機構としての教育委員会が職務を遂行していくに当たっての力量の不足がある．これ

は，教育委員に関するものと教育長に関するものとがある．まず，教育委員に関わるものを取り上げる．

　首長の認識によれば，教育委員の問題点は，教育委員が政策立案や改革のイニシアティブの発揮といった点で消極的すぎ，地域独自の取り組みを積極的に提案するよりも教育長や首長が発案した政策や改革案を審議するという待ちの姿勢が強いことである．

　例えば，SA市長は「もっと教育委員自身が勉強していただいて市長への提言をしてほしい．（中略）まだまだうちの方からいったことに対して検討するとかいうふうな，うちの方から流れていくというのですか．そういう感じが非常に強いですから」と語っており，YU市長も「今は，どちらかといえば教育委員会（教育長と事務局―括弧内は引用者補足．以下同じ．）から出された意見について，審議するだけのようですが，少し出すぎてもいいから，いろいろなことについて，逆に教育委員から問題提起をしてもらい，もっと活発な議論をしてもらいたいという気持はあります」と述べている．さらに，KA町長も「まず教育委員の皆様方が，とにかく名誉職という考え方ではなく，子どもたちを育てるリーダーの一人なんだという自負心を持って動いてほしいというのがまず第1点にありますね…．地域にきちんと根を下ろした教育の理論家というのか，確かなものがそこに存在していて行動を伴っていけることを，まずほしいなと思っています．（中略）これから求めるとしたら受け身の教育委員会ではなくて，地域にあって地域をどう育てるか，その子どもたちもそれに沿って動いていくのだという発想の教育委員会，衣替えした姿がやっぱりほしいなというのは，私の持論としてはあります」と語っている．

　ほかにも，「実質的に審議できる仕組みが必要なのではないでしょうか．私も3年間いましたけれども，基本的にあまり強烈な意見というのは出ないで，事務局があげた案が大体すんなり通るというのが一般的スタイルです．事務局がしっかりしていたからといえばそれまでですけれども，これからはそういうものでは（役に立た）ないです」（IM市長），「教育委員の人材，人物が問われると思います．いくら首長が人選したのだからといって責任を全部持つかというと，そう持てるわけではありません．それはやはり人物です．（中略）教育委員会は，やはり委員としても見識を高めてほしい，勉強してほしい，そしてもっと広い視野を見ながら教育行政を見てほしい．ですから，ほかの事業に携わっている経営者的な感覚でものを見られる人が教育委員になってほしいな」（TG市長）などの言葉もまた，そのことを示唆していよう．

また，首長は，教育委員は市民の目に見えない存在である，あるいは，当該自治体の教育行政の責任者として市民の目に映っていないという問題点も指摘している．AK市長は「やはり市民から見て，教育委員の存在が見えませんね．教育の最高決定をしているにもかかわらず，あまり市民にとって見える存在ではない．何か教育の問題をすごく感じているから，では教育委員にいおうとみんな思いません．教育委員会の事務局にいうか，せいぜい教育長にいう．あるいは，市長にいう．現実には市長がいちばん多いかもしれません．ですから，もっと教育委員が市民に見える存在にならないといけないのではないかと思っています．（中略）教育委員と市民との関係は切れている．きちんとつながっているとはいえないという気はします」と語っている．

教育委員会の力量不足に関わっては，教育委員の増加や人数の弾力的運用を望む声も多かった．首長は，特に大規模自治体では5人の教育委員で期待される役割を十分に果たすことは難しいと考えている．IM市長は「（教育委員の）人数をもっと市町村によって弾力的に運用できるような仕組みがあってもいいと思うのです．何も人口で規制することもないですし，うちはもう少し教育委員の人数を増やしたいということがあってもいいと思うのです．5人というのは，ある意味で少ないような気がします．今の制度を充実する形というか，10人ぐらいになってもいいのではないですか．能力開発とか，政策をどんどん出すのには，職員ではもう今足らないです」と委員数の弾力化に言及している．また，OI市長も「うちなんかの規模だと5人ぐらいの教育委員がいて，中学1校，小学校3校，幼稚園3園を見てもらいながらやっていくには，5人ぐらいのバランスでいいと思います．だけど，規模が大きな所では，5人でやっているというのはおかしいわけです．1年に1回も，管理している機関に足を踏み入れることができないわけでしょう．うちは入園式にしても卒園式にしても，卒業式，入学式にしても，委員さんが必ず最低1園，1小学校ぐらいは顔を出す」と述べている．ほかにも，「（自分の所は，委員が5人でも）5万都市ですから，大都市の場合はどうかというものもありますからね．政令指定都市の千葉市だって，80万の人口で5人．この5人というのはちょっと大変だなというのは思いますよね」とするTA市長や「うちの町は幸いにして，面積がそんなに広くない，6キロ四方ぐらいですから，そういう中ではこの5人ぐらいの体制で十分見ていっていただけるのかな．ただ，学校数が少し多いですから…，もう1人，2人いてもいいのかなというのは，リクエストとして出てくる可能性があると思うのです」と語るCH市長などがいた．

このように，首長が委員数の弾力化を求める背景には，学校へ実際に足を運んで学校現場の実情を把握したり，地域の行事や市民の集会に出席して市民と対話し，地域の教育問題や市民の教育ニーズを把握して，積極的に政策提案を行うような教育委員を期待しているからといえる．

　例えば，「やっぱり教育委員さんが見て，中学の状態がこうだと．小学校の特殊学級の子どもがこれだけ増えて，動いてばかりいるような，情緒不安定な子どもがこれだけいて，先生も苦労しているとか，これでバランスがいい授業ができるのかとか，見てもらった方がいいと思います．5人で20校を回るなら，よほどそういう視察でも組まない限りは見てもらうというのは無理だと思う」という意見(OI町長)や「校長先生と教育委員会の関係は非常に大事だと思います．5人の教育委員の部分のですね．当然，学校長も自分のビジョンをつくり，その中で課題設定，目標設定をしてやっていくわけですよね．そういう部分について教育委員としてのチェックを入れていただきたい．ただ，チェックだけをするのではなくて，またそこから新たなものを生み出していただきたい．例えば現場から新たな仕組みの提案があるのであればそれを受け入れて，では，今度は事務局サイドに何をするのだというようなことをやれるような，そういう教育委員と学校長の関係になってほしいと思っています」という意見(CH市長)はそれを裏付けるものであろう．

　これは，換言すれば，教育委員に地域の教育行政の当事者としての自覚をより強く持つことを求めているのであり，実際，教育委員はいわば「教育議員」としての自覚を持ち行動すべきであるという首長もいた(SA市長)．首長は，教育委員に対して「市民の目に見える教育委員会」として認知されるだけの活動と，それを支える力量の形成を強く求めている．

(b) 教育長の力量

　首長は，教育長に対して，自治体教育行政の中核的な担い手として期待を寄せ，そのリクルートには，相当に注意を払い，相応のエネルギーを注いでいる[2]．実際，多くの自治体で教育長はそうした期待に応え，リーダーとして行動しており[3]，そうしたリーダーとしての働きぶりは首長に比較的高く評価されている[4]．しかし，政策の立案や改革の取り組みでのリーダーシップやイニシアティブの発揮といった点で，もっと積極的になってほしいと考えている．例えば，SA市長は，教育長について，つぎのように語っている．「教育長は市長から任命されたという意識が強いのかもしれませんし，この4月に来たからというのもあるかもしれませんが，『こう思いますけど，どうですか』と，大体相談に来ます．本当は相談ではないようにしてほしいのです．

『市長，こうやらせてもらいたいけど，いいですかね』といってほしいのです．(中略)『市長，これ，どうしましょうね』と．すべてがどうしましょうね，というだけなんですよ．これは権限の問題じゃなくて，意識の問題だと思うのです．もっと自ら決断しろと，私はいっているのですけどね」と語っている．ほかにも，「(教育長は)慎重というか，だから民間(からリクルートすべきだった)と思ったことがあったのだけれども，やはり何十年と教育の現場でやってきた人たちに，いきなり経営感覚を持て，お金の計算をしろといっても無理なのです．だから，その分，夢でいいから語ってくれと．それを形にするのは人であり，お金なのだから，その辺はこちらがバックアップする．そういう形で今進んでいます．先生たちは，教育に夢を持ってやっているでしょうから，いかにいい環境を整えるのかというのが，教育委員会に対する私の仕事だと思っています．そのいちばんの発信源を教育長に求めているのです」と UR 市長は語っている．

また，教育長の力量については，地域の教育行政の責任者の一人としての意識や使命感が弱いのではないかとの指摘もある．CH 市長は，ある具体的な事例について語っている．「(高校の衛生看護科に専攻科を不透明な経緯で乗せたことについて)だれが決めたのかといっても，みんなうつむいて，いわないのです．当時の教育長に私は聞いたのです．これは一体だれが決定したのかと．すると，うつむいていわないのです．教育長が『私です』といわないとは何事かと．『最終決裁権者はだれだ』といったら『市長だ』といいますから，『そんな教育長はとんでもない』と怒ったのです．そうしたら，すぐ辞表を書いて辞めてしまいました」．

こうした問題が指摘される背景には，市町村教育委員会，とりわけ事務局長としての教育長には，集権・官治的なシステムが醸成してきた指示待ち意識や横並び意識が生み出す政策づくりへの消極的な姿勢が依然として残っていること，さらに，首長と異なり教育長には文部科学省，都道府県教育委員会からの「指導・助言」の影響が強く作用し，いわゆる「縦割り行政」の弊害が表れていることを示しているのではないかと考えられる．首長面接調査の際に，たまたま同席した TO 教育長は「実に中央からの考え方がいかに徹底できるかというシステムが(あり)，これはよくできていると思いました．私は外から来たから余計思うのですけども，それが逆にいい面もあるのだけれど，そういう旧態然としたシステムがそのまま国・県・事務所・市町村へと来る．これがそのまま残りながら，果たして国が考えるような自由で独自性のあるそういう教育が展開しうるのかどうか」と，反省を込めつつその問

題点を指摘している．事実，首長の目には，教育委員会制度の抱える問題として，文部科学省，都道府県教育委員会との関係性の中に潜む問題性がはっきりと映っている．

(2) 文部科学省，都道府県教育委員会との関係に関わる問題
(a) 文部科学省との関係

これまでも，自治体教育行政については，文部科学省や都道府県教育委員会からの指導が強く，「縦割り行政」に巻き込まれているという批判がなされてきた．しかし，分権改革により，自治体独自の政策的な取り組みが，これまでよりもできるような雰囲気が教育委員会に生まれてきていることは確かである．例えば，「相当に変わりました．今の教育委員会は文部科学省や県教委の指導で動くことは少なくなっています」というSK市長の発言や「(文部科学省や県からの影響は)多少は感じますね．ただ極端なことはなくて，私の方で調整できる範囲かと思っております．こちらで『こうだよ』といえば，『はい』といってもらえるし，十分話し合える下地もあります．『県でこうだから，国でこうだから．市長さん，あなたがそう考えていてもこうですよ』とかということはない」というYU市長の発言，あるいは，「改善はされてきたと思いますよ．今まではやっぱり国・県から下りてきたものを単に事業化をするというふうなことが多かったですけども，現教育長になってからは課題をそれぞれの担当に与えるような形をしておりまして，その課題解決のためにどういうふうな手段・手法があるかというふうな，自分で政策をつくりあげる，または課題整理をしていくということを繰り返しているようでありますから，そういう意味ではかなり機構内の政策立案能力というのは高まっているだろうと思います．そこにやはり今やっている教育特区とか国の方の制度の規制緩和というふうなものが上手に相まってくれば，地方の教育の独自性というのは出てくるのだろうというふうに思います」というTO市長の言葉は，その代表的なものである．

とはいえ，多くの首長は，依然として，文部科学省と都道府県教育委員会の強い指導を問題視している．教育委員会制度を肯定的に評価している市長であっても，縦割り行政による問題に言及している．例えば，TG市長は「特にいえば，中央統制をもっともっと規制緩和をしなさいということ以外ないですね．本当に大事に，地域に根ざした教育委員会活動をやるとしたら，中央統制をまず外しなさい．それと，県のやっている人事，財政をもっともっと市町村にゆとりを持たせてやらせなさいということだと思うのです．何と

いっても文部科学省の中央統制は依然として変わっていません」と述べている．AK市長も「やはり上から来ている．文部科学省から，県の教育委員会へ，市の教育委員会へ，そして学校に来ているという縦系列がいろいろなところで見えます」と語っている．文部科学省との関係は，市町村教育委員会にとっても大きな課題であるといってよいだろう．

　文部科学省との関係については，さらなる分権化を進める必要性を述べる首長が多い．例えば，KU市長は「（文部科学省や都道府県教育委員会という）縦系列へのストレスは大いにありますね．どこまでいっていいかわかりませんが，そういう意味で今の教育委員会制度はだめですよ」と述べている．ほかにも，TA市長は「今，国の方は，地方分権，三位一体の改革というのをセットでやっていますが，私は，やはり教育権を地方に移譲するのが先だと思っています．むしろ財源の移譲よりもやはり教育権を地方で．自分たちのことは自分たちで考えるという立場にたてば，そこに教育の原点がなければいけないし，そういう意味では中央でそこの首根っこをつかんでおるのは弊害が今多いと思っています．ですから教育権は地方に移譲すべきだと思っています．中央集権でやっている面の，全国画一の教育ができて，非常にそういう面ではあまり格差ができないということでいい面がありますが，そういう面はある程度，教科書や何かで，国語の漢字をどのぐらい習わせるとか，数学をどの程度教えるとか，基礎をどうやるとか，そういう一つの基準はあってもいいのですが，その採択から運用については全部もう地方に任せて，やはり地方の中で教育をするというふうに転換しないといけないのではないかという感じがしますね」と語っている．ND市長も，副教材づくりの施策事業を発案した時のことを思い起こして，市長が発案してもすぐに動かなかった教育委員会が，学習指導要領の「最低基準化」が宣言されてからは，急に動き出したということを語ってくれた．このことは，文部科学省の行政指導が教育委員会の行動を「縛って」いること，換言すれば，「お上踏襲主義」が残っていることを示唆していよう．TO市長の「（教育委員会）制度自体が問題点ということよりは，今まで綿々と続いてきた教育風土というか，前例踏襲主義，お上踏襲主義，そういったものを続けるのか，それを変えていくのかというふうなことだと思います」という言葉がそれを示していよう．ほかにも，「教育委員会がもっと権限も人事権も含めて持ちながらやれるような機構になっていかないといけないと思うのです．（中略）市教育委員会と県教育委員会の関係ありますよね，市議会の中で議論しても，それは県の方向性としてこうだとか，文部科学省の考えはこうだというような話の中で議論

が終わってしまう．県に行っても，県の中でも当然国の考えという話で逃げられてしまう部分があるわけです．（中略）そういう意味で教育の問題は，もちろん国全体としての一定水準を保っていくという大切さもありますけれども，では，それとすべてのいろいろな権限を国を中心にまた都道府県を中心に持っているというのは，それが必要なのかというとちがうと思うのです．できうる限り基礎的自治体に，特に義務教育段階，高校教育も，個々の部分は都道府県にというような，そういう権限をしっかりと移譲すべきでないですか」とCI市長は語っている．

(b) 都道府県教育委員会との関係

首長は，市町村教育委員会と都道府県教育委員会との関係については，日常的な活動の中で縛りを感じることが多いと述べている．例えば，AK市長は二つの事例を語ってくれた．一つは，つぎのように語られる事例である．「市がスクールサポート教員を正規職員としては配置できないけれども，臨時講師として雇って配置して，（その講師を活用することで）学校の中でやりくりをして（余剰の）担任の先生を生み出してもらって，クラスを減らすことはしないということでいこうとしているのですが，なかなか県がうんといわないところもあるのです．だから，県に（市の考えた形で）申請して，県に不許可を出させろといっているのですが，県は（市の考えた形では）申請をさせないのです．もともと県の基準通りで申請させようとするわけです（県の定めた形でなければ受理をしない）．それを，とにかく絶対に申請しろ．県に何をいわれても，（市の案の）書類を置いてこいといったり，そういうのがけっこうあります」という事例である．

もう一つは，つぎの事例である．「市の教育委員会では懲戒処分が，できません．でも，非常に問題がある先生がいて，親はどうしても納得できなくて，あの先生を処分してほしい．市の教育委員会は，本当の懲戒処分をやる権限はないという説明をします．すると，親が県の教育委員会に処分してほしいと要望したのです．県の教育委員会は市の教育委員会に任せてあるといったらしいのです．そういう手紙が来ました．だから，これが事実かどうか県の教育委員会に確かめる．本当にいったやつがいるかどうか．回答を私がするから調べてくれといいました．なかなか回答がこなかったのですが，最終的には，担当者が人事異動でもう現場に戻っているので確かめられませんというのです．夜逃げしたわけではなくて，現場にいるんだから，現場に行って聞けばいいでしょうといったのですが，結局はっきりしませんでした．市民の人には，県の教育委員会は責任転嫁をしていて，それは許されることでは

ないという回答をしました」という事例である．ほかにも，「前から疑念として持っていることですが，教育委員会制度の在り方の中で，市町村教育委員会と県教育委員会の立場は，どういうことなのか．（中略）というのは，中学校の中で，これ見よがしの格好で生徒が目の前でたばこを吸っていたので，校長が生徒のいる所でげんこつを一つか二つやったのです．それで親が騒ぎ出した．ところが，地元の議会の委員会や地元の教育委員は「当たり前の話だ．そのくらいのことはやってもらわなくては」とやったところが，今度は県の教育委員会が，われわれの立場では暴力はあってはならないという格好です．それで校長は何らかの処分をされました」といったHK町長の事例などはこのことを示していよう．県教育委員会との関係については，首長は大きなストレスを感じているということができるだろう．

　首長が，都道府県教育委員会との関係において，具体的な問題事例として指摘するのが，教員人事についてである．首長の多くは，教員の人事権を，市町村に移譲することを求めている．UG町長は「今，いちばん問題なのは，この教育委員会には人事権がないですよね．県になりますので，これはやはり地元に下ろしてきてもらいたいですね．あと，（人事権の移譲は）もちろん財源移譲（が必要）になると思いますが，県の予算でやっていますので，この辺も直接市町村に（やらせてほしい）」と語っている．ほかにも，TG市長は「人事権も市町村によこせと僕は就任以来いっています．県において人事権を行使するというのはもう遅い（時代遅れだ）．地域のまちづくりの一つの担い手としての学校教育がある，あるいは社会教育がある」と，そして，SK市長も「ただ，今の学校教育の仕組みが，特に人事権，これが県教育委員会が握っているわけですね．地方の教育委員会は内申です．ですから，内申でその通りやってくれるわけではありません．そうすると，人事でどうも思い通りじゃない感じがします．県教委はやはり全体的な配置を考えるものですから，あまりみんなが望むものだけで1ヶ所に集中して配置できていない…，それも少し分散して配置しなければいけないということで，こちらで思っているほどの人事はうまくできない．これが実際の悩みだと思います」と不満を語っている．また，SA市長も「（教育委員会の問題点は）いわゆる人事面で不適切な，教員にあまり向いていない教員も（自治体独自の判断だけでは）排除ができない．そこでしょうね」と問題教員の処分という点から，問題点を指摘している．

　また，教員の人事権が都道府県教育委員会にあることによって，教育長（候補の）教育委員の人選時に都道府県教育委員会との関係を配慮せざるをえな

かったと語る首長もいた．例えば，MA 町長は「どういった方が教育長になられているかということで，教員の配置がすごく変わってくるのです．私が組合活動をやった校長を教育長に置いたというのも，そこにあるのです．組合活動をした校長というのは，意外と人事で力があるのです．ですから，民間の方，いわゆる教育に対してあまり偏見を持たない，要するに民間感覚で教育行政をやってもらおうということで，今まで教育に関係のない人を教育長になっていただいた．ところが，教員の人事でかなり苦しむのです」と述べている．ほかにも，「(教育委員は)文部省から2人，あと3人(が地元の人)ですね．次長は県庁から来てもらっています．結局，そっちの方が事務のかなめですから，いちばん大変なのは人事を含めてのことだと思いますから．次長を，変な話ですけれども国からいただいたというのは，やはり情報網を持つためです」という KT 市長の言葉や，「(教育長は)…，県教育委員会の，県の教育事務所長とかそういう行政職を長くおやりになられた方です．やっぱりその特に県教育委員会なんていうのは，敷居が高いところですから，そういうところと対等にといいますか，あるいはお話が通じる教育長がいらっしゃるというのは，やはり非常に有利なのかなという思いは持ってはおりました」という TU 市長の発言も，こうした問題点をよく示していよう．

　AK 市長も，ある具体的な事例をあげている．教育長候補の教育委員の任命と関わって，「教育長は校長(経験者が適任)です．民間の教育長というのも面白いとは思いますが，現実の話として，民間で選ぶ時は，本当にこの人ならばだれも文句をいえない(人でなければ選べない)．(中略)学校の先生の人事は実に生々しい話で，力のない教育長がなってしまうと，変な先生をみんな押しつけられる．広域で先生の人事はしますから，県の教育委員会に対して発言力のない教育長がなってしまうと，人事でいい先生を射止められない．もちろん，それだけではないですが，県の教育委員会に対して発言力を持つ教育長というのが，現実的な必要性としてやはりあると思いますね」と語っている．また，教育長が民間からの場合には，教育次長を校長や教職経験者から，あるいは県の行政職から採用するなどして，都道府県教育委員会との関係構築への配慮をせざるをえず，都道府県教育委員会に「顔が利く」人材として，教育次長のポストに文部科学省からリクルートしたという首長もいた．例えば，UR 市長は「公募なんかする市は干してやれといって，ほかの大都市が結束する可能性があると，そういう心配がありました．知っている校長たちが何人も私の所に来ましたから．自分たちだけではなくて，あとに悪い先生を送られるのは心配だというから，わかったといって，文部科学

省の今の事務次官が審議官の時に，初等中等教育局長と相談して，県教育委員会の次長が送られていましたから，それとつうかあのところで，事なかれ主義ではなくて，けんかができる男を引っ張って来て，にらみを利かせるために教育総務部長に据えたのです」と語っている．

これらのことは，教育長（候補の）あるいは，教育次長の人事に際して，都道府県教育委員会に対して「ものがいえる」あるいは「認知度の高い」という点に配慮せざるをえないことを示唆していよう．

以上のように，首長は，文部科学省や都道府県教育委員会との関係に関して，縦割り行政の系列から生ずる問題点を認識している．しかし，それは，首長部局から相対的に独立した行政委員会である教育委員会が，「縦割り行政の浸透」によって文部科学省，都道府県教育委員会の指導を重視し，首長（部局）から孤立してしまっているという問題認識ではない．首長の面接からは，首長と教育委員会は，緊密に連携し，協働して自治体教育行政に当たっており，文部科学省や都道府県教育委員会の行政指導や人事権の行使に対しても協力して対応しようとしている様子がうかがえる．首長の認識する問題点は，文部科学省や都道府県教育委員会の行政指導が強く働くため，市町村教育委員会との協働を推進する上で，いくつもの障害があることへの不満である．つまり，首長の関心は，地域の実情に基づいた独自の教育行政を行い，分権化が推進される中で，自発的・積極的な教育行政を進めていく上で必要な責任と権限が，現行の教育委員会に欠けているという点にあり，そのために，特に義務教育に関して，できうる限り市町村に任せ，文部科学省や都道府県教育委員会の役割は，全国的な基準の策定や，市町村間の調整や支援にとどめるべきではないのかという点にあるといえよう．

(3) 首長（部局）と教育委員会（事務局）との関係に関わる問題
(a) 社会教育，生涯学習部門の首長部局への移管

首長（部局）と教育委員会との事務分担関係について，教育委員会の事務を首長部局に一元化することには，消極的な首長が大勢を占めている．例えば，AK市長は「教育分野も問題や課題を山ほど抱えていますから，教育長をなくして私が直接指揮するというのは物理的に難しいという気はします．ある程度教育委員会が責任を持ってやってくれないと，ポイントや要所要所では意見はいうにしても，市長部局と同じレベルで，学校のいろいろなことまで指揮することは物理的にできないと今は思います」と述べている．

しかしながら，教育委員会が所管する事務の一部，特に，社会教育と生涯

学習に関わる事務の首長部局への移管を求める声は大きい．先に，教育委員会の事務の首長部局への一元化に慎重な発言をしている AK 市長も，生涯学習と社会教育に関しては首長のリーダーシップを発揮したいと語っている．「生涯学習そのものが教育委員会だけでやるものではなくて，全庁的にやるものだと思うのです…．生涯学習推進本部も教育委員会が事務局ですが，全庁的なものなのです．だから，直接私が関わる度合いということになれば，社会教育，生涯学習の分野の方が必然的に多くはなります．（中略）団塊の世代のリタイアしたあと活躍できる環境（づくり）と，若い世代が子育てをし，AK 市に住み続ける（のを助ける）という二つの基本的なまちづくり戦略があって，団塊の世代に活躍してもらうためには生涯学習抜きには考えられません．それから，若い世代が住み続けるということの大きな要素にいろいろな意味で教育というのは当然ほとんどダブってありますね」と語っているように，生涯学習施策とまちづくりは密接に関係しており，そのために生涯学習分野においては首長自身のリーダーシップをより大きく発揮したいと考えている．ほかにも「特に生涯学習，市民スポーツ関係，図書館もそうですが，首長部局でいいと思うのです．KU 市辺りですと，生涯学習が非常に盛んで，公民館活動も伴って非常に熱心に市民の方が取り組んでいます．（中略）（教育委員会の機能は）学校教育に特化していいと思うのです．場合によっては，教育長は教育担当助役くらいの思い切った考え方に特化していくことが必要ではないかなと思いますね」（KU 市）といった意見や，「公民館活動とか，生涯教育活動は（義務教育とは）ちがうでしょう．直，市民ではないですか．なぜそれをいちいち教育委員会を通してやらなければいけないか．スポーツにしても．だから，これはストレートに市長部局でやっていいのではないか」（UR 市）といった意見，あるいは，「最近は生涯学習課が，教育委員会ではちょっと荷が重くなってきている面もあります．というのは，活動が多岐にわたっていってしまっているのです．それで，教育委員会だけでやると，なかなか手がまわらなくなるおそれもあるから…，少し考えなければならないかなと思っているのです」（YU 市）といった発言が聞かれた．

　首長は，少子化への対策や高齢者の社会参加といった問題は，自治体の都市計画や地域住民の生活に直結するものであり，できうる限り首長のリーダーシップが発揮できる体制が望ましいと考えている．AK 市長は，少子化の中で，いかに安心して子育てができる環境を提供するのか，また，高齢化が進む中で，退職した（しかし，健康で，さまざまな知識や技能を有している）高齢者を，どう社会参加させていくのかといった点が，自治体の生き残り

戦略にとって最重要な課題となっており，この点は，教育だけではなく福祉等の分野とも大きく関わっているからこそ，自分自身でリーダーシップを発揮する必要があり，そのための組織体制の整備が不可欠であると力説していた．

(b) 教育行政における諸規制の問題

　事務移管という明確な形で問題提起をしないまでも，補助金によってつくられた施設は10年間はほかの目的に使用できないとか，学校教育と社会教育とを隔てる壁の高さに言及する首長も存在する．他方で，社会教育施設に関する利用規制についても早急に緩和すべきという意見を表明している首長もいた．民生，福祉部門の政策展開を大きく制約しているからである．「生涯学習の部分が民生部門，福祉部門とどうしてもオーバーラップしてしまう．具体的にいうと，公民館，図書館，博物館なのですが，公民館としての法律上の位置付けは存じ上げています．博物館も図書館もわかっています．しかし，今そこを使って福祉が関係してくることがあるわけです．その建物，施設を使って福祉の活動をしたい」が，「社会教育施設だという縛りの中で踏み込めない部分があり，制度としてそこのところは仕切りをはずしてもらわないといけない」．幼稚園にしろ，保育所にしろ，地域にとってそれは「子育て」という一つの事業であるが，幼保一元化を進めるにはさまざまな規制があり，保育事業を統合的に取り組むのは容易ではない．統合的に取り組むには，このままだと「ごまかしごまかしの仕事」をしたり「どこかで目をつぶらなければならない」という矛盾があると，ND市長は指摘していた．

　これらの指摘は，自治体教育行政上の問題の一つが，教育委員会制度それ自体よりも，学校教育や社会教育をめぐる作用法上の諸規制にあることを示していよう．つまり，教育委員会制度の問題とされるものの中には，学校教育法制や社会教育法制などの作用法上の規制がもたらすものが存在し，教育委員会制度それ自体からもたらされたのでないにもかかわらず，教育委員会制度上の欠陥とみなされてきたものがあるのではないか．教育委員会が政策主体として動こうとする場合に，さまざまな規制に直面し，その結果，教育委員会が身動きがとれなくなり，そのことが教育委員会制度に由来する「機能不全」とされてきたのではないかといった問題もありうることを暗示している．

3　教育委員会制度の問題点に関する首長の認識の意味するもの

　以上において，教育委員会制度のどのような点に首長が問題点を見出して

いるかを，面接データを用いて明らかにしてきた．首長の問題認識は大きく，教育委員や教育長の力量，文部科学省や都道府県教育委員会との関係，社会教育や生涯学習に関する職務権限の所在をめぐるものに分けられた．こうした問題認識から見えるものは何か．最後に，この点に論及して，本章を閉じることにしたい．

　もっとも重要な点は，首長の問題認識を占めているのは，巷間，喧伝されている教育委員会制度の構造的欠陥―合議制の行政委員会として首長から独立した執行機関として組織されていることに由来する欠陥―への不満では必ずしもないということである．すなわち，現行の教育委員会制度の仕組みは，分権時代の首長に求められる自治体全体を視野に収めたリーダーシップを妨げる制約要件になっているという認識ではなかった．例えば，よく引き合いに出される批判的な意見である「教育委員会が首長部局から独立していることが首長にとって制約となっている」，「教育委員会が合議制であるために責任の所在が曖昧である」，「教育委員会が合議制であるため，迅速な意思決定ができない」というような意見は少なかったのである．生涯学習部門の事務移管への言及を除けば，現行制度を肯定的に評価しており，教育委員会の無用論＝廃止論につながるような認識は示してはいない．まして，現行制度の基本的枠組みへの疑念は，あまり表明されていなかった．この点については，首長に対する全国規模のアンケート調査の知見と軌を一にしている[5]．

　首長の意識を占めているのは，そうしたことよりも，集権・官治的なシステムに取り込まれ形成されてきた教育委員会の「体質」が自治体独自の主体的な教育行政を進める上でネックとなっているのではないかという認識である．首長には，教育委員会への不信感よりもむしろ，教育委員会は自治体教育行政の中心的な担い手であり，自分自身はそれをサポートすべき存在である意識が表れているといえる．換言すれば，今日，教育問題は，自治体の重要な政策課題の一つであり，それゆえ教育委員会はそれを解決するに必要な能力構築に取り組むべきであり，自分自身としては，できうる限り，そうした教育委員会を支援し，連携・協働して課題解決に当たりたい，という意識を持っているということである．それだけに，そうした連携・協働の妨げになるような要因に対して批判的なまなざしがあるということである．つまり，調査から明らかになった首長の見る問題点は，首長が自治体教育行政に積極的に関与しようとした時に，障壁となっているものであると考えられる．首長にとって，これらの問題点を解消することは，首長（部局）と教育委員会の連携・協働が成功裡に進むための基本的条件として認識されているの

3 教育委員会制度の問題点に関する首長の認識の意味するもの　　165

であり，首長は，教育委員会が地域の教育問題を解決するための機構としての本来の責任を主体的かつ積極的に遂行する，あるいはそれに専念するための権限・財源の確保と障害を除去する意欲と努力を求めているものと捉えられる．

　首長の問題認識をこのように把握できるとすれば，分権改革の時代にあって自治体行政の総合行政化が求められている中で，首長(部局)と緊密な連携の中で展開されることが要請されている自治体教育行政，そして，その中心的担い手である教育委員会にとって大切なことは，自らの使命を改めて自覚して首長の認識する問題点を一つ一つ解消し，首長と協働しうる体制を構築していくことを至上命令として受け止め，そのための取り組みに真摯に向き合わなければならないということである．

　このための，問題解決への具体的な方策としては，それぞれの教育委員会において，さまざまな形態で取り組むことが考えられるし，また，実際にいくつかの教育委員会では改善の取り組みが始まっている．首長面接調査で見られた一事例として，TG市の取り組みがあげられる．

　TG市では，地域住民に支えられた教育行政の執行機関としての教育委員会という存在＝「正統性を付与された教育行政機関であること」をより明確にするために，地域の教育課題について調査，審議し，教育委員会に政策上の「建議」を行う組織として，教育審議会が組織されている．教育委員会は建議を受けとめて，施策事業化できるかどうかを検討している．それとともに，教育審議会で活動してきた人材が教育委員として任命され，審議会での経験を生かして，教育委員会の力量(政策力)の向上とその活性化に取り組んでいる．審議会の設置は，住民参加の拡大をねらったものであるが，それは同時に教育委員をいわば「育成」する機能をも果たしているといえよう．また，教育審議会を通した広範な住民参加は，教育改革を推進する上での正統性の源泉として，相互の信頼感を醸成する役割も果たしている．こうした，住民の声を生かそうとする独自の試みは，文部科学省，都道府県教育委員会，そして市町村教育委員会という縦系列の上意下達的な教育行政の影響が依然として見られる中で，自治体独自の教育政策を立案・実施することにコミットし，それを推進する駆動力ともなっているとも考えられる．

　TG市の事例は一事例にすぎない．教育委員会を教育の地方自治機構として強化する策として，このほかに，教育委員会の主催による教育改革推進市民委員会の設置や教育長と教育次長との連携に見られる教育職と行政職とのパートナーシップの推進に取り組んでいる自治体もあった．

以上，限られた事例ではあるが，このような首長の認識に現れた諸問題を一つ一つ解決していくことは，教育委員会にとって，自らが地域の教育課題を解決する政策機構として機能し，自治体教育行政の中核としての存在意義を主張する上で必須の課題といわなければならない．首長に対する面接調査のデータは，このようなことを示唆していると考えられる．

【注】

1) 首長が，教育委員会廃止論ではなく，制度改善論に傾いていることについては，村上祐介「教育委員会制度改革に対する自治体首長の意識と評価－全国首長アンケート調査報告」東京大学大学院教育学研究科『教育行政学研究室紀要』第24号(2005)においても明らかにされている．
2) 教育委員会制度調査研究会(代表：筑波大学，堀 和郎)『教育委員会制度および県費負担教職員制度の運用実態に関する調査』平成16年度文部科学省委嘱研究(2004)，pp. 6-10．
3) 堀 和郎，平田敦義，藤田祐介，柳林信彦「中教審答申以降の地方教育行政の改革動向とその規定要因」筑波大学『教育学系論集』27巻(2003)，pp. 17-23：堀・柳林「教育改革の進展に影響を及ぼす教育長の特性に関する分析」西日本教育行政学会『教育行政学研究』第25号(2004)，参照．
4) 村上，前掲論文(2005)，p. 57．
5) 同上，p. 61．

終章

教育委員会制度の再生のために
―地方分権時代における市町村教育委員会の課題―

1　教育委員会制度の基本原理から見た改善課題

　地方分権改革という政策動向の中で，地方教育行政制度の再編が政策課題の一つとなっている．主要な再編論として，教育委員会制度廃止論（教育行政の首長部局への一元化），教育委員会の権限縮小論（生涯学習・社会教育事務の首長部局への移管），教育委員会制度の改善論（制度本来の組織能力の再生・強化）が提起されているが，文部科学省の推進する公共政策の動向においても，関係当事者の意識を見ても，廃止論よりも存続論が大勢を占め，改善論―すなわち，教育委員会制度の根幹を堅持しつつ，それを本来の使命達成に必要な制度＝機構として充実・強化すること―へ傾いていることは明らかである．
　われわれは，このような動向を前提として，これからの教育委員会制度をより有効な地方教育行政制度として改善するためには，教育委員会制度が市町村レベルにおいてどのように動いているのか，その運用実態を明らかにすることが重要であると考え，限られた視点からではあるが，調査研究を行ってきた．その視点とは，教育委員会の取り組んでいる教育改革（学校支援策）の推進状況，教育委員会会議の実態，首長（部局）との関係の態様という制度運用の三つの側面に焦点を当て，再編論議の中で提起されている事態が実際にはどうなっているのか，制度運用の中でどこまで現実となっているのかを実証的に解明することであった．
　終章では，これら三つの側面について考察してきた1章から8章にわたる調査知見とその意味合いを前提としつつ，教育委員会制度を再生＝強化するためにいかなる取り組みが求められているかについて検討することにしたい．今日の動向が制度の根幹を維持した上での改善論であることからすれ

ば，われわれに求められているのは，自治体における公教育の組織化という教育行政に課せられた責任を遂行するための仕組みとしての教育委員会制度の本質，その基本原理を再確認した上で，それを踏まえた制度の再生＝強化のための政策づくりに取り組むことであると考えるからである．つまり，政策動向を前提にするとき，どうすれば，教育委員会（広義）を，地域の教育問題を解決し公教育の運営をリードする効果的な機構として改革することができるかを検討することが，至上命題といえる．以下，教育委員会制度の基本原理を再確認した上で，得られた調査知見に言及しつつ，それを踏まえた制度の強化のために，どんな取り組みが重要なのかについて，検討することにする[1]．

(1) 現行教育委員会制度の基本原理

ここでいう制度の基本原理とは，わが国における教育委員会制度の根幹を支える根本的な観念のことであり，本書では，それは，つぎの四つの観念から構成されていると把握することにする．

① 地方自治体に置かれた執行機関の一つであり，首長から相対的に独立した合議制の行政委員会としての地位を与えられている（首長部局から相対的に独立した執行機関＝合議制行政委員会としての教育委員会の原理）．

② 合議制の行政委員会としての教育委員会を構成するのは，地域住民の中から選出される，複数のレイマンであり，教育行政に関する意思決定の最終的権限と責任は，合議体としての教育委員会，具体的には，レイマンである教育委員の合議（教育委員会会議における審議と決定）に帰属する（教育行政におけるレイマンコントロールの原理）．

③ 合議制の行政委員会たる教育委員会の下に，教育行政の専門家としての教育長と教育長の統括する教育委員会事務局が置かれ，教育委員会の指揮監督の下に，教育委員会によって決定された意思を執行するとともに，その意思決定を補佐する（教育行政におけるプロフェッショナルリーダーシップの原理）．

④ 教育委員会は自治体における公教育を組織化する権限と責任を委ねられた機関であり，学校をはじめとする地域の教育諸機関の設置と管理（運営）に対する最終的な権限と責任を有する（教育行政における管理機関としての教育委員会の原理）．

これらの制度原理を前提とした場合に，教育委員会制度を再生＝強化するためにいかなる取り組みが市町村教育委員会に求められるのか．この問いに

ついて，以下，検討する．とはいえ，本書で明らかにした調査知見から示唆される取り組みを中心とする検討であるため，自ずと限られた観点からの試論という性格を帯びることになることを断っておきたい．

2 教育委員会と首長（部局）とのパートナーシップ―首長部局から相対的に独立した「行政委員会としての教育委員会」という原理をめぐる課題―

(1) 教育行政機関の二元化

　教育委員会制度は，組織機構の次元から見れば，自治体にあって首長から相対的に独立した機構である「行政委員会として」教育委員会を設置して，それが自治体レベルの教育行政の中核を担うという考え方を制度の基本原理としている．すなわち，すべての自治体に，首長部局から相対的に独立し，教育・学術・文化に関わる事務を所管する合議制の行政委員会として，教育委員会を置き，その指揮監督の下に，執行責任者としての教育長，補佐機構としての事務局を配置して，地域の公教育を組織化するシステムが構築されている．地方教育行政の組織及び運営に関する法律（以下，地方教育行政法と略記）の第23条には，その職務権限が規定されており，学校の管理運営から社会教育，文化財保護に至るまで，自治体におけるあらゆる教育問題を担当・所掌する機関であることが明らかである．つまり，現行法上，自治体教育行政に責任を有する機関は教育委員会（広義）であるということである．

　しかし，忘れてならないのは，自治体の首長もまた，教育委員の任命，教育予算の編成・執行，教育関係条例の提出といった教育行政に対する重要な権限と責任を有する教育行政機関としての性格を持つということである．それは，地方教育行政法に明らかである．地方教育行政法は，その第24条に「地方公共団体の長は，次の各号に掲げる教育に関する事務を管理し，及び執行する．」として，大学に関すること，私立学校に関すること，教育財産を取得し，および処分すること，教育委員会の所掌に係る事項に関する契約を結ぶこと，そして，前号に掲げるもののほか，教育委員会の所掌に係る事項に関する予算を執行することをあげている．すなわち，現行制度は，教育委員会と首長という教育行政機関の二元化という原理の上に立脚しており，教育委員会と首長との間の，相互牽制を含む連携と協働によって制度を動かすことが前提とされている，といえる．

　このことは，端的にいえば，教育委員会は当該地域の「教育行政を担当する専門機関」としての立場からの政策的イニシアティブを発揮し，首長は教

育問題を自治体の課題として把握し自治体行政のトップとしての立場からの政策的リーダーシップを発揮しつつ，それぞれに地域の教育問題の解決に関わっていかなければならないことが制度として予定されていることを意味している．ここには教育行政に関わる政治的分業というコンセプトがある．地域の教育問題を解決するための政策決定という場面に即していうならば，政策の内容に関しては，教育委員会が教育行政の専門機関としての専門性に基づいて責任を持ち，政策の財源については，自治体のトップとして財源配分の権限を有する首長が責任を持つという，相互関係がそこには予定されている．とするならば，両者にはともに，自治体の教育に関わる執行機関として，効果的な教育行政を推進するために，連携し，協働することが前提とされているといっても間違いではない．というより，連携・協働がなければ，権限・責任が二元化された教育行政機構は，円滑に動かないというべきであろう．

つまり，首長にとって，専門機関として教育委員会が設置されているからといって，教育(行政)に対する無関心は許されないのである．自治体のトップとしての責任上，地域の教育問題に無関心で，教育行政に対してリーダーシップを発揮しないことは許されない．そのような首長がいるとすれば，無責任のそしりを免れないであろう．もちろん，このことは首長にとって教育が「最優先」課題でなければならないということではない．その権限と責任からいって，首長が教育に関心を持つことは，制度上の職務の重要な一部分であるということである．

(2) 二元化の形骸化の背景

こうした制度原理に立脚しているにもかかわらず，戦後の自治体教育行政の展開においては，「教育行政の独立」という制度理念の強調と，集権・官治システム＝「文部科学省―都道府県教育委員会―市町村教育委員会という縦割りの系列の下での教育行政」の浸透する現実の中で，多くの自治体において両機関の連携・協働ないし均衡のとれた政治的分業が見失われてしまったことも事実である．市町村レベルにあっては，両機関における連携・協働の欠如が支配的な現実と化したといってもよい．

どういうことかといえば，教育を「政治」から切り離すべきという主張(あるいは，教育の政治的中立性を確保すべきという主張)や，一般行政への教育行政の従属を許すなという主張に基づいて，教育行政の円滑な運用のためには，教育行政は一般行政から独立しなければならないことが強調され，その結果，首長との連携・協働の関係どころか，教育委員会と首長の関係は希薄

化する方向をたどることになった．それは実務レベルだけでなく，むしろ，教育行政研究者の間で，特に運動論的な立場から，「教育行政の自主・独立」の理念が一方的に強調され，教育行政の二元化という法制上の現実にあえて目をつぶってきたことも否定できない．そうした中，教育委員会は，集権・官治的な行政風土の中で，教育行政を担当する国レベルの専門機関としての文部科学省との関係がもっぱら強化されてきた．

　その結果，教育委員会は自治体独自の教育の政策＝制度づくりに取り組むよりも，補助金行政という大枠の中で政策づくりをしなければならないという制度的拘束があったとはいえ，もっぱら「国の政策の実施機関」として機能することを選択してきたといってよい（いうまでもなく，教育行政のいくつかの領域において，こうした関係の強化が必要な部分はあるし，自治体の構造的ともいえる財政的な中央依存体質ゆえに，そうすることを余儀なくされたという方が精確であろう）．それは，首長が自治体の教育政策に対してリーダーシップを発揮しにくい状況を生み出してきた．その状況とは，自治体教育行政の「縦割り行政化」による教育委員会の自治体政治・行政からの「孤立化」であり，そして，そうした現実が，教育行政に対する首長の無関心をもたらし，ひいては教育への政治的サポートの欠如，自治体ぐるみの教育問題への取り組みを妨げることとなったといってよい．

　他方で，首長が自治体教育行政に対して積極的な関与を示してこなかったのは，なぜか．それは，公教育への無関心という首長個人の政策的選好も関連しているかもしれないが，根本的には，教育行政の集権・官治的システムと地方財政における国への依存（財政上の3割自治，慢性的財源不足）ゆえに，首長の側に自治体教育政策に関する政策的裁量の余地がなく，政策創造への誘因が欠けていたからであり，そして，また，それゆえに教育問題が自治体の政策課題となりにくいこと，教育政策の選択が「票」に結びつかないという現実があり，それが教育政策の開発への首長の無関心を醸成することになったからである．

　こうして，行政委員会としての教育委員会と首長との間には，教育委員会の「教育行政の独立」への志向が教育委員会への首長部局の政治的支持を得がたくし，その政治的孤立化を深め，他方で，そのことが教育問題の政治争点化を妨げ，首長を教育行政から遠ざけ，疎遠な存在にする帰結を生む「独立志向＝孤立化のスパイラル現象」が発生することになり，そのことに悩む自治体が見られたことも事実である．それが多くの自治体の教育行政から活力を奪ってきたとするならば，そうした「独立志向＝孤立化のスパイラル現

象」を脱却することは自治体にとって重要な課題といわなければならない．

　この状況から脱却するには，教育委員会と首長の間には，両者がパートナーシップを構築することが制度として予定されていること，連携・協働がなければ，教育行政に対する地域の期待，問題解決への地域住民の期待に応えることはできないこと，を改めて確認することから始めなければならない（実際，先進的に独自の政策づくりに取り組む自治体では，いわゆる「教育首長」の下で教育行政権限と責任の二元化の原理を巧みに活用している）．そして，地域の教育をどうするのかに関してビジョンを共有し教育問題の解決に対して対等な協力関係を築くことである．そのための責任は，いうまでもなく，教育委員会，首長の双方にある．

　つまり，集権・官治システムの中でもっぱら「縦の関係」を重視し地域に根ざした教育行政の志向が弱く，教育行政の独立という理念に囚われて，自治体の中で「横の関係」を重視してこなかった（あるいは，重視することができなかった）教育委員会の側に責任があるのは事実である．しかし，その一方で首長は，自治体教育行政に対して，制度の求める責任をどのように果たしてきたのか，地域の教育を自治体の政策課題として捉え，その解決に持続的な関心を寄せてきたのか，と問えば，首長の側にも責任がないとはいえない．つまり，多くの首長が自らの職責の中に教育行政機関としての側面があることを忘却し，教育委員会の自治体政治からの孤立化＝教育行政への政治的サポートの欠如という状況を打開するために何らかの方策を採ってきた首長は少なかったということもまた，事実であったといわざるをえない．この傾向は，分権改革以降改善のきざしが見られるとはいえ，不十分といわなければならない．

(3) 教育委員会と首長との連携・協働

　このように見てくると，制度が予定している連携・協働を回復するには，一方で，首長自身が教育行政機関であることを自覚し，地域の教育問題解決を自らの職務の一部として明確に位置付ける必要があろう．すなわち，教育委員の任命権者としての責任を果たした後は，教育委員会を座視するのではなく，いまや，首長が自ら率先して教育問題の解決へ乗り出すスタンスを取る必要がある．首長の教育行政権限からすれば，教育予算の配分によるコントロール以外にも，自ら任命した教育委員の行動に対するモニター，教育委員会で立案された政策に対する財源配分を通じてのサポートとチェックなど，さまざまな関与が開かれているし，教育長が教育委員会の事実上のリー

ダーであるとすれば，優れた教育長を任命することで，首長は自治体の教育政策をコントロールすることも可能である．換言すれば，現行法制の定める仕組みの下において，わが国の首長は，自らを自治体の公教育を改善するための能力構築(system-wide capacity)を推進する立場に置くことが可能なのである．わが国の自治体教育行政の現行体制は，この点では，90年代に入ってアメリカの都市部学区を中心に生まれてきた，首長の教育行政関与を構造化した統合型ガバナンス(integrated governance)と類似しており，むしろ，統合型ガバナンスを先取りしたのが，わが国の教育委員会制度であるといってもよいくらいである．

　周知のように，アメリカにおける教育行政単位である学区(school district)は州の機関として，地方自治体としての市からは独立した「特別区」であり，財政自主権を有する独立型の学区の場合，首長は基本的に学区の教育行政に関与できないシステムが採られてきた．統合型ガバナンスという新たなシステムはこれを改変し，一般的にいえば(学区と市自治体との地理的範域が一致していることが条件になる)一般行政のトップとしての首長が教育委員も教育長も任命するなど教育行政に対する関与を制度としてその職責の一部とする仕組みである．このシステムは首長が教育行政において強いリーダーシップを発揮することを可能とする仕組みであり，都市部学区の教育改革や学校改善を推進するための仕組みとして発案・実施されているものであり，深刻な教育問題を抱えた都市部学区—英語を母語としない子どもや貧困家庭の子どもが集中し，多くの教育困難校を抱えている—の教育改善の梃子となっている制度再編である[2]．

　わが国における，近年の分権改革の進展や学力低下，いじめ，不登校などの教育問題の社会的・政治的争点化は，教育委員会と首長との関係の見直しに対して首長に大きな刺激を与えているように思われる．分権改革以降顕著になってきた先進的に独自の政策づくりに取り組む自治体では，この教育行政の機構・権限上の二元化という法制上の仕組みを受け入れつつ，その円滑な運営のためには教育委員会と首長との連携・協働が不可欠であるという現行制度の運用上の原理を活用する取り組みが見られる．また，7章の事例研究で見たように，分権改革の動向の中では，廃止論者が主張するように，教育委員会と首長(部局)が互いに孤立しているわけでは必ずしもない．機構・権限上の二元化を一種の政治的分業と受け止めて，自治体の教育行政を運用してきた自治体がなかったわけではないが，近年になって，そうした運用の努力を始めている自治体も目立ちつつあるのも事実である．

教育問題の解決に積極的に乗り出し，独自の政策づくりに取り組んだ自治体として，例えば，三春町，総和町，犬山市，志木市，野田市などが知られているが，そこには「教育首長」とも称すべき首長がおり，教育委員会と一体となって教育改革を推進している[3]。

われわれの調査知見でも，首長と教育委員会の連携・協働は教育改革の進展にとって重要であることが明らかになっている（1章参照）。また，首長の教育関心は，教育改革を推進する要因の一つである（2，3章参照）。こうした動きは，教育行政の地方分権化が進めば，より一層顕在化するであろう。市町村長の面接調査では，こうした可能性が示唆されている（7章参照）。

他方，教育委員会側の責任としては，首長に働きかける教育長のリーダーシップが重要な意味を持つ。首長と頻繁に接触・交流し，教育情報を提供し，その教育関心を高め，問題解決への協働意欲を喚起することが求められる。教育長には，首長部局の課長以上の役職者が定期的に集まり，報告，意見交換を行う「幹部会」といった，首長と接触するフォーマルな機会もある（首長部局の幹部会への定期的な出席については，教育長の95.9％が「ある」と回答している）。こうした定期的交流により，両者の間に，地域の教育に対するビジョンの共有と信頼関係の構築がなされなければならない。それを促進することは教育長の責任の重要な一部であるというべきである。というよりも，教育長の方が，教育行政の専門的知識と経験を有するパートナーとしてイニシアティブを発揮するべきである。

実際，首長の多くは，期待と要望を込めて，教育長に教育行政の専門機関の事務局のトップとして，「相談型のリーダー」ではなく「提案型のリーダー」を求めている（8章参照）。また，首長の教育政策に対するスタンスという点でいえば，教育長を信頼し，地域の教育行政を一任する教育長信託型ともいうべきスタンスが支配的である（資料編：自治体教育行政における政策アクターの役割参照）。さらにまた，多くの首長は，教育行政は自治体行政の重要な一環であるとはいえ，基本的には「地域内分権」という原理を尊重して運用されるべきであり，教育委員会の自主・自律的な政策づくりを当然視しており，総合行政化の一環としての教育行政という考えを必ずしも採っていない。教育行政を首長の指揮監督の下に置く，いわゆる「一元化」論に対しては，多くの首長がためらいを持っている。その理由について，7章で見たように，福祉行政や「まちづくり」行政など喫緊の課題が山積しているいま，自治体トップとしての仕事をこれ以上背負い込むことは困難であること，教育行政機関として教育委員会が蓄積してきた教育（行政）専門的ノウハ

ウを無視することはできないこと，そして，教育問題の高度化・複雑化に伴って，教育問題の解決にはますます専門的知識や技術が必要不可欠であることなどを考慮すると，教育委員会が一定の自律性を持って問題解決を図っていくことが合理性が大きいことを，多くの首長が認識しているからである．

　このように考えてくると，自治体にとって，強力なリーダーシップを発揮できる人材を教育長にリクルートすることが，首長と教育委員会との連携・協働を築く上で，きわめて重要であることはいくら強調してもしすぎることはない．この点で，任命権者としての首長の責任は大きいといわなければならず，教育長のリクルートは首長の教育行政責任の重要な一部である．教育行政職であるか一般行政職であるかは問わず，教育長職に教育問題の解決への強いコミットメントを有する人材を慎重に選出することは，首長にとって，パートナーシップ構築の第一歩である．実際，首長の中にはそのことを深く自覚し，いわゆる「一本釣り」という人事手法を使い，自分の足で人材を見つける努力をして自分のビジョンに適合的な人材を招聘している例もある(7章参照)．このように，教育委員会と首長(部局)との連携・協働が自治体教育行政の活性化には重要であり，パートナーシップの構築の成否が教育委員会制度の再生の鍵を握る．

3　教育委員会会議の政策フォーラム化—教育行政におけるレイマンコントロールの原理をめぐる課題—

(1) レイマンコントロールの機構としての教育委員会制度

　教育委員会制度は，組織運営の次元で見れば，レイマンコントロールを基本原理としている制度である．レイマンコントロールとは何か[4]．

　レイマンとは，専門家ではない素人という意味であるが，レイマンコントロールを単に「素人支配(統制)」というならば，それは必ずしも適切ではない．レイマンコントロールは教育行政を専門家ではなく教育の素人にゆだねるということでは決してないからである．もしそうであれば，教育委員に「高い教育識見」を求める必要はないであろう．教育委員の要件として「教育識見」が求められている(地方教育行政法4条)のは，なぜなのか．それは，教育委員の役割が，教育という専門職業に就いていない，民間人の，地域に生きる，地域の生活者としての眼で，地域の教育ニーズを確かめつつ，教育行政をモニターして，地域の教育利益を実現することを期待されているからである．

つまり，教育行政におけるレイマンコントロールとは，「教育行政の官僚統制」にとって代わるべき仕組み，教育行政の主体における「官」から「民」への移行を意味するものであり，教育を職業としない，地域住民を代表する人々の合議（審議と決定）を通して教育行政を行うという考えであり，「素人統制」というよりも「住民統制」というべき仕組みであり，文字通り，教育行政における「草の根民主主義」の表れにほかならない．教育委員が非常勤であるのは，地域で日々生活する「民間人」として，住民を代表して住民ならではの目線で，換言すれば，教職という専門家の世界の中にいる人々には見えにくいものを捉える視点で，地域の教育意思を確認し実現する責務を負っているからであり，教育委員に求められる高い教育識見とは，単なる教養ではなく，地域の教育への情熱や関心に基づく地域の教育ニーズの発掘や政策的アイデアの提供を含むものである．

教育委員会制度が組織運営の次元においてレイマンコントロールを基本原理とするというのは，そうした「住民代表」としての複数の教育委員から構成される教育委員会の「合議」＝教育委員会会議によって，自治体教育行政の意思決定が行われる仕組みをとっているからである[5]．

(2) レイマンコントロールの鍵としての合議制を活かすもの

教育委員会が「合議制行政委員会」であるという意味はこの点にあり，教育行政に関するあらゆる意思決定が教育委員会会議（以下，教委会議と略記）での議決や承認を経なければならないというのは，そのためである．換言すれば，教育委員が一堂に会する教委会議を通じて教育行政上の意思決定が行われることが，すなわち，レイマンコントロールということになる．したがって，レイマンコントロールが機能するためには，教育委員が一堂に会する教委会議が，地域の教育問題を提起し，その解決に関する政策的アイデアを議論し合うフォーラムでなければならない．教委会議が単に事務局から提出された政策案を形式的に承認するだけの存在であれば，そこにはレイマンコントロールは不在ということになる．教育委員会制度の改廃論議において，教委会議の「形骸化」が問われ，教委会議の政策フォーラム化あるいは会議の活発化の必要性が提起されるのは，そのためである．

教委会議が政策フォーラムとして機能するためには，会議に参加する教育委員の資質能力の吟味やその向上のための研修機会の確保が重要な意味を持つことはいうまでもない．その点で，教育委員としての高い資質能力を有する人物を選出することは任命権者としての首長の重要な責任ということにな

る．委員定数の弾力化や女性や保護者などを加えることによる委員構成の多様化に関わる法改正が行われ，これは教委会議の政策フォーラム化にとって意義のある制度改正とはいえるが，問題はそうした制度改正をどう活用するかである．つまり，その基準の見直しなども含めて，教育委員の選任にどのように取り組むか，結局は，これが重要となってくる．実際，われわれの調査知見によれば，教育委員の人選が慎重に行われている教育委員会ほど，その会議は活発に行われる傾向がある(5 章参照)．

　ただ，教育ニーズの発掘，課題の提起，政策アイデアの提案などの教育委員の役割を的確に遂行できる人材が地域にどれだけいるのか，これが重要である．人選にどれだけの時間とエネルギーをつぎ込んでも，地域に人材がいなければ徒労に終わる．地域の教育問題に関心を持ち，地域的な視野から問題解決を発想するような人材が調達できなければならない．7 章で紹介したように，地域の人材の中から未来の教育委員を「育成するシステム」をつくる自治体も現れている．首長の専決的な権限であるとはいえ，教育委員にふさわしい人材をどれだけ充足できるかが，これからの自治体には問われることになろう．

　教育委員にふさわしい人材のプールを充実させるには，その社会的・文化的基盤として，地域として取り組むべき問題が発生した時にはいつでも問題解決に積極的に関与しようとする意識が住民の中に定着していなければならないであろう．そうした基盤がなければ，教育委員にふさわしい人材の発掘は難しい．地域が一定程度「市民社会として成熟」している必要がある．地域の問題に地域ぐるみで主体的に問題解決に当たろうとする能力が地域社会にどれだけ備わっているか，という観点から，地域に備わっている公共的問題解決力を表す概念として，civic capacity という概念が注目されている[6]．地域住民の教育関心が高く，住民団体の活動が活発で，住民団体のリーダーが政策アクターとして活動している自治体では，教育改革が比較的進展しているというわれわれの調査結果(2 章参照)は，この概念の重要性を示唆する．ということは，レイマンコントロールの原理が機能するためには，その土台として，こうした地域社会の「社会・文化的特質」が重要な意味を持つということである．

　さらに，これらの条件と同時に，教委会議が政策フォーラムとして機能する重要な条件は，教育委員の職務状況である．つまり，教育委員の行動は，その資質能力に規定されると同時に，教育委員が置かれている政策アクターとしての職務状況が関係する．そのような職務状況として，教育委員の政策

的アイデアがどれだけ政策に反映されるかが重要である．政策への反映度が高いほど，教委会議は活発である．もう一つの側面は，教育委員会に許容される政策裁量である．教育政策に関してどれだけ裁量があるかという裁量の幅は政策開発の刺激剤であると考えられるから，政策裁量の問題は政策創造の誘因や機会がどれだけ確保されるかに関連してくるといえる．政策の自由選択がなければ，活発な政策的議論が誘発されることはない．また，政策に関わる情報が量的にも質的にも十分でなければ，政策論議は進展することはないであろう．その意味で，教委会議に対する事務局のサポートは重要であり，それは教委会議の政策フォーラム化の条件の一つである（5章参照）．

4 教育長のリーダーシップの確立と事務局の組織能力の充実・強化―教育行政におけるプロフェッショナルリーダーシップの原理をめぐる課題―

(1) 教育委員会制度の構成原理としてのプロフェッショナルリーダーシップ

他方で，プロフェッショナルリーダーシップもまた，教育委員会制度の重要な構成原理である．プロフェッショナルリーダーシップとは，制度運営における専門家の指導性ということであり，教育（行政）に関する専門的知識・技術を重視しそれに立脚する制度運営を意味している．

具体的にいえば，教育委員会（狭義）という合議制の組織の下に，専門的執行責任者としての教育長とその補佐機構である事務局を配し，住民代表としてのレイマンの集合体である教育委員会の教育行政上の意思決定と実行をプロフェッショナル（集団）が助ける体制を仕組んでいることを指す．今は廃止されたが，教育委員会制度が発足した当初，教育長や事務局の中の専門的職員である指導主事に対して「免許状」の取得が基本要件とされていたのは，その表れである．現在，教育長のリクルートに際して，教育行政職であれ一般行政職であれ，あるいは民間人であれ，何らかの専門的な経歴が事実上求められていることも，また，指導主事が身分上は行政職でありながら，法制上専門的教育職員として位置付けられている（地方教育行政法19条）ことも，教育行政に「専門知」が必要とされていることの証明であり，プロフェッショナルリーダーシップが制度原理の一つであることの表れである[7]．

こうして，教育委員会制度下における教育行政の運営にとって，プロフェッショナルリーダーとしての教育長とそれを補佐する事務局機構の整備は制度的に欠くことのできない基本要件と考えられるのである．制度原理と

してのプロフェッショナルリーダーシップの実現という観点から見れば，教育長がレイマンの集合体である(狭義の)教育委員会に対する専門的補佐機構のリーダーとしてどれだけ行動するか，どれだけ専門家としてのイニシアティブを発揮するか，そして，教育委員会事務局が専門知で「武装」された組織ブレーンとして教育長をどれだけ支えるか，要するに，教育行政の専門的組織機構としてどれだけ能力構築(capacity-building)がなされているか，そこに，教育委員会制度がその使命を達成できるかがかかっているといえる．

(2) リーダーとしての教育長

特に，教育行政の分権化が推進され，自治体独自の教育行政が求められる状況の中で，専門的執行責任者であり，事務局の長である教育長にはますます大きな期待が寄せられており，そのリーダーシップは地域の教育を左右するといっても過言ではない．事実，教育改革の推進役が教育長であることは，いくつかの教育改革を先導している自治体を見れば明らかである．そして，われわれの市町村教育長の全国調査では，リーダーとしての教育長の特性が教育改革の推進にとって重要な要因であることが明らかになっている(1, 2章参照).

改革の推進に取り組む教育長に共通する特性は，問題解決志向性や首長一体志向性が高いと同時に，特に，首長との関連でも指摘したように，地域の教育関係者と頻繁に接触・交流を図り，また関係者と情報交換を繰り返しつつ，問題解決に対する協働意欲を喚起するリーダーシップである．これらの行動は，首長だけではなく，事務局スタッフ，学校現場(校長，教師)，ほかの自治体の教育長，教育委員会関係者，研究者にも及ぶものとなっている．それだけではなく，教育長のリーダーシップの多元的性格に注目することがきわめて重要である．教育長には，今日，その教育ビジョンにより地域の教育の向かうべき方向性を指し示すような学校現場に向けられる教育的リーダーシップのみならず，事務局の組織再編やスタッフのモチベーションを高める組織運営に関わるリーダーシップ，首長や議員との接触・交流，交渉という政治的リーダーシップのいずれもが求められる．というよりは，状況に応じて，それを自在に使い分けることが求められている．教育長のリクルートに際しては，こうした観点から人材を発掘し研修機会を整備する必要がある．

とはいえ，教育長のリーダーとしての行動を支える制度的土台が構築されているか，という問題がある．プロフェッショナルリーダーシップを支える

土台が整備されてきたとはいえない。土台の一つが教育長のリーダーとしての職務遂行を支える資格要件である。教育長職を教育行政専門職として確立するための制度的整備(資格要件の明確化)は立ち遅れているといわざるをえない[8]。

(3) 専門的補佐機構としての事務局

また，教育長のプロフェッショナルリーダーシップを支えるもう一つの土台として，教育委員会事務局の存在を無視することはできない。教育長のリーダーシップは，教育長個人の特性に左右される部分が大きいのは確かであるが，と同時に，事務局の力量に大きく規定されることも事実である。教育行政におけるプロフェッショナルリーダーシップとは，ある意味で，事務局が補佐機構として，どれだけ教育長を支えているかの問題であるともいえる。特に，今日，事務局は，教育長が地域の教育問題を主体的に解決するリーダーシップを発揮する上で，それを側面から支えるために，①地域の教育課題を解決するための政策の企画・立案能力の向上と，②学校に対する専門的支援能力の構築を切実に求められている。

しかしながら，事務局の政策上の企画・立案機能は最近になってようやく注目され始めたばかりであり，いくつかの自治体において，政策企画課などの部署を設置する組織再編が行われているにすぎない。もう一方の学校に対する専門的支援能力は，いわゆる教育指導行政の体制がどう構築されているかにかかっている。教育委員会事務局の教育指導行政のための機構の整備は，積年の課題とされながらも全般的に進展しておらず，その整備度に関して，専門的教育職員である指導主事の配置率に表れているように，大きな地域格差があることは，これまた周知の事実であり，われわれの調査結果にも明らかである(資料編：教育委員会事務局のプロフィール参照)。

事務局の組織能力という場合，政策の企画・立案と学校支援の双方に関わるそれが重要となっており，その観点から，教育委員会は自己点検・評価を行うべきであろう。つまり，これからの事務局には，学校改善のための専門的指導・助言を担う人材(指導行政スタッフ)の量的・質的充実のみならず，地域教育のニーズアセスメントや教育政策課題の設定・教育政策の企画立案に関わる政策スタッフが不可欠であり，その計画的養成にも配慮していかなければならないであろう。事務局のスタッフについては，法改正により，市町村教育委員会事務局では任意設置とされてきた指導主事職について，それを設置する努力義務が規定された(地方教育行政法第19条)ことは，指導行

政体制の整備を前進させるものである．ただし，われわれの調査知見によれば，指導主事を一人配置しただけでは，少なくとも教育改革の推進にとって大きな意味はない．これは肝に銘ずべきことであろう(2, 3章参照)．

要するに，教育行政におけるプロフェッショナルリーダーシップの原理を制度運用の中で現実のものにするには，教育長の人選と研修において，それを教育行政専門職として確立する方向性を確保するとともに，それを支える事務局の組織能力(organizational capacity)を強化していくことが決定的に重要になってくる．2, 3章の調査知見から明らかなように，事務局が組織機構として整備されているところでは，教育改革への取り組みが格段に進んでいるのである．

(4) プロフェッショナルリーダーシップの意義と限界

ところで，ここで注意するべきは，制度の原理はプロフェッショナルリーダーシップであって，プロフェッショナルコントロール(専門家支配)ではないということである．それは，前述のように，一方の制度原理として，レイマンコントロールがあるためである．つまり，教育委員会制度の基本原理としては，教育行政をコントロールするのはレイマン＝住民代表であって，プロフェッショナル＝教育(行政)専門家ではない．ジョン・デューイはかつて，民主主義におけるプロフェッショナルの位置付けについて，つぎのような比喩を用いたことがある．「熟達した靴職人がいかにしたら靴の不良な個所を直しうるかについての最良の判定者であるにしても，靴を履いている人こそ，その靴が窮屈かどうかということを，またどこが窮屈なのかということをもっともよく知っている」[9]．「熟達した靴職人」がプロフェッショナルであるとすれば，「靴を履いている人」は民主主義の主人公である国民＝レイマンにほかならない．履きたい「靴」(望ましい政策)を所望するのは，靴の注文者＝レイマンであり，その注文に応じて「靴」を製作する(政策を具体的に立案・実施する)のは，靴職人＝プロフェッショナルであるが，その靴が自分の足に合うかどうか(要望した政策が住民のニーズを満たすかどうか)を決めるのはレイマンである．原理的にいえば，教育委員会制度の運用において，あるべき公教育の形，あるいは望ましい教育サービスを要求するのは住民ないし住民代表としての教育委員であり，それを具体的な形として現実のものにするのは教育長以下の専門家である．レイマンコントロールとプロフェッショナルリーダーシップの調和とはこのことを意味する．この調和の実現にはコンフリクトも伴うが，教育長にしろ，事務局にしろ，その専門家(集団)

としての知識・技術(「専門知」)に基づく権威を確立し，そのことへの信頼を高めることによって，教育委員(教育委員が代表している地域住民)を「信従」させるものでなければならない．

5　教育委員会の「役割の再定義」—「教育行政における管理機関としての教育委員会」という原理をめぐる課題—

(1) 地域を単位とする組織マネジメントと学校を単位とする組織マネジメント

　教育委員会制度は，機能(活動)の次元で見れば，自治体レベルにおいて公教育を組織化することを中心的役割とする仕組みである．地方教育行政法は，公教育の担い手として，学校のみならず，図書館，博物館，公民館などの社会教育施設も含めて「学校その他の教育機関」として一括して定め，学校その他の教育機関のうち，大学を除いて，そのすべてを教育委員会の所管としている(32条)．そして，教育委員会に対して，学校その他の教育機関の教育活動を支える諸条件である施設・設備，組織編制，教育課程，研修，教材の取り扱いに関する責任と権限を付与している(23条)．

　すなわち，地方教育行政法は，学校，図書館，博物館，公民館に対して教育行政における教育サービスを実施する機関(教育機関)としての地位を，教育委員会に対して，教育行政における組織マネジメントを担当する機関(管理機関)としての地位を与えているのである．地域の学校などに対する管理機関としての機能は教育委員会の中心に位置するものであり，公教育を組織化する作用としての教育行政における管理機関としての教育委員会ということもまた，現行の教育委員会制度の重要な制度原理といえる[10]．

　さて，教育行政における組織マネジメントを担当する管理機関としての教育委員会という原理であるが，ここで注意すべきは，教育委員会の管理責任は，所管するすべての学校に対する，地域(自治体)を単位とする組織マネジメントのそれであるということである(これに対して，学校を単位とする組織マネジメント—これが，いわゆる学校経営である—の責任と権限は校長に属する)．すなわち，地方教育行政法では，公教育は地域(自治体)を基礎単位として組織化されているのであり，地域(自治体)がいわば一つの「教育組織体」であり，各学校(をはじめとする教育機関)はその中で，地域住民(厳密にいえば，通学区域の住民)に対して教育サービスを直接に提供する，いわば「事業部」としての位置にある．であるから，自らを地域(自治体)の教育を担う事業体として教育サービスの質的向上に取り組むことは教育機関としての

学校の責任であり，そこに内在する組織マネジメントに対しては，校長が現場管理職として，その中心を担うが，そのための条件整備に組織として取り組むことが管理機関としての教育委員会の責任にほかならない．このように考える時，管理機関としての教育委員会という原理には，教育委員会と学校とのパートナーシップというコンセプトが含まれているといえる．教育委員会と学校は学校改善のためのパートナーシップを構築しなければならないことが予定されているといえる．それは，教育委員会と学校に対して，学校改善のパートナーとして行動することを求めており，教育長と校長が地域単位の組織マネジメント・チームの一員としての自覚を持ち，連携・協働して学校改善に取り組むことを求めていることを意味する．

(2) 互恵的アカウンタビリティの関係にある教育委員会と学校

　これをいいかえれば，教育行政における管理機関としての地位を教育委員会に与えた地方教育行政法において，教育委員会と学校の間には，互恵的アカウンタビリティ(reciprocal accountability)が求められているのである[11]．アカウンタビリティといえば，もっぱら学校の説明責任，すなわち，学校が支出された公費に見合うだけの教育成果を生み出すことに対する責任として理解されている．しかし，教育委員会もまた同時にアカウンタビリティを引き受けなければならない当事者であるということである．どういうことかといえば，管理機関としてのアカウンタビリティを果たすことが教育委員会に課せられたアカウンタビリティであり，それは端的にいえば，学校現場の教育改善に貢献する働きがどれだけできたかという問題である．他方で，学校に課せられたアカウンタビリティとは，教育機関すなわち教育サービスの実施部門としてのアカウンタビリティを果たすことであり，それは教育改善に取り組み，教育サービスの向上(子どもの学力保障に表れる)をどれだけなしえたかということで評価される．つまり，学校現場の教育改善にどれだけ貢献したかが，教育委員会のアカウンタビリティの尺度であり，地域の子どもに対して提供する教育サービスの向上ないし子どもの学力保障をどれだけ成し遂げたかが，学校のアカウンタビリティの尺度となるのである．しばしば引き合いに出されるアメリカ教育使節団報告書の一節「教師であれ，教育行政官であれ，教育者の職能(職務)に関するひとつの教訓がここに存する．教師の最善の能力は，自由の雰囲気の中においてのみ十分に発揮されるものである．この雰囲気を備えてやるのが教育行政官の職務であり，決してこの逆ではない．」は，このような互恵的アカウンタビリティの考え方を端的に表

現したものと解釈することもできる[12]．

　しかしながら，教育行政における管理機関としての教育委員会という制度原理をめぐっては，学校に対する教育委員会の包括的支配を正当化する「営造物管理＝特別権力関係論」が支配したため，教育委員会と学校との間に互恵的アカウンタビリティの関係は認められることはなかった．逆に，学校に対する包括的支配を主張する教育委員会への抵抗理論として「教師の教育権限の独立」説という，学校に対する管理機関の「立入禁止」を正当化する理論が生まれ，両者の間に統制・反発・統制強化の悪循環が形成されることになった[13]．教育委員会と学校が教育行政における管理機関と教育機関として相補的なパートナーとしての責任を果たす関係は築かれてこなかったといってよい．

(3) 教育委員会の「役割の再定義」とその前提条件

　しかし，周知のように，地方分権と規制緩和の推進の動向の中で，特に中教審答申『今後の地方教育行政の在り方について』以降，教育委員会と学校との関係に対する見直しが顕在化し，教育委員会に対する新たな期待が提起されている．それは，学校改善の戦略としての自律的学校経営という世界的潮流の影響を受けて，学校の自主性・自律性の確立が政策課題とされたことと関連している．すなわち，今日，学校には自主性・自律性の確立が求められており，学校が自校の教育改善に自主的・主体的，かつ持続的に取り組むことが求められており，このことは，教育委員会に対し，学校への権限移譲を求めると同時に，学校改善のパートナーとしての行動を改めて求めているものということができる．

　このためには，教育委員会が自らの役割を，これまでの「監督」機構から「支援」機構へと転換させる「役割の再定義」に大胆に取り組まなければならない．それは，端的に，少なくとも，つぎのものを含むことが不可欠である．すなわち，①学校の自由裁量の拡大，②教育ビジョンやガイドラインの設定，③学校の組織能力の充実・強化である．具体的にいえば，教育課程の編成，人事，予算などにおける学校裁量を認めることにより，地域内の各学校の自発的な特色ある学校づくりを促進しつつ，他方で，地域教育の方向性を指し示すビジョンやガイドラインを設定すると同時に，それを達成するための，人事や財務や指導行政に関わる条件整備に取り組み，学校の組織能力を強化することである．

　教育委員会自らがこうした「役割の再定義」—特に，学校の組織能力の

充実・強化―に大胆に取り組まなければ，自律的学校経営の時代にふさわしい管理責任，つまり，自律的学校経営を軌道に乗せ，学校改善を推進するという管理責任を遂行することはできないであろう．

こうした「役割の再定義」に関わる発想の転換のために，教育委員会は，自らの営みを新たなコンセプトに基づいて理論武装しなければならない．少なくとも，つぎのような発想の転換は相互に関連しているが，必須の課題であるというべきであろう[14]．

まず，①学校観の見直し，すなわち，「学校を変える」マネジメントから「学校が変わる」マネジメントへの転換．

学校は教育委員会によって「変えられる」存在であり，決して自ら「変わる」存在とはみなされてこなかった．教育委員会は，何とかして学校を「変えよう」と試み，それは一定の成果を上げてきた．しかし，学校が自ら「変わろう」としない限り，つまり，「内発的な」改革・改善でなければ，結局，それは長続きしないことが明らかになっている．「学校を変え」ようとするマネジメントではなく，「学校が（自ら）変わる」制度的・組織的条件を醸成するマネジメントへの発想の転換が不可欠である．

つぎに，②教師観の見直し，すなわち，「問題のソース（source）」としての教師観から「問題解決のリソース（resource）」としての教師観への転換．

これまで，教師は，教育問題を生み出す「元凶」であり，教育問題とは教師の専門家としての質の低下がもたらす災禍とみなされてきた．しかし，教育問題が，結局は，子どもにどんな学習が保障され，どれだけ学力が形成されるかの問題であるとするならば，教師がその教育実践を改善することなしに，教育問題の解決はありえないことになる．とするならば，教師は「問題のソース」ではなく，「問題解決のリソース」とみなされるべき存在である．したがって，教師の専門家としての質的向上のための取り組みが，教育委員会にとって，重点課題とならなければならない．教師が専門家として学び成長するためのあらゆる方策に取り組まなければならない．それは，専門的職能開発としての研修，職場環境や勤務条件の専門職化など，さまざまな観点から，改善されなければならない．

そして，③研修観の見直し，すなわち，「専門技術の伝達講習の場」としての研修観から「専門家としての学びと成長の場」としての研修観への転換．

教師の専門家としての学びと成長を保障するものとして，研修への取り組みが重点的に行われてきたことは疑いない．初任者研修，経験者研修，リーダー研修など，さまざまな形態の研修が制度化されてきた．しかし，それは

果たして，教師の専門家としての学びを保障し，教師が自らの教育実践を向上させるだけの職能成長を促す研修であったのか．これまで研修はさまざまな形で実践家に必要な新たな知識と技術を習得する場を提供してきたことは事実であるが，それが教室での教育実践の内実を変えるものであったのか．実践そのものを見直し，新たに構成し直す契機となってきたのか．これには疑問がある．研修が教師が相互に教育実践を観察し批評し合い，そして専門家として学び合うものであったかといえば，そうではなかった．子どもの学力の向上につながるものではなかった．今後，従来の研修観を見直し，教師が専門家として学び，教室における実践を改善する力量を身に付ける研修の場を保障する仕組みを整える必要がある．そのためには，少なくとも，授業の公開，授業の観察・批評を核とした校内研修を中心とする研修体系の再編成が求められるであろう．

今後，教育委員会の中心的役割となるであろう，学校の教育力の向上をめざす教育指導行政は，こうした学校観，教師観，研修観の見直しに基づいて，再編成されなければならないであろう[15]．それは，教育委員会が自治体教育行政における管理機関としての責任を適切に果たすために必要不可欠の課題といえよう．

6 結語―教育委員会制度を相対化する視点―

教育委員会制度の改廃論議の展開される中，廃止論や事務移管論よりは改善論が，公共政策としても関係当事者の意識としても優勢であることは，教育行政の組織機構として教育委員会制度の潜在的な可能性に対する期待の表れと思われる．つまり，教育委員会制度の形骸化といわれる現象は，制度自体の欠点や弱点というよりも，制度が機能する諸条件が整えられてこなかったために起こった問題であり，そうであるとすれば，廃止論や権限縮小論を議論する前に，教育委員会制度の潜在的可能性を試す機会が必要ではないか，それだけの価値が教育委員会制度にはある．存続論ないし改善論にはこのような思いがあるように思われる．現に，教育委員会の現場との接触でも，教育委員会当事者の，その使命に対する意欲というものを感じることができる．われわれの調査知見でも，教育委員会制度が地域の問題解決機構として機能しうる条件がいくつか析出された．そして，そうした条件を整備するには新たなリソースの投入が前提となるものの，見逃してならない点は，確保することがきわめて困難な条件ではないということである．教育委員会制度の改善のために必要とされる条件が自治体レベルでもある程度制御可能な条

6 結語

件であれば，制度の再生・強化の可能性が小さくないということである．教育委員会制度の基本原理に立ち返りながら，その原理の求めているものが何なのかを明らかにすることを通して改善の取り組みを検討することは，一つのあり得る方法である．終章では，そのような観点から，そのための手がかりを提供すべく，試論を展開した．

とはいえ，改善論が教育委員会制度の再生にとって唯一の選択肢であるのではない．事務移管により，教育委員会がその職責を学校教育に特化することにより大きな成果を手にする可能性もないわけではない[16]．また，廃止論が無意味ということもない．廃止論の中でも，狭義の教育委員会を教育審議会として再編し，教育長を教育委員会(狭義)に代わる執行機関とする選択肢は有望なものかもしれない．また，教育委員会制度を全廃し，首長部局の一部に教育担当部局を組み入れるという，いわゆる教育行政の首長部局への一元化も選択肢の一つであることに変わりはなく，検討されるべき地方教育行政制度再編論である．

今進められている制度改善論が依然として成果を上げえない時は，必置規制が解除されることは十分に予想されることである．教育委員会の必置規制が解除された場合，自治体は自らの意思で教育行政のための組織機構を選択することを迫られる．その時，どの選択肢が「教育の地方自治機構」として有効なのか．適切な選択肢を選ぶためにも，教育委員会制度の運用に現場としての創意工夫を主体的に試みておく必要がある．それは，まさしく，制度の改善を自ら実践することにほかならない．自治体レベルでの意欲的な実践が期待される．

教育委員会制度の再編論において忘れてならないことは，組織機構はあくまでも手段であり，目的ではないということである．それ自体優れた機構であるということはありえない．何らかの価値に照らしてはじめて，適切(妥当)かどうかを判断することができるのである．一定の価値の実現にとってふさわしい機構かどうかが評価される．

本源的な問いは，自治体における公教育を組織化する役割を担う機構の構築においてどのような価値を優先するのか，どのような価値を実現する機構が望ましいかということである．そして，組織機構を選択する場合の基準となる価値は一つではない．例えば，有効性と効率性，あるいは民主性は代表的な価値であり，どの価値を優先するかにより，選択肢は異なってくるのである[17]．教育委員会制度をさまざまな価値に照らして，その適切性(妥当性)を検証する必要がある．そのことに真摯に取り組めば取り組むほど，自ずと

教育委員会制度の改廃についての的確な判断，次代の地方教育行政制度についての的確な判断が下されることであろう．

【注】

1) 教育委員会制度（改革）論については，主要なものとして，つぎのものがある．小川正人編『地方分権改革と学校・教育委員会』東洋館出版社(1998)；西尾 勝・小川正人編『分権改革と教育行政』ぎょうせい(2000)；堀内 孜編『地方分権と教育委員会』全3巻，ぎょうせい(2001)；苅谷剛彦編『創造的コミュニティのデザイン』有斐閣(2003)；小川正人『市町村の教育改革が学校を変える』岩波書店(2006)．
2) M. Kirst, Mayoral Influence, New Regimes, and Public School Governance, in W. L. Boyd and P. Miretzky eds., American Educatinal Governance, Uni. of Chicago Prerss, 2003 ; J. R. Henig and W. C. Rich eds., Mayors in the Middle, Princeton U. P. 2004 ; K. K. Wong et al., The Education Mayor, Gergetown U. P. 2007.
3) 例えば，武藤義男他『やればできる学校革命』日本評論社(1998)；犬山市教育委員会編『犬山発21世紀日本の教育改革』黎明書房(2003)；京都市教育委員会地域教育専門主事室編『京都発地域教育のすすめ』ミネルヴァ書房(2005)；渡部昭男他編『市民と創る教育改革─検証志木市の教育改革』日本標準(2006)などを参照．
　　いわゆる「教育首長」の特性を明らかにすることは，これから連携・協働を構築しようとする自治体に対して示唆を与えるであろう．彼らの意識・態度・行動には，そのためのヒントが隠されている．彼らに共通するのは何か．それは，今後の重要な研究課題であるが，ひとまず端的にいえば，わが町（自治体）の教育に対する責任への鋭い自覚といえるであろう．
4) なぜ，レイマンコントロールであるのかについていえば，それは，学校教育が，親の教育義務・責任の共同化・社会化であり，教育の専門機関である学校に子どもを預けてはいるが，それはすべてを委ねているわけではなく，「信託」しているのであって，教育に関わる利益が守られているかをモニターする必要があること，また，学校教育は公費で設置・維持・管理されている機関(tax-supported institution)である以上，地域住民は「納税者として」，それをモニターする権利があることに根拠をもつ．
5) レイマンコントロールを担保するのは，住民代表（教育委員）による合議に基づく審議と決定だけではない．それと同じくらい，直接的・間接的住民参加の制度が重要な意味を持つことはいうまでもないが，それについては，ここでは論及しない．
6) civic capacity の概念については，C. N. Stone ed., Changing Urban Education, U. P. of Kansas, 1998 ; C. N. Stone, et. al., Building Civic Capacity, U. P. of Kansas, 2001；小松茂久『アメリカ都市教育政治の研究』人文書院(2006)などを参照．
7) なぜ，プロフェッショナルリーダーシップが重要な制度原理となったのか．教育長や指導主事などの事務局の専門スタッフのポストは教育委員会制度発祥の地であるアメリカでの歴史を見ればわかるように，成立の当初からあったわけではない．教員人事や教育施設の整備は議員の役割分担の一環として行われていたことからわかるように，教育委員会制度は文字通り，草の根民主主義の具体化としてのレイマンコントロールの仕組みそのものとして発足したのである．しかし，学校教育の量的・質的拡大

6 結 語

に伴い，その組織化＝大規模化が進み，組織マネジメントの必要性が高まるとともに，学校教育の高度化・複雑化に伴い，学校現場教師に対する監督と支援の必要性も高まってきた．教育委員というレイマンだけで「コントロール」するには，学校教育があまりに高度化し複雑化し，専門家の力＝「専門知」を必要とする事態が学校教育に生まれたのである．教育長職は，専門的訓練を受けた教育行政の専門家としての資格においてレイマンの集合体である教育委員会を補佐するポストとして設置された．また，指導主事職は教育長を補佐する事務局の専門スタッフとして，とりわけ学校の教育力を高める専門的コンサルタントとして制度化されたのである．

8) わが国の教育長の専門性やリーダーシップに関する研究として，まとまったものとして，佐々木幸寿『市町村教育長の専門性に関する研究』風間書房(2006)：河野和清『市町村教育長のリーダーシップ』多賀出版(2007)がある．指導主事については，地方教育行政法19条に，専門的教育職員としての一定の資格要件が規定されている．充て指導主事制度が定められているのは，身分は行政職である指導主事職に対して，その「教育的専門性」を担保する意味もある．つまり，指導主事は通常，学校現場の教育実践において優れた実績を残した教員の中から選抜され，その専門的力量により学校現場の教育力の向上に対する助言者として働く．それに比べると，教育長の専門性はリクルートの創意工夫により事実上確保されている(つまり，教育行政職経験者か，行政職経験者の中から選抜されている点で，組織マネジメントに関する一定の専門性は担保されている)とはいえ，それとしての資格要件すら規定がない．教育委員の中から選出するという規定の問題性については指摘するまでもない．つまり，住民代表であるべき教育委員から教育行政の専門家である教育長を「互選」することには矛盾がある．ただ，この問題は，前述のように，教育長を兼任することになる教育委員の選出に際しては，教育長としての職責を遂行できるかどうかの経験と知識が考慮されて，つまり，候補者の経歴が考慮されて人選が行われることにより，矛盾はある程度実際的に解決されているといえよう．宮崎大学教育行政学研究室『教育委員会制度に関する実証的研究』(1997)参照．

9) ジョン・デューイ・阿部 斉訳『現代政治の基礎―公衆とその諸問題』みすず書房(1969)．(阿部 斉『デモクラシーの論理』中公新書(1973)，p. 156 より重引．)

10) 本書で報告した調査知見にこの原理に直接関わる調査知見はない．ただし，今日の教育委員会が管理機関として学校との関係構築を重視し，学校支援策にその政策の重心を移していることはわれわれの調査結果においても明らかである．この制度原理は，そうした重要性が高まっている「教育委員会と学校との関係」に関わるものであるところから，ここで取り上げ，それとの関連において，取り組むべき課題について論及することにした．

11) R. F. Elmore, Building a New Structure for School Leadership, Shanker Institute, 2000.

12) 村井 実訳編『アメリカ教育使節団報告書』講談社(1979)，p. 22．

13) 宗像誠也『教育と教育政策』岩波書店(1961)：今村武俊『教育行政の基礎知識と法律問題』第一法規(1964)：兼子 仁『新版教育法』有斐閣(1978)などを参照．

14) Carnegie Forum on Education and the Economy, A Nation Prepared, Report of Task Force on Teaching as a Profession, Carnegie Copration of New York, 1986 ; The Holmes Group, Tomorrow's Teachers, The Holmes Group, 1986 ; The Holmes

Group, Tomorrow's Schools, 1990 ; M. Fullan, The New Meaning of Educational Change, Teachers College Press. 3rd, 2001.
15) 戸室憲勇『分権改革下における地方教育行政組織の再編に関する一考察―教育事務の首長部局への移管に焦点を当てて―』(筑波大学大学院人間総合科学研究科教育学専攻・修士論文).
16) 教育指導行政を「学校への支援」と位置付ける動きが現れている。例えば、早川昌秀他『新しい指導主事の職務』ぎょうせい(2000)：山本直俊編著『学校支援のための指導主事論』福岡教育事務所(2002)を参照.
17) The Report of the 20 Century Fund Task Force on School Governance, Facing the Challenge, The Twentieth Century Fund Press, 1992 ; J. Danzberger, et al., Governing Public Schools, The Institute for Educational Leadership, Inc., 1992 ; P. C. Bauman, Governing Education, Allyn and Bacon, 1996 ; D. T. Conley, Who Governs Our Schools? Teachers College Press, 2003 ; W. L. Boyd and P. Miretzky eds., American Educational Governance, Univ. of Chicago Press, 2005.

補章

自律的学校経営の時代における学校改善と教育委員会の役割[1]

はじめに ―課題としての学校改善と教育委員会―

　分権改革が進展する中，教育委員会に対して，分権時代にふさわしくない機構であるとして廃止すべきとの厳しい評価がある一方では，分権時代の自治体独自の教育改革の担い手としての役割が注目されている．特に，学力低下問題に地域独自の施策を展開している自治体では，各学校の教育改善の取り組みを支援し，促進している教育委員会の取り組みが目立っており，教育委員会の，学校改善を支える支援機構としての役割に人々の関心が集まっている．その結果，教育委員会の支援の在り方に多大な期待が寄せられている．教育委員会は，学校改善を促進するには，どのような支援をすればよいのか．どう支援すれば，学校改善を成功に導くことができるのか．学校支援機構として，各学校の教育改善を支えるには，どのような取り組みが求められるのか．こうして，今日，学校改善とそれを支援する教育委員会という問題が重要な検討課題としてクローズアップされているのである．

　そこで本章では，これからの時代の学校改善とそれに対する教育委員会（教育長，事務局を含む広義の教育委員会）の支援という問題を検討することとしたい．検討の基本的視点は，自律的学校経営の時代において，学校改善に教育委員会はどのように取り組めばよいか，どのような取り組みが学校改善を促進するか，という問いである．すなわち，われわれが自律的学校経営の時代に生きているということを前提として，教育委員会の支援の在り方を検討する．自律的学校経営とは（詳細については，後述する）今日の学校の在り方を端的に表すキーワードの一つであり，自校の教育改善に主体的かつ持続的に取り組む学校，あるいは自発的な学校改善能力を備えた学校の創出を意味するが，学校も教育委員会も，今日，自律的学校経営の時代であるということを認識した上で，学校は学校改善に自主的・主体的かつ持続的に取り組み，教育委員会は学校改善の支援に重点的に取り組まなければならない．

自律的学校経営の時代における学校と教育委員会の責務は何か．それが，本章で解明しようとする基本的問いである．

そのために，まず，(1)今日，なぜ，自律的学校経営が提唱されているのか，その理由はどこにあるのか，について明らかにする．つぎに，(2)学校と教育委員会の関係について論及する．というのは，自律的学校経営という潮流それ自体が，学校と教育委員会との関係の在り方を再検討する必要性を改めて提起しており，学校と教育委員会のパートナーシップをどう理解し，どのように構築すればよいのかという問題を含んでいるからである．パートナーシップといえば，学校と教育委員会の間にそのような関係がありうるのか，という疑問を持つ者も少なくないかもしれない．しかし逆に，それはあたりまえのことではないかという意見もあるであろう．そこで，わが国における学校と教育委員会との関係はそもそもどういうものであったのか，どのように変遷してきたのか，両者の関係について，簡潔に整理する．最後に，―そして，これが本章の中心的な部分であるが―，(3)学校改善の主体として，学校はどういう取り組みをすればよいのか．学校改善の主体であるためには，学校には何が求められるのか．そして，学校との間にパートナーシップの関係にあるべき教育委員会は，学校改善に対してどのような役割を果たすことができるのかに論及する．このような問題を解明することによって，学校の今日的課題は何なのか，そして，教育委員会はどうすれば，その存在意義を高めることができるのかを明らかにすることを試みる．

1　学校改善をめぐる今日的動向

まず，学校改善をめぐる今日的な動向の特徴はどんな点にあるか．学校改善とは，端的にいえば，子どもの学力を確保する学校の取り組みであり，子どもの学習権を充足することによって，子どもの未来を保障する学校の営み，あるいは，そのために自らの教育力を高める努力であるといいかえることもできる．それゆえに，学校改善という営みは，学校にとって取り組んで当然のことであり，それがことさら，今日的に重要な課題であるということではない．しかし，今日，改めて，学校改善が注目を浴びているのも事実であり，それはなぜかといえば，学力向上が喫緊の課題と認識される一方で，新しい研究知見に基づく学校改善の新たなアプローチないし戦略が提唱され，その政策化に注目が集まっているからである．

学校改善戦略の世界的潮流としての自律的学校経営

　現代の学校改善の中心的な潮流の一つは，カリキュラムの改善や授業改善，教員の養成・採用・研修の見直しよりも，学校の組織構造と過程それ自体を再編することに焦点を置くものである．例えば，自律的学校経営ないし現場に基礎を置く学校経営(School-Based or Site-Based Management)が注目されている．これは，学校の組織構造の再編，特に学校への権限移譲によって意思決定構造を変更し，それを通して学校における仕事の社会的・文化的環境を変革し，教育に対する教員の意欲とコミットメントを高めるとともに，その専門家としての職能成長を促し，学校の教育力の向上につなげようとする学校改善の戦略の一つで，ここに，学校改善をめぐる今日的動向の重要な側面がある．そして，このような学校改善の戦略が，学校改善の世界的な潮流となっている．

　事例として，アメリカを取り上げてみる．周知のように，レーガン政権下のアメリカで，1983年，『危機に立つ国家(A Nation At Risk)』という報告書が連邦教育省から出された．そして，この報告書をきっかけに，全米的な規模の，全州を巻き込んだ教育改革が動き出した．それ以降，ブッシュ，クリントン，ブッシュというように，共和党から民主党へと，民主党から共和党へと政権交代があっても，ここで開始された教育改革は超党派的に取り組まれ，大きな流れとして，ずっと継続されている．たしかに共和党と民主党との間には，公教育の再建という課題に対する解決方法の方向性にちがいがあり，重点的な，あるいは優先的な教育施策に差異がある．例えば，チャータースクール(charter school)をどうするか，あるいは，バウチャー制(voucher system)をどうするかについて，基本的なスタンスが異なる．しかし，学校改善こそが教育問題解決の鍵であり，教育改革の中心でなければならないという点では意見の一致があり，超党派的な政策課題として教育改革が推進されている．元来，アメリカは社会問題の解決を教育改革に求める傾向の強い，いわば「教育改革の国」としての歴史と伝統がある．1957年，旧ソ連に人工衛星の打ち上げで先を越され，宇宙開発において遅れをとった(そして，それは，グローバルリーダーとしてのアメリカの地位を脅かす)という認識のもたらした社会的衝撃，いわゆるスプートニク・ショックは，連邦政府による大規模な教育改革の取り組み(厳密にいえば，各州・学区の教育改革を支援する取り組み)を引き起こした．スクールカウンセラー制度が拡大・整備されたのは，実はこの時代であり，国家防衛教育法(National Defense Education Act)という，物々しい名前の法律(連邦補助立法)が生まれ，その中に，理数

科教育の強化とともに，子どもの適性・能力の早期発見や教育相談の専門職化のためにスクールカウンセラーの養成・配置への支援策が盛り込まれたのである．アメリカはある意味，絶えず教育改革を行ってきた国であり，今，教育改革への取り組みが全米的な課題となっていること自体に特別に新しい意義があるわけではない．

　しかしながら，今次の教育改革ほど長続きしている改革はこれまでなかった．1983年から本格的に開始され，もう20年余経過したにもかかわらず，そして，その改革戦略に変遷は見られるにせよ，そのモメンタム（勢い）は全く衰えを見せていない．ただ，それは教育問題がそれだけ深刻であり，容易に解決できないということでもあるが，それはともかくとして，連邦，州，地方学区のどのレベルでも，全米的にかつ持続的に学校改善のために教育改革に取り組んできていることは事実であり，特記するべきことである．そういう中で，注目されるのが，学校改善をどう進めるかについてさまざまな議論と実践が積み重ねられ，自律的学校経営というコンセプトに依拠する戦略が鍵的戦略として提起され政策化され，それを基軸の一つとして学校改善が取り組まれているということである．

　1998年の中教審答申『今後の地方教育行政の在り方について』の中で，周知のように，重要な政策課題として「学校の自主性・自律性の確立」が提言されたが，これは，自律的学校経営という世界的潮流がようやくわが国に導入され，政策化されるべきという，そういう提言がなされたことを意味していた．とはいえ，政策内容上の欧米との落差は大きい．コンセプトの上では，中教審答申を読めばわかるように，それが課題として提起され強調されていることは明らかである．すなわち，これからは，学校の自主性・自律性を確立する，つまり，学校現場の主体性と自由裁量を尊重することが学校づくりの基本であり，それが学校改善にとって重要な意味を持つ大事なことであり，そのためには学校と教育委員会との関係を根本的に見直していかなくてはいけない．学校の裁量の幅を大きくし，学校改善への学校の自己責任を求める方向で，見直すべきであり，それを学校改善の中心的戦略とするべきである．そういう考え方が根底に流れている．ここには明らかに，学校改善の世界的潮流の影響を見ることができる．

自律的学校経営の特質としての現場主義

　さて，学校改善の戦略としての自律的学校経営―中教審答申がモデルにした世界的な潮流としての学校改善戦略である自律的学校経営―の特質はどこ

にあるかといえば，それは現場重視，現場本位の学校経営ということができる．ケンタッキー州は全州的に自律的学校経営を法制化した州としてつとに有名であるが，そこではSBDM(School-Based Decision Making)という名称を使っている．自律的学校経営とは学校現場の学校経営上の主体性と自由裁量を尊重し，自己責任の下に学校づくりを推進する政策と実践ということであるが，その前提となるのが，これまで教育委員会が持っていた学校経営に関わる意思決定(decision-making)権限を学校に移譲する，つまり，カリキュラム編成，人事，予算など学校経営に関わる基本的な事項についての意思決定権限を学校に与えることである．そして，それと同時に，教育成果に対する説明責任を学校に課す．すなわち，学校は，自律性を許容された分，それに対応して(その引き替えに)自ら結果を出さなくてはいけない．結果に対して自己責任を学校に負わせる仕組みである．学校改善への自由裁量に基づく自主的な取り組みとその結果に対する学校のアカウンタビリティ(accountability)を求めるのである．自律的学校経営というのは，ただ自由裁量を学校に認めるだけではない．同時に，アカウンタビリティ，結果に対する説明責任というものを学校が自己責任として引き受けるというものである．アカウンタビリティはただ単に説明責任といわれることが多いが，投入されたリソースに見合うだけの結果を出すことに対する責任である．結局，自律的学校経営とは，結果(教育成果)を出すことへの自己責任，教育サービスを行う主体である学校に裁量権を与え，教育サービスを自由かつ柔軟に計画・設計できる存在として学校の諸条件を整えて，それと引き替えに学校に対して結果への自己責任を求める，このような考え方である．

　こうした考え方の背後にあるのは，公教育を再編する鍵は分権あるいは規制緩和にあるという考え方である．自律的学校経営という場合，行政組織内の分権化，つまり，教育行政組織における管理機関としての教育委員会から，教育機関としての学校への権限の再配分，権限移譲にほかならない．これは，水平的分権(horizontal decentralization)と呼ばれて，垂直的分権(vertical decentralization)，つまり，中央から地方への権限移譲―例えば文部科学省から地方教育委員会への権限委譲，この結果，教育委員会がより自律性を持つことになるが―と対比される．この水平的な分権では，管理機関はそれだけ権限縮小を余儀なくされることになる．つまり，自律的学校経営というのは，現場を意思決定の主体として大切にする現場主義(現場重視・現場本位)ということである．自律的学校経営の特徴を表す言葉として，しばしばボトムアップ(下から)という言葉が使われるのはそのためである．実際に教育

サービスを行う現場，子どもたちにどのようなサービスをすればいいのか．今どのようなサービスをしなければいけないのかということを熟知しているのは，現場であり，学校現場にはそういうことを的確に把握する責任と権限がなければならない．これまで理論としては理解していても，現場よりは管理機関が中心となって問題解決を図ってきた．いわゆる，トップダウン(上からの)の官僚制的問題解決が手法として支配的であった．そういうやり方では短期的にはともかく，長期的に見れば，結局，うまくいかないということがわかってきた．学校経営研究を通じて，特に70年代の終わりから始まった「効果的な学校(effective schools)」研究を通じて，そういうことが明らかになってきた．その意味で，アメリカのSBMというのは，実証的研究の蓄積から発想されたものなのであり，研究成果に裏付けられた学校改善の戦略(政策と実践)である．

自律的学校経営を支える学校観と教師観

　自律的学校経営という学校改善の戦略に含まれる意味合いとして見逃してはならないことは，学校がよくなるには，新しい学校観，新しい教師観が必要不可欠であるという点である．つまり，この戦略の背後には，学校観や教師観の転換があった，あるいは，そうした転換の必要性が認識されてきたことがある．では，新しい学校観とは何かといえば，学校こそが改革の主体(change agent)である，改革の主体としての学校ということを認めるべきであるというものである．これまで学校は，管理機関が打ち出した政策を受け入れ，実施する存在でしかなかった．だから，学校は政策を的確に実施しているかどうかを管理機関によってモニターされる，そういう存在でしかなかった．そういう側面が不要になるわけではないが，それだけでは教育は変わらないし，よくならない．教育をよくするには，学校のニーズ，子どものニーズを把握しなければならない．それは学校現場でなければできないし，学校現場の意思を尊重しなくてはいけない．端的にいえば，政策(問題解決のための行動のシナリオ)を創造する存在(policy creator)としての学校である．学校は与えられた政策(管理機関が判断し決定した政策)をただ単に実施するだけではなく，学校自らの判断により，政策を創造する存在，つまり学校教育の目的と活動を自ら設計・計画する存在でなければならない．そのように学校の位置付けを変えていくことが学校改善を進める上で不可欠ではないかと認識されてきている．

　それに伴って，教師観の転換も求められている．自律的学校経営の提唱が新

たな教師観を伴うというもっとも象徴的な事例が，前記した『危機に立つ国家』という報告書の後に出された1986年の『備えある国家(A Nation Prepared)』という報告書である．全米的な規模で行われている，今日のアメリカの教育改革が，学校改善は全国的な教育課題であると問題提起した『危機に立つ国家』が出された1983年を起点とすることは事実である．つまり，その報告書をきっかけとして，アメリカはかつてない全般的学力低下という危機に瀕しているという事態に対して国民の関心が注がれ，教育改革が全州的に広がったのである．しかしながら，教育改革の戦略は今日までずっと同じであったというわけではない．当初，州主導型のトップダウンの教育改革という色彩の強かったアメリカの教育改革が，学校主導型のボトムアップの教育改革へと，その戦略に大きな転換を見せるのが，この『備えある国家』という報告書が公表された1986年以降といわれているのである．学校改善の戦略として，ここでいう自律的学校経営の動きが顕在化するのは，実は，これ以降なのである．1986年の報告書には，その転換を象徴するかのように，教育改革の成功の条件として，新しい教師観が大胆に提唱されている．

　それまで，教師は問題のソース(源)，もっとはっきりいえば，問題の元凶であるとみなされてきた．つまり，教育問題の源泉は教師にある，子どもの学力低下は教師の質に起因するという見方が支配的で，『危機に立つ国家』はそういう発想が貫いていた．したがって，各州が重点的に取り組んだ教育改革が，教員免許を更新制にする，カリキュラムの厳格な遵守を教員に求める，授業時数を増やす，そういう施策をつぎつぎに打ち出して学校を改善しようとするものであったのは不思議ではない．要するに，教師(の教育活動)を縛ることをしないと，学校はよくならないという考え方が濃厚にあった．それに対して，1986年の『備えある国家』という報告書は—これは連邦教育省ではなく，民間のシンクタンクであるカーネギー・フォーラムが出した報告書であるが—，教師はソリューション(solution)であるという考え方を提唱した．問題のソースではなくて，問題に対するソリューション，つまり解決策としての教師という考えである．問題のソースではなくて，問題解決のリソースとしての教師といってもよい．学校を改善していく上で，教師は問題の源泉ではなくて，問題解決の資源であるということである．そういう教師観の転換を，カーネギー・フォーラムは打ち出した．それゆえ，学校改善にとって必要なことは，教師のエンパワーメント(empowerment)である，教師をエンパワーしなくてはいけないと論じている．端的にいえば，教師の教育専門家としての能力を信じ，その能力を十分に発揮できるような制度的・

組織的環境を教師のために整備することこそ優先するべきであるという主張である．

　事実，『備えある国家』を貫くライトモチーフは何かというと，それは教職の専門職化(professionalization of teaching)である．教職を専門職化すべきであるという提言が報告書全体を貫いている．報告書が強調していることは，教師は教育の専門家たることが強く求められるけれども，専門家にふさわしい環境が保障されていないのではないか，教師には専門家として生きることのできる環境，すなわち，専門家として仕事をして，専門家として評価され，専門家として成長し，専門家として処遇される制度的・組織的環境を保障するべきである，ということである．プロフェッショナル・エンヴァイロメント(professional environment)という概念を使っている．つまり，専門職にふさわしい仕事環境を教師に保障することが，学校が子どもの学力保障というその使命を達成するための前提条件であるというわけである．これは，学校改善における教育委員会の役割について示唆的である．後ほど，「学校改善における学校の責務と教育委員会の責務」のところで詳しく検討するが，簡潔にいえば，教師がプロフェッショナルとして仕事ができる．そして，プロフェッショナルとして学び，成長することができる．そういうことが制度的・組織的に保障されなければ，学校は変わらない，学校改善はできないということである．興味深いことに，同じ1986年に同じようなライトモチーフで書かれた報告書が二つ出されている．全米州知事会の『成果を求める時(Time for Results)』と，ホームズ・グループ(全米100余の教員養成に関わる研究大学—research university—のコンソーシアム)の『これからの学校(Tommorrow's Schools)』という報告書である．いずれも，カーネギーフォーラムとは関係のない全く別の組織であるが，学力向上の基本条件として教職の専門職化という改革理念を提起しているのである．期せずして同じような教育改革の戦略が提言されたということは，自律的学校経営という改善戦略は，学校への権限の再配分を行うべきとする理念的な「べき論」から生まれたのではなく，教育が変わっていくための学校の条件(学校像)は何なのか，そして，どんな教師観が必要なのか，そういうことを明らかにした実証的研究成果(証拠)を共通基盤としたものであることを示唆している．

自律的学校経営の隠れた次元

　しかしながら，これが学校改善をめぐる今日的動向のすべてというわけではない．そこにはもう一つ注目するべき側面がある．学校改善と教育行政機

関の関係を検討する時,忘れてはならない側面である.

　自律的学校経営の戦略による学校改善は全米的な広がりをもって取り組まれている.ケンタッキー州をはじめとして,フロリダ州,カリフォルニア州,イリノイ州などが代表的であるが,全米的な潮流となっている.しかし,この政策と実践をめぐって,いくつかの問題が指摘されてきているのである.問題となってきたのはどのようなことなのか.

　この改善戦略は,学校に教育課程編成,人事,予算編成に関する裁量権限を与えつつ,他方で,教育成果に対する厳しい結果責任を課す.そうすることで学校改善が推進される,学校がよくなるという論理に基づいている.自由裁量を学校・教師に許容することで,学校・教師の教育に対する当事者意識(owership)を刺激し,学校改善へのインセンティブ(誘因),つまり自発的・主体的に教育実践(授業)の改善に取り組む意欲・コミットメントを喚起する,と考えられるからである.しかし,この政策は他方で,学校にアカウンタビリティ,教育成果に対する自己責任を課している.つまり,自由裁量権限と引き替えに一定の教育成果を上げることを求めている.ところが,自律的学校経営方式を採用した学校で学校改善が必ずしも進んでいないことが明らかになってきたのである.学校に裁量権限を与えれば,学校改善はうまく行くという理論的前提の下にこの政策が実践されたわけであるが,そうとは限らない事例が少なくない.同じ学区内でも,教育成果に学校間格差が見られる.つまり,想定された教育成果が上がらない学校が少なくないことが次第に明らかになったのである.

　それはなぜか,と問う中から浮かび上がってきたのが,自律的学校経営に潜在する,いわば隠れた次元とでもいうべき次元の問題である.端的にいえば,自律的学校経営と学校の持つ組織能力(organizational capacity)との関係である.同じ自律的学校経営の方式を取りながら,一方の学校が成果を上げ,もう一方の学校が成果を上げえないのはなぜなのか,という問いは,自律的学校経営はそれ自体学力向上の万能薬ではないこと,それゆえ,自律的学校経営の成功する条件は何かを問わなければならない,という問題を提起することになった.そこから自律的学校経営と個々の学校の有する組織能力との関係,もっといえば,組織能力における学校間格差の問題に照明が当てられることになったのである.

　具体例をあげると,例えば,シカゴという,ニューヨークにつぐアメリカ有数の大都市がある.テレビや映画の『アンタッチャブル(The Untouchables)』の伝説的なギャング,アル・カポネの名前とともに,あるいは,井口資

仁(現千葉ロッテ)が活躍したメジャーリーグ・ホワイトソックスの本拠地としても知られている．そのシカゴ市では，1988年のシカゴ学校改革法の制定の下で，自律的学校経営という学校改善策が実施された．シカゴ市は小学校だけで550もの学校を抱えるアメリカ有数の大都市学区の一つであるが，実施後の政策評価では，大まかにいえば，3分の1の学校は自律的学校経営によって子どもの学力が向上した．アメリカの場合，ほとんど学力向上の指標は州の統一テストの成績であるが，その成績に向上が見られた．ところが3分の1は，自律的学校経営を採用したにもかかわらず州統一テストの成績が低下している．つまり，学校改善に失敗している．そして，残りの3分の1は政策の導入以前と変わらないということが明らかになった．つまり，同じ仕組みの下でも，学校によって教育成果に大きなちがいがある．同じ仕組みで動いても同じように学校改善がなされるわけではない．それはなぜか，どこに原因があるか．

　注目されてきたのが，個々の学校の有する組織能力である．自律的学校経営の下で学校改善に成否があるのは，そのもっとも大きな要因は，組織能力であり，学校に備わっている組織能力に差があるために，同じ仕組みの下で学校改善に取り組んでも，同じようには成果はあがらない．組織能力の構成要素はもちろん一つではない．まず，教師(集団)の専門的な力量がある．教師(集団)の力量にも学校間格差があり，力のある教師が多い学校もあれば，そうでない学校もある．結局，そういった格差が学校改善の成否，学校間の学力向上の差となっている．それだけではない．SBMでは，学校協議会(school council)というものが，すべての学校に設置されて，主要な意思決定(教育課程の編成，予算の配分，人事の意思決定など)はすべてそこで行うため，学校の組織能力という時，こうした学校協議会の合議体としての能力(意思決定機構としての能力)も組織能力の一要素となる．学校協議会には，地域住民代表，保護者代表，校長，教員代表(ハイスクールの場合，生徒代表も)が含まれ，そこで意思決定を行う．そういう仕組みで学校が動く．同じ仕組みをとっても，なぜ，学校間に格差が生ずるのか．シカゴのSBMに関する政策評価研究の知見によると，その学校協議会に参加する保護者や地域住民の持っている力量に差がある．つまり，学校協議会という合議体で政策的な議論をする，いろいろな意見を闘わせる，さまざまな知恵を出し合う，そして，それをまとめて政策づくりをする，そういう学校協議会の政策的力量が地域によってちがう．そのことがSBM政策の効果に影響を与える．

自律的学校経営下の教育委員会の新たな役割

　ということは，そうした格差を是正し，一定の組織能力というものを保障しない限り（その格差を放置しておくならば），学校に裁量権限を与え自己責任を課しても期待するほどの学力向上という成果は上がらないことを意味する．自律的学校経営を導入して，シカゴの学校がすべてよくなったわけでもない．むしろ，学力が低下した学校もあるということは，見方を変えれば，自律的学校経営政策の導入により教育委員会の権限が縮小されたため，これまであった教育委員会のモニタリング機能ないしメカニズムから学校が自由になった結果，組織能力の不十分な学校が見逃され，成果が上がるどころか逆に下がってしまった，ということも考えられる．そして，こうした政策評価研究の結果として提唱されてきたのが，学校と教育委員会とのパートナーシップということである．つまり，教育委員会が学校に対する支援機構（support structure）として積極的に行動しないと，学校支援に対してアクティブな教育委員会でないと，自律的学校経営政策は必ずしも所期の成果を生まない．自律的学校経営の基本原理を変更する必要はないけれども，学校と教育委員会との関係の再構築という新たな課題が浮かび上がってきた．成功の条件としてのパートナーシップという新たな連携と協働の関係である．この関係の下では，学力向上の見られる学校には教育委員会は，何もいわない．学力向上に主体的に取り組むだけの権限と責任を与え，それが成果を上げているから，何もいう必要がない．ところが，問題のある学校がある．何年たっても子どもの成績がよくならない，そういう学校がある．それをどうするか．そういう学校に的確かつ迅速に対応するための権限が教育委員会になければならない．自律的学校経営だから，教育委員会は権限を学校に移譲するだけで責任を全うするということではなくて，的確かつ迅速な対応ができるために必要な権限を確保しないと，学力低下に悩む学校を救うことはできない．そういう権限が付け加えられれば，教育委員会が学校に新たに圧力（プレッシャー）をかけることもできる．つまり，圧力と支援（サポート）が同時にできるような仕組みが必要不可欠であることが認識されてきている．

　事実シカゴでは，1988年学校改革法を1995年に改正し，自律的学校経営は新たな枠組みの下に再出発することになる．例えば，教育委員会は教育成果の上がらない学校に対して「介入」する権限が新たに加えられた．数年にわたって子どもの成績の向上の見られない学校は「保護観察処分（probation）」に付される．非行を犯した青少年に対する措置として，保護観察処分というものがあるが，それと同じ論理である．子どもの成績を上げられない

学校に対して，学校のどこに問題があるのか，教師の専門的力量に問題があるのか，地域住民や保護者の教育への無関心なのか，あるいは校長のリーダーシップに問題があるのか，各学校に張り付いて諸々の観点から検証する．それが問題ありと認識された学校に対する保護観察処分で，3年間かけて「査察」してみてなおかつ改善が見られない場合，校長を入れ替える，教師集団を大幅に入れ替えるなどの措置を取る仕組みをつくったのである．1995年改正法について，学校分権化をやめて教育委員会への再集権化（re-centralization）を図るものであるとの評価もあるが，ただ単に教育委員会の権限を元に戻したわけではない．自律的学校経営という仕組みを廃止したのでもない．自律的学校経営の下で成果を上げることのできない学校に対して，プレッシャーをかけると同時に，より重点的にサポートを行うシステムを構築したのである．教育委員会の役割が「再定義」されたというべきであろう．まさしく学校と教育委員会が手を携えて学校を改善する，学校改善のパートナーとしてお互いが自らの責任を果たしていくことで初めて，学校はよくなるというわけである．すなわち，自律的学校経営という改善戦略を生かすために，より効果的な戦略とするためには，学校と教育委員会のパートナーシップの構築が必要であるという認識の下に，新たな政策と実践が生まれてきたということである．

　こうした動きが，学校改善の今日的動向のもう一つの，隠れた次元ではあるが，注目すべき側面であることを見逃してはならない．わが国では，1998年の中教審答申が，そうした動きを受けて，自律的学校経営の概念に基づいて「学校の自主性・自律性の確立」を提言する一方で，「学校と教育委員会の関係の見直し」を提言した．これは，薄められた形であるとはいえ，これからの学校と教育委員会の関係の在り方に関する考え方として，自律的学校経営という改善戦略と両者間のパートナーシップの構築を課題として掲げていることは，一定の評価がなされるべきである．学校改善に取り組む方向性に間違いはないといえよう．とはいえ，問題は，それをどのように，そして，どこまでやるかである．方向性は出されたけれども，法改正や施策・事業の転換といった具体的な動きは緒についたばかりで，まだまだ不十分であり，これからの動きに期待しつつ注目していきたい．

2　わが国における学校と教育委員会の関係の歴史

　したがって，これからの問題は，わが国の自治体教育行政をめぐる厳しい条件の中で，教育委員会が学校のパートナーとして，学校改善にどう取り組

んでいくことができるか，ということになるが，それはあとで検討することにして，まず，学校と教育委員会の間のパートナーシップという問題を取り上げることにする．

教育委員会法下における教育委員会と学校

　学校と教育委員会のパートナーシップということを聞いて，果たして，両者の間にパートナーシップの構築は可能なのか，そんなことは夢物語ではないのか，という意見を持つ人も多いと思われる．われわれの周囲には，今なお，その関係を「学校と行政」という二項対立的に捉える思惟様式を取る人も少なくない．このような見方は，学校が公費に基づいて公共的サービスとして教育を実施していること，つまり，公立学校が行政の一環であり，行政（サービス）活動として行われていることを考慮していない議論といわなければならない．実をいえば，学校と教育委員会の関係というのは，教育委員会法の中にそれとして書き込まれているわけではないが，教育委員会制度発足時には，両者のパートナーシップが予定されていたと解釈できる．

　教育委員会制度の仕組みを法定した教育委員会法が準備・立案される過程でたたき台になったのは，周知のように，第一次アメリカ教育使節団報告書である．報告書は，アメリカで生まれ発展してきた，学区（school district）を基礎単位とし，管理機関としての教育委員会と教育機関としての学校という構図の中で教育サービスを行うという地方教育行政制度としての教育委員会制度を提言しており，学校と教育委員会とのパートナーシップという考え方が見られる．報告書にはつぎのような一文がある．すなわち，「教師であれ，教育行政官であれ，教育者の職務に関して銘記するべき一つの教えがある．教師の最善の能力は，自由の雰囲気の中においてのみ発揮される．この雰囲気を備えることが教育行政官の務めであって，この逆ではない」「従来は，視学制度によって学校への統制が強いられてきた．…この制度に代わって，…激励したり助言したりするコンサルタントや専門的アドバイザーの制度を設けるべきである．」

　これは，人口に膾炙する文章であるが，要するに，教育行政機関というのは，教師がその能力を十二分に発揮するための触媒である，それが教育行政の主要な任務であるということを提起している．教育行政の基本原理を定めた旧教育基本法の第10条自体が教育の自主性（「教育は不当な支配に服することなく…」）を謳っているが，旧教育基本法10条と教育委員会法との関係は非常に密接で，教育委員会法の目的を記した第1条に，教育の自主性を

謳った教育基本法の第10条の文言が，直接引用されている．つまり，教育委員会法というのは，教育の自主性を前提とした教育行政の組織と運営に関する法律であるということ，そして，教育行政機関というものは，サポートという言葉は使っていないが，教育の自主性を支える条件整備機構であること，報告書の言葉を使えば，学校の中に自由な雰囲気を醸成するのが教育行政の働きであって，その逆ではないということである．

それを具体化した制度の一つが，指導主事制度である．指導主事というのは，報告書の引用にあるように，教師に対して「激励したり助言したりするコンサルタントや専門的アドバイザーである」ことを期待される，新たに設けられた職位である．視学と呼ばれた戦前の職位が名称を変えて復活したわけでは決してない．むしろ，その否定の上に生まれたものである．つまり，各地域の実情に応じ，地域に根ざす教育のために助言を行うためのポストであった．戦前の視学の役割は何かといえば，教育に関する国策が現場に浸透しているかどうかをチェックする(視る)ことであった．戦前，文部省の視学官が地方を巡察する時，県の視学官を引き連れ，県下の学校長を附属学校に集めて，訓辞を垂れるのが慣行であった．

ここに象徴されているように，視学制度は集権・官治的な教育行政を支えるもので，トップダウン型の教育行政の核心の仕組みとして動くものであった．こうした形式と慣行に対する反省が，実は指導主事制度成立の背景にあった．指導主事は，教育委員会事務局のほかの職員と区別されて専門的教育職員として位置付けられ，教育委員会法に基づいた，まさしく，学校とのパートナーシップの担い手としての役割を託された職位であった．教育委員会法では，「命令及び監督をしてはならない」ということが指導主事の職務規定として特別に明記されていたのは，そのためであった．まさしく，報告書の精神を体現したのが指導主事制度であった．ところが，その後，どうなったか．教育委員会法が廃止になって，1956年に地方教育行政の組織及び運営に関する法律(地方教育行政法)が制定されて以降，指導主事制度は，変容していく．

地方教育行政法下における教育委員会と学校

教育委員会法から地方教育行政法への転換の背景にあったのは，教育行政におけるイデオロギー対立であった．それは，教育をめぐる外的な状況の変動と関係している．教育行政における日教組と文部省のイデオロギー対立の背景には，自民党と社会党との保革のイデオロギー対立があり，そして，そ

の背後には旧ソ連とアメリカとの冷戦という現実がある．いわゆる冷戦構造の反映として，文部省と日教組が教育行政をめぐって対立する．それが教育委員会と学校との対立という形を取る．ある意味で，「代理戦争」の様相を呈することになる．こうした状況の中で，教育委員会には，学校に対する「日教組支配」を防ぐことが期待された．極端な表現を使えば，学校が組合支配にならないように，教育委員会は「校内秩序を回復」することを優先することを期待されたといってよい．もともと，教育の地方自治機構として，地域の実情に応じた教育問題の自主的問題解決を託された教育委員会がそうした「使命」を託されたのである．

これは戦後の教育行政の展開にとって非常に不幸なことであった．「秩序回復」のために活用された理論が文部省幹部の著した『教育行政の基礎知識と法律問題』という本の中で展開した，いわゆる特別権力関係論というものであった．この理論は，あえて単純化していうと，「学校というのは営造物（行政サービスを行うための施設）である．営造物の管理権というのは教育委員会に属する．営造物の管理（教員の勤務関係と児童生徒の利用関係に対する管理）には特別権力関係＝営造物である学校に対する管理機関である教育委員会の包括的な支配関係が成立する」という論理構成を取る．これは戦前の，天皇の官吏たる公務員の勤務関係を説明する公法学の理論であった．戦前は，天皇制絶対主義下における営造物の管理関係には特別権力関係が成立し，管理機関は営造物に対して包括的な支配権がある，と論理構成されていた．戦前ではそれが一定の妥当性を有し，通用性を持っていた．戦後，公務員制度が「全体の奉仕者」としての公務員という理念に基づいて改革され，いわゆる民主的な公務員関係に転換されてからは，制度を支える理論としての妥当性はなくなり，営造物管理論＝特別権力関係論は学説として残ることになった．教育委員会法から地方教育行政法への転換の中で，学校との新たな関係が模索される中，文部省幹部により「学校と教育委員会の関係は営造物の管理関係に等しい，ゆえに，そこには特別権力関係が成立し，教育委員会は学校に対して包括的な支配権を有する」という論が展開された．それは，教育行政の現場では「教育委員会は管理機関として，基本的には教育機関である学校に対して何でもできる」という論理として受けとめられ浸透していったのである．

それに対抗したのが日教組教育研究集会の講師団に名前を連ねる学者・研究者であった．彼らが対抗理論として出したのが「教師の教育権限の独立」＝「学校の教育自治」論であった．それは，そのリーダー格であった宗像誠也氏

(当時東京大学教育行政学教授)のいい方を借りれば,「教師は真理の代理人である」という前提に立つ理論で,「教師以外は,教育内容・方法について口を出すことはまかりならない」,教育内容・方法には管理機関といえども,オフリミット(立入禁止)であるという論理であった.そこから「指導主事は専門的教育職員であるといえども,学校訪問において,教育内容・方法に対しては口出しはできない.学校には教育自治がある」という考えが主張されることになった.これは教育委員会の包括的支配論に対する,いわば対抗理論であり,これを前提にする限り両者の関係にパートナーシップが成立する余地はない.パートナーシップという概念自体がありえないことになる.一方は,完璧に学校を支配しようとする.他方は,それをはねつけようとする.単純化していえば,地方教育行政法の制定以後,全国各地であちこちで生じた教育委員会と学校との対立と紛争の背後には,このような論理の衝突があったといってよい.

指導主事制度の変容

その結果としていちばん不幸な運命をたどったのは,指導主事制度で,それは設置理念から大きく歪んでしまったといって過言ではない.いわゆる学校訪問反対運動が全国的に広まった.それを支えた理論は,「教師の教育権限の独立」論であり,「学校の教育自治」論にあったが,もう一つの無視できない理由があった.それは,地方教育行政法が制定され,それまでの指導主事の職務規定が大きく変わったことに対する反発と抵抗であった.それまで「指導主事は,教員に助言と指導を与える.但し,命令及び監督をしてはならない」とされていた職務規定が「指導主事は上司の命に従い,学校における…専門的事項の指導に関する事務に従事する」ということになった.「専門的事項の指導に関する事務に従事する」という表現は,それまでの「教員に助言と指導を与える」という表現と比べて,それほど本質的な変更はない.「上司の命を受けて」という規定が大きな問題を孕んでいた.法解釈上,この規定が何を意味するかというと,指導主事というのは教育長の直属の部下として「学校における…専門的事項の指導に従事する(学校訪問はその一部である)」ことであり,(学校訪問という場においては)学校長の上に立つことになる.組織構造論でいえば,教育委員会法の下では「スタッフ(組織の中の命令系統に属さず,自由な立場から助言をするポスト)」として位置付けられていた指導主事が「ライン(命令系統の一部として上司の意向を受けて職務に従事する)」として位置付けられたことを意味する.学校訪問して,教育委員会

の政策が浸透しているかどうかをチェックできるというよりも，チェックすることが指導主事の主たる任務として期待され，受け止められ，実際に，そこに職務の中心が置かれるようになった．それは指導主事の任務の変容を意味していた．すなわち，これまで期待されていたのは，専門的知識・技術の「権威」に基づいて自由な立場で，現場の課題に対して助言を行うという任務であった．これからは，それにとどまらなくなった．というよりも，それはむしろ背後に隠れてしまうこととなった．指導主事に何が期待されたかというと，例えば，「法的拘束力のある」学習指導要領がどれだけ遵守されているかをモニターすることであった．したがって，学校の教育自治論の立場からすれば，「そういう指導主事はいらない」「学校訪問反対」というのは，当然であった．そこまでいかないにしても，現場の教師にとって，指導主事は「スタッフ」として関わる存在のはずであり，「専門家として，われわれの授業づくりを手伝ってくれ，われわれの抱えている教育課題への助言を行い，校内研修を意味あるものにするためのヒントをくれる」存在であるはずであった．そういった要望に応える指導主事がいなかったわけではないが，イデオロギー対立の中で，指導主事の使命は，学校をサポート（支援）することよりもコントロール（監視）することに重点が変えられていった．地方教育行政法の制定以降の指導主事はこういった役割変容を余儀なくされた．支援よりも監視を重視する教育委員会との対立関係が顕在化する中で，学校もまた教育指導行政への信頼が崩れ，学校対行政という二項対立的見方でしかものを見ることができなくなってしまった．この事態は，学校にとって，指導主事にとって，そして教育行政の専門性の核心をなすはずの教育指導行政にとって，まことに不幸であったといわなければならない．

教育行政組織としての教育委員会と学校

ところで，地方教育行政法は，文字通り，地方「教育行政の組織及び運営」に関する法律であり，その中に，教育委員会が学校管理機関として，学校が教育機関として位置付けられている．ということは，教育委員会だけが「教育行政組織」なのではなく，学校もまた教育行政組織の一部であることを意味している．学校は教育行政組織の中で，地域住民に対して直接に教育サービスを行う機関であり，教育委員会は，所管する各学校に対する（教育行政組織の中の）管理機関なのである．そのような位置付けが明確になされたのは，地方教育行政法においてである．教育委員会法には学校（教育機関）に関するそれ自体独立した規定がない．その理由についていえば，学校は教育サービ

スの実施を担う現場であり，その教育力を高めるべく自らその組織編成や経営戦略を判断し決定する責任がある．他方，教育委員会の任務は学校がその使命を達成できるように支援する，とりわけ，自由な教育活動の雰囲気を醸成することが求められている．それを前提として，法律が組み立てられているため，特に学校との関係を法律の中に書き込む必要はない，というのが教育委員会法の基底にある考え方であったと思われる．

これに対して，地方教育行政法は，教育委員会と学校との関係を明文化して，相互の関係をはっきりと位置付けた．両者の関係は，基本的に，地方教育行政の組織における管理機関と教育機関とのそれであるが，その間の関係を具体的にどうするかは，各自治体ごとに教育委員会規則としての学校管理規則で定めることになった．立法趣旨としては，管理権限は教育委員会にあるから，教育行政の地方自治という考えに則って，両者の関係を学校管理規則でどのように定めるかは各自治体教育委員会の自主性に求める，ということであった．ところが，不幸なことに，集権・官治的システムが復活するにつれ，教育行政も例外ではなく，当時の冷戦構造の反映である保革のイデオロギー対立の主戦場の一つとなり，地方自治としての教育行政という理念は大きく後退を余儀なくされ，教育委員会に対する文部省のコントロールが強化されることになった．地方教育行政法の制定者の意図とは関わりなく，各地の教育委員会が独自の学校管理規則を制定することは，状況的にも，組織能力から見ても，困難であった．こうして，結局，各地の教育委員会は文部省の「指導・助言」を受け，学校をもっぱら「監督」する，極端な表現を使えば，「校内秩序を回復」するために「取り締る」ことに重点を置く管理機関として自らを位置付けていった．それが60年代における教育委員会と学校との関係の現実であった．パートナーシップどころか，両者の間には，敵対関係とでもいうべき，それに近い関係が形成されていったのである．

改革課題としてのパートナーシップの再構築

地方教育行政法の制定以降に生み出されたそうした現実が今日わが国が直面する教育課題の解決を妨げているのではないか．そうであるとすれば，こうした「敵対関係」を払拭し，両者の間のパートナーシップを回復しなくてはならない，というのが，教育委員会と学校との関係をめぐる今日の動きである．1998年の中教審答申において提起された学校の自主性・自律性の確立とそのための学校と教育委員会の関係の見直しが「40年振りのリストラクチュアリング（構造改革）」といわれる所以である．その基本となるコンセプ

トは，地方分権を実質化して各地の教育委員会が主体性を発揮できる条件を醸成することにより，学校とのよりよい関係づくりを促す，というものである．学校との関係を見直し，新たな関係づくりを追求すべしというのが，今日の方向である．

　学校と教育委員会は，もともと，パートナーシップ関係として構想されたが，保革のイデオロギー対立の渦に巻き込まれて壊されてしまった．しかし，そういうイデオロギー的対立は今日の教育界では希薄になっており，しかも分権社会の構築という理念の下では，文部（科学）省の「縦の行政系列」を利用した地方教育行政のコントロールは望ましくないとして，機関委任事務や教育長の任命承認制も廃止され，教育委員会が自律できる条件がだんだん生まれつつある．そういう中で，世界的潮流としての自律的学校経営という学校改善戦略の影響の下に，学校の自主・自律が提起されてきた．ということは，両者の関係は，教育委員会法の立法者精神に含意されている教育行政の原点＝パートナーシップに返るべきことが要請されているということでもある．

　では，そのために，どういう取り組みが可能なのか．パートナーシップの構築というのは目的を共有する対等な協力関係を築くことであるから，学校改善のパートナーシップとは，教育委員会と学校が子どもの学力を保障するという学校改善の目的を共有しつつ，互いに対等な立場で，それぞれに自らの責任を適切に果たすことにほかならない．パートナーシップの成功のためには，お互いに自分の責務を的確に遂行することが基本となる．

3　学校改善における学校の責務と教育委員会の責務

学校改善における学校の責務

　学校がやるべきことは何か．学校が学校改善の主体として動かない限り，学校改善は長続きしないし，成功しない．そのための基本条件として何が大事かといえば，もっとも基本的なこととして，教師が専門家としての力量を十分に発揮すると同時に，専門家として学び成長すること，そして，専門家としての実践が保障されることがある．換言すれば，教師一人一人が専門家として仕事ができるような関係が形成されることである．

学校改善の条件としての教師の学びと変容

　教師は専門家として養成され，免許状を持っていても，最初から専門家としての力量が備わっているわけではない．初任者の教師が5年目，10年目の

教師と同じ力量であるわけはない．キャリアを積めば自動的に力がつくわけではもちろんなく，また，個人差もあるが，教師もまたそれぞれに，専門家として学び成長していく．その学びと成長を刺激する場が学校の中になければならない，というよりも，学校そのものがそうした場でなければならない．そうでなければ，学校改善という，持続的に教育力を高める営みは不可能である．ここで強調したいのは，このことである．

学校改善論との関わりで，最近，注目されていることの一つが，教師の学びと変容(teacher learning and change)というテーマであり，概念である．これは，教師が変化(進化)するのは教師の「学び」があってはじめて可能になるのであって，教師を変える(進化させる)のは，どのような「学び」であるのだろうか，という問題意識が，この概念の背後にある．教師はなかなか変わらない，といわれる．教師はそれぞれ，自分の授業実践のレパートリーをたくさん持っている．それはこれまでの授業実践の経験から学び蓄積してきたものであり，それぞれの教師の実践家としての「核」を構成している．それだけに，社会構造の変化に伴って子どもの発達状況や発達課題が変わり，授業実践の見直しが提起されても，授業はなかなか変わらないし，実際，必要に迫られても，多くの教師が変えようとしない．

例えば，こういう研究知見がある．エルモアらは，学校の組織構造の改革に関する実証的研究の一環として，学級規模縮小の効果を検討した(R. Elmore, et. al., Restructuring in the Classroom, 1996)．一学級当たりの生徒数を少なくすることが果たして，子どもの学習に影響するのか(効果があるのか)という，おなじみの研究であるが，彼らの検討した事例では，学級規模の縮小は子どもの学力向上にはつながらなかったという結論を出している．いうまでもないことであるが，学級規模の教育効果に関しては相当の研究蓄積があり，学級規模が子どもの学力に一定の影響を与えることは明らかであり，エルモアらはこうした研究蓄積を否定しようとしているわけではない．彼らの関心は，事例校において，なぜ，予想されただけの成果が上がらなかったのか，にある．彼らは，授業の観察や教師との面接データなどによって，その理由を突き止めようとした．そして，学級規模の変更にもかかわらず教育効果が見られなかったのは，教師自身が変わらなかったためであるという結論を出している．教師はよく口にする．学級に子どもが40人もいれば，授業の中でやりたいことがなかなかできない，効果的なやり方とわかっていても，人数が多いのでどうしても制約され，実施できない，と．つまり，子どもの数が30人や25人だったら，こんなこともできるし，あんな

こともやりたいというわけである．ところが，30人学級や25人学級での授業の実際を見るとどうか．授業はあまり変わっていない．授業実践のレパートリーに大きな変化がない．子どもの数が少なくなればやりたい，あるいは，できると思ったことが，現実にはやれていないのである．構造が変わる，つまり，学級規模が変わってもやれていない．教育改革において構造を変えることも大事ではあるが，変更された構造の中でどのような変化が起こるかの方がもっと大事なのである．学級規模という構造を変えても，教師が変わらなければ，教育実践を変えなければ，何も変わらない．学級規模を変えれば自動的に子どもたちの学力が高まるのではもちろんない．教師が授業の中でさまざまな工夫ができるための条件の一つとして，学級規模を小さくするということがあるにすぎない．学級規模が小さくなったら，それにふさわしく，それが可能にする授業のレパートリーを工夫して，授業の在り方を変えていかなければ，教育改善にとって意味のある変化は生まれない．

教師の学びと変容の条件

　ここに，学校改善にとって，教師の学びと変容，すなわち，教師が学んで，変わる，教育実践を変えるということの重要性がある．教師はどのように学び，どう成長していくのか，ということに近年，大きな研究関心が向けられている所以である．これについてわかってきたことの一つは，教師は仕事を通じて学ぶことで変わることができるという事実である．教師は，毎日，授業をして，子どもたちに教える．それは同時に，子どもとの相互作用を繰り返す中でいろいろなことを学んでいくことでもある．また，授業の在り方について，教師がお互いに批評し合う．先輩の授業を観察することでヒントを得る．そうした経験を通して，こうすればいいんだとか，これではだめだとか，理解を深め，専門知を蓄積する．教師はそういう風に，経験を通して反省的思考を繰り返して学ぶことで，実践のレパートリーを豊かにし，実践を柔軟に変える知識と技術を体得するようになるのである．

　これに対して，例えば，行政研修の一環として，教員研修センター等での研修がある．授業づくりに関する講義を聴き，納得する．しかし，それで授業が変わるかというと，このような経験では，授業が変わることはあまりないことが指摘されている．なるほどと納得しているから，知識としては身に付いたのは確かである．こういうふうにやれば子どものモチベーションは高まる，授業の展開はこうやれば子どもは意欲的に授業に参加することになる．ところが，そうした新しい知識が実際の授業になかなか反映されない．

教師の学び(teacher learning)が教育実践の変容(change)につながらないのである．つまり，どこで，どんな形で学んだかが重要な意味を持つ．知識として学ぶだけでは，授業実践に必ずしも生きてこない．逆に，例えば，学校の中で同僚の授業を観察して，それについて共同討議をして，問題点を探る，課題を見出す，新たな授業の方略を提案する，こうした経験の方が自分の学びとして，教師の変容につながる学びであることが明らかになってきている．これは学校を「学びの場」として組織化することの重要性を示唆する．

教師の学びと学校の社会関係資本

教師の学びと成長を刺激する場の条件としての社会関係資本(social capital)という概念が注目されている．いわゆる人的資本(human capital)に対する，社会関係資本である．どういう概念かといえば，前者が人材の質を表すのに対して，これは社会関係の質を表す概念である．例えば，組織の中にメンバー相互に信頼の感情が流れているとか，新しい情報(知識や技術)へのアクセスがいつでもできるとか，集団としての行動規範が共有されているとか，そういう社会関係の存在が組織にとって大きな強み＝組織能力の源泉であることは説明するまでもないが，それらは社会関係資本の代表的な要素の例である．組織の中で先輩と後輩がきちんとつながっていることは，社会関係資本としての意味を有するのであり，後輩にとって先輩がいつでも相談に乗ってくれる頼れる存在であり，いろいろな情報にいつでもアクセスできるというメリットがあることにもなる．こうして，社会関係資本が豊かにあることは，いろいろな形で組織のメンバーに対して学びと成長を刺激するきっかけをつくる．実際，学校に上記したような社会関係資本が豊富にあるかどうかは，教師の学びと成長にとって重要な意味を持つ．学校は自らの社会関係資本に関心を持つ必要があり，それを豊かにするための努力をしなければいけない．

教師の学びの条件としてのプロフェッショナル・コミュニティ

教師の学びと成長を刺激する条件について，もう一つの示唆的な研究知見を取り上げよう．ルイスらの提起するプロフェッショナル・コミュニティ(professional community)という概念である(K. S. Louis, et. al., Professionalism and Community, 1995)．ルイスらは，学校がプロフェッショナル・コミュニティとしての条件を備えているか，それが学校改善の鍵だという．アメリカの大都市の学区には，半数以上が生活保護家庭(経済的困窮家庭)の子どもで

あるような学区が珍しくない．しかも，アフリカ系アメリカ人もいれば，アジア系のアメリカ人もいて，ヒスパニックと呼ばれるラテン系アメリカ人もいる．そのような英語を母語としない子どもをも含んで人種的に多様な学校で，どうすれば学力を高めることができるのか，どのような条件が，そんな困難な状況の下で学力向上を可能にするのか．このような問題意識の下に研究を行っている．ルイスらの結論は，学校がプロフェッショナル・コミュニティとして成立しているかどうかが子どもの学業成績にとって決定的に重要である，子どもの学力に密接に関係しているというものである．

それでは，プロフェッショナル・コミュニティであるための条件とは何か．まず，教師の間で価値観が共有されていること，教育のビジョン，子どもをどう見るか，授業はどうなければならないか，どういう教材観を持つか，ということについて共通の見方・考え方が浸透している．それから，実践についての対話が学校のあちこちで，当たり前のこととして，行われている．反省的対話（reflective dialogue）が遍在するといってもよい．自分はこういうことに悩んでいるといえば，先輩が後輩の相談に乗ってやる関係がある．学年主任がいわばメンターとして学年の若手の教師に助言する．また，実践が公開されており，お互いに授業を見せ合うことが決して特別のことではない．ルイスらは，教育実践の脱私事化（deprivatization）という概念を使う．それは私事化（privatization），自分の授業実践を私事として，自分だけのものとするということの対極にある概念で，自らの実践を公開＝公共化するということである．それを通して，お互いがお互いから学ぶ．いい面も悪い面も学べるような環境がある．さらに，子どもの学びというものに優先的に関心が注がれていることを，プロフェッショナル・コミュニティの要素としてあげている．当たり前といえばそうであるが，実際の学校を省みる時，やはり重要な要素といわざるをえない．子どもの学びにとってどのような意味があるのか，そういう視点から問題が提起され，問題の処理が検討される雰囲気があるということである．例えば，学校行事を変更しなければならない事態が生じたとしよう．その時，そうした変更が子どもにとってどうなのか，子どもの学びにどのような影響があるかをつねに問う風土が形成されている．最後に，協働（collaboration）である．教材の共同製作などは，その一例であるが，単に，協力（cooperation）というのではなく，相異なる個性が力を合わせて，何かを創り出すという関係である．コラボレーションが学校のどこでも行われているというのが，プロフェッショナル・コミュニティの要素の一つであるというわけである．

こうした諸条件が学校の中に存在することが，教師の専門家としての学びと成長を促進し，専門家としての力量を発揮できて，困難な状況下で子どもの学力向上を可能にするというのである．教師はそうした職場環境の中でこそ，さまざまに学んで成長していく．学ぶというのは何か本を読むとか，研修会に出掛けていくだけではない．教師というのは仕事をする中で仕事を通して，その成功や失敗の経験から学んでいく．職場の中で同僚から学ぶ比重が大きい．そして，そうした学びは，教師を専門家としてより進化させる．単に知識として入る授業のやり方では授業実践について学んだことにならないし，教室の授業は変わらない．そうではなく，同僚の実践の観察，同僚との対話，同僚とのコラボレーション，そういうことを通して，専門家として成長する．

学校改善の条件としての校長のリーダーシップ

ところで，校長のリーダーシップというものも，学校が学校改善の主体であるために，無視できない条件であることはよくいわれることである．学校改善における校長のリーダーシップの核心は何かについてはさまざまな議論があるが，その一つが，上に述べてきたようなプロフェッショナル・コミュニティの構築(形成と維持)に対するものであることはたしかである．しかしまた，学校としての教育ビジョンを打ち出すことも学校改善に際しての校長のリーダーシップの忘れてはならない側面である．校長は優れてビジョンを持ったリーダーでなければならない．そして，ビジョンは教師に共有されなければ意味がないから，ビジョンをどうするかについて教師に働きかける必要がある．働きかけても全然反応がない場合もあるから，そういう時は，教師の中に入ってビジョンについての議論やビジョンを納得させるプロセスが重要となる．

校長のリーダーシップのもう一つの核心として，教師をエンパワー(empower)する役割がある(J. Blase, Empowering Teachers, 1994)．エンパワーするとは，教師に対して専門家としての敬意を払い(respect)，信頼し，その潜在的能力を発揮できるように配慮することであるといってもよい．いろいろなやり方がある．励ますだけでもいい．エンパワーというから，何か特別のことをしなければならないということではない．その成長ぶりを評価する言葉かけをすることだけでもよい．去年と比べるとよくなったね，そういう言葉で語りかけるだけでも，教師はどれだけ励まされることになるのかわからない．教師が生き生きと動かない限り，学校に活気は生まれない．ど

の学校にも，安心して仕事を任せられない，悩みのたねになるような教師は1人や2人必ずいる．しかし，そのような教師こそ，エンパワーを必要とする教師ではないのか．校長自らが働きかけて，学校というチームの一員として引き込まなければならない．そのためには，校長は，教師との接触・交流がきわめて重要である．校長室にいるか，でなければどこかに出張しているかというような校長では，学校改善は期待できない．教師集団の中に積極的に入っていく．迷惑がられるかもしれないが，教師との接触と交流を大切にする．インタラクショナル・リーダーという言葉がある．教師と頻繁に接触し，相互交流するリーダーである．校長は地域住民の中にも入っていかなければいけないが，教師集団の中に入っていって，子どもと向き合っている教師一人一人の思いを直接に知る，肌で感ずる必要があるし，また，教育の現場で見せる個々の教師のよさも把握する必要がある．「学校の中のことは教頭に任せています，それでうまく行っています」という校長がいるのも事実である．それも一つのやり方にちがいないが，それであれば，校長は教育事務所とか教育委員会に出かけて，学校が抱えている課題，学校のニーズを説明する，新たな予算を確保するというようなことをすべきである．校長が現場の実情を伝え，問題解決のリソースを獲得するための行動をとることは，ある意味で，教師をエンパワーすることにつながる．

学校改善における教育委員会の責務

　では，学校改善のパートナーであるために，教育委員会は何をなすべきか，どのような責務が課せられているのであろうか．

　教育委員会は「監督機構」から「支援機構」へと，大胆に自らの役割の再定義に取り組むべきである．監督機構としての役割が不要になるわけではないが，少なくとも支援機構としての役割に重点を置くべきである．学校支援機構として行動するとは，学校が自ら主体的に学校改善に取り組む意欲を喚起する（あるいは誘因を与える）ような条件整備をすること，わかりやすく表現すれば，学校を「元気にする」ような環境を醸成することである．そうした条件整備の取り組みとして，少なくとも，①学校の自由裁量の拡大，②教育ビジョンの創造とガイドラインの設定，③学校の組織能力の構築が考えられる．

学校の自由裁量の拡大

　まず，学校の自由裁量の拡大である．これは主体的な学校づくりに対する

誘因となり，創意ある教育実践の前提条件を形成する条件整備といえる．これまで教育課程の編成，予算，人事のどれをとっても，学校の裁量は限定されてきた．例えば，学校現場に要求されている，特色ある教育課程の編成といっても，「規制・監督」型の政策と制度の下では，教育課程の編成自体が自由な研究の対象とされてこなかったため，何か特色あるものを編成するといった発想そのものが生まれにくかった．「創意工夫」を試みる以前に，そうした誘因に欠け，教師の側にカリキュラム・メーカーとしての自覚も認識も育たなかった．そのことが，試行錯誤しながら経験から学び，教育課程の編成に関わる専門的力量を成長させる機会を現場から奪ってきたといってもよい．学校の自主的で創造的な教育改善を促進するには，教育委員会が教育課程の編成への規制を緩和し実験的な試みも含めて学校の主体的な取り組みを許容することが前提となる．そのような条件の下ではじめて，教育課程が自由な研究の対象となり，教育課程をめぐる議論が高まり，教師の間にカリキュラム・メーカーとしての責任が自覚されることになる．この点で，教育内容行政の第一線を担う指導主事の学校に対するスタンスが重要となる．すなわち，教育課程の編成における学校の自由裁量を前提とした指導・助言が求められる．例えば，学校の教育課程が学習指導要領にどれだけ準拠しているかではなく，地域の教育課題をどう把握し，それを教育課程の編成にどう反映させようとしているか，どこに創意工夫がなされているかを確認することに重点を移すべきであろう．また，各学校の重点課題に対して柔軟に予算を執行できる使途の特定されない裁量予算の拡大や，人事に対する校長の意思や判断を尊重する仕組みを確立するべきであり，これは，校長が創造的なリーダーシップを発揮するための基本条件である点において，学校の自由裁量の拡大の重要な側面であり，主体的な学校づくりへの誘因となることはいうまでもない．

教育ビジョンの創造とガイドラインの設定

つぎに，教育委員会に求められる責務として，地域教育ビジョンの創造とガイドラインの設定ということがある．学校の教育活動を方向付ける明確な地域教育ビジョンを創出し，それを実現するためのガイドラインを設定し，学校の教育活動をモニタリングする，これは，アカウンタビリティが求められる時代の教育委員会にとって，重要な責務の一つである．これには，学校が達成すべき教育内容や学力に関するスタンダードを構想しそれに基づく評価を行うことも含まれる．これは，学校の自由裁量の拡大と矛盾するのでは

ないかという異論が出されるかもしれない．しかし，学校はこうしたガイドラインやスタンダードに照らして，それを評価の基準として自らの活動を見直し，結果に対する説明責任を明確にすることができる．学校のボトムアップの改革は，こうしたガイドラインやスタンダードがなければ，方向性を見失うおそれが多分にある．「学校の自己評価」は学校の設定した目標・計画に照らして行われるのであるが，その目標・計画の構想に際して方向指示器として機能するのが教育ビジョンでありガイドラインなのである（もちろん，ビジョンやガイドラインをどのような手続きで，どのような形のものを作成するかという問題は残っている．少なくとも，学校を含めた地域的なコンセンサスに立脚するべきであろう）．また，モニタリングとは，学校をただ「監視」することではなく，学校に関する評価情報を収集することにより，学校がどのような支援ないし介入を必要としているかを見極めるための活動である．決して，地域の学校をランク付け，競争的環境の中で学校を競わせることに中心的なねらいを置くものであってはならない．モニタリングにより，問題解決に失敗している学校へ介入したり，逆に，順調に教育改善が進んでいる学校に関する情報を収集・整理し地域の学校で共有させる．この活動は地域全体に対して責任を負う教育委員会にとって不可欠で，それを通して自らの制度と政策の有効性を検証するメカニズムでもあるともいえる．これらは学校のアカウンタビリティを確保するためであり，学校裁量の拡大と矛盾するものではない．自由裁量を拡大し，学校の教育改善への主体的取り組みを奨励し保障する仕組みの中で，一定の教育成果への説明責任を確保するシステムであって，これが機能することで教育委員会は自ずと地域に対して管理機関としての説明責任を果たすことになる．個々の学校の実績（パフォーマンス）は，教育委員会にとっては支援機構としての自らの実績（パフォーマンス）を査定するアセスメントの材料となるがゆえに，こうしたアカウンタビリティの確保につながる責務を疎かにすべきではない．

学校の組織能力の構築

　支援機構としての教育委員会の責務として忘れてはならないのが，学校の組織能力（organizational capacity）の構築，学校が持続的に教育改善に取り組めるだけの組織的能力の開発・形成である．学校の自由裁量の拡大は学校の自主・自律的な改革を促す．他方，地域教育のビジョンやガイドラインの提示は，学校改善の進むべき方向性を明確にする．これらの教育委員会の行動が学校改善を刺激することは間違いないし，学校改善の必要条件である．

しかしながら，十分条件ではない．問題を感知したら自発的に問題解決に取り組み，教育改善を主体的に試み，それを持続させる能力を学校が備えているかどうかが重要であって，それがなければ，裁量権が与えられても自発的な取り組みも生まれにくいし，生まれても継続的な取り組みとならない．教育改善がしばしば短命に終わるのは，学校がそれを持続させるだけの組織能力に欠けるためである．自由裁量だけでは，持続的な教育改善はなされない．十分なリソースや優れたスタッフが不可欠である．つまり，教育委員会は学校が持続的に教育改善に取り組めるだけの組織としての力量を備える手助けをしなければならない．

学校の組織能力の構築のための諸制度の見直し

こうした学校の組織的能力の開発・形成のための制度・政策を検討する視点として，それが教師の学びと成長に貢献するかどうかという視点が重要である．特に，個々の教師の専門的力量の向上のための研修制度の見直しや教育指導行政制度の見直しには，このような視点から早急にとりかかる必要がある．まず，研修制度の見直しについていえば，研修制度が学校の組織能力の構築に寄与していることはいうまでもない．しかし，例えば，行政研修で支配的な「講習会」方式の研修（"one-stop" workshop）は，教師の学びと変容のメカニズムという観点からいえば，「反省的実践」を刺激し促すものになっておらず，教師が新しい理論と方法を学び，それを教育実践に反映させ自らの教育実践を変える研修にならないことが指摘されている（W. D. Hawley, The Keys to Effective Schools, 2002）．すなわち，ただ単に教師を一同に集めて授業実践に関して何か新しい知識や技術を教えるのでは教師の職能成長はあまり期待できない．教師が学んで授業実践が変わるような，専門家としての成長は期待できない．また，授業を媒介としない，講習会方式の研修というのは，いろいろな知識や技術を学ぶ場ではあるが，教師が置かれている特定の文脈，そこから生じている特有の課題に対応するものではないため，教師の抱える問題の解決にあまり役立たないとされている．近年，権限移譲に伴い，中核市では研修施設の整備も進んでおり，これまで以上に行政研修に力を入れているが，その形態に工夫を加えなければ，そうした整備もコストパフォーマンスの低いものになる可能性がある．

つぎに，指導主事による教育指導行政についてであるが，それは本来，専門的事項に関する指導と助言により学校の組織能力を高めるための制度的装置である．しかし，それは多くの問題点を抱えている．一つは，わが国の例

を見るまでもなく，現実の教育指導行政が多くの場合，学校の「自立」への支援ではなく，むしろ「上意下達」による教育実践の「画一化」をもたらすメカニズムとして機能してきた点があげられる．そこで，今後，学校訪問は指導主事の専門性を活用すべく，「大名行列」と揶揄されるような儀式的な集団視察ではなく，指導主事がいつでも自由に頻繁に学校の要望に応えて訪問し教師たちと接触を繰り返す中で教師の抱える実践的課題に助言する存在として活躍できるように，その仕組みを再考するべきであろう．換言すれば，指導主事自身が機動的に「動くリソース・センター」として，専門的助言のみならず，先進校の事例紹介，研究情報の紹介，人材の斡旋等を行うことが自由にできるように，その職務内容の充実と拡大を図るような再検討がなされるべきである．要するに，教育指導行政は学校現場の課題に即応した臨床的な支援を行うことで，そこでの「反省的実践」を促し，学校の組織能力の向上に貢献すべく，見直されるべきである．

もう一つの問題として，指導主事が各学校に対して，「教科の専門家」として関わっており，「学校担当」者として，学校改善やその基盤としての学校全体の組織能力の成長を見守る「学校支援の専門家」として関わっていないことがある．そのため，個々の教師の抱える授業実践上の問題解決に役立っても，それが学校の全体としての組織能力の向上に必ずしも結びつかないことがあり，また，各学校の抱える諸事情について，継続的に観察を行うことで問題を発見し，相談に乗り，そして支援を行う，といったことがなかなかできないままになっている（京都市の地域教育専門主事制度は，こうした学校支援の専門家を制度化した先駆的事例と見ることができる）．

こうした役割の再定義に関わる制度・政策の見直しは，具体的な施策のレベルで考えるならば，さまざまなものがありえよう．また，各教育委員会において地域の実情に応じた創意ある具体的な取り組みが期待される．重要なことは，市町村教育委員会がこのような制度・政策の見直しに取り組み，「役割の再定義」を意欲的かつ首尾よく行わない限り，学校も教師の教育実践も変わらないし，自主的な学校改善も起こらない可能性が高いことを厳しく認識することである．

教育委員会による「役割の再定義」のさまざまな形

とはいえ，それに実際に取り組むことは容易なことではない．その体質や組織陣容などから判断すれば，現在の教育委員会にそれがどこまでできるのか，という疑問がないわけではない．否定的な意見の方が多数を占めるかも

しれない。実際，教育委員会の形骸化論，無用論＝廃止論が提起されている．教育委員会制度をめぐっては，その存在理由を疑わせるような諸問題が指摘されていることも事実である．例えば，教育委員会事務局の組織機構としての未整備という現実がある．これは，積年の課題として議論されてきたにもかかわらず，いっこうに進展がない．こうした現実を前にすると，たしかに，教育委員会に一体何ができるのか，と問われても不思議はない．教育委員会の責務についていくら語っても，それは「絵に描いた餅」でしかない．たしかに指導主事の配置されていない教育委員会に教育指導行政を期待することはできない．しかしながら，例えば，指導主事が配置されていなかったら，何もしないというのではなく，教育長が学校にでかけて，指導主事としての役割を果たす，といったことができるのではないか．そういう教育長がいないわけではない．だから，指導主事がいないから，教育指導行政については何もできないというわけではない．指導主事が未設置の教育委員会は教育研修センターの指導主事に学校訪問を依頼することができるし，教育事務所との連携により，自らの組織機構の未整備を補うことはできる．もちろん，一般行政職出身の教育長には，授業を観察して助言をするような学校訪問はできない．しかし，学校に行って，学校がどんな様子か，どんなニーズがあるかを知ること，あるいは，校長を励ますことはできる．「校長室をリニューアルしました」と教えてくれた教育長がいる．その教育長によれば，教育経験もないので，学校現場の専門的なことはよくわからないが，自分の行政経験からすると，校長室が非常に貧弱であると感じ，貧弱な部屋ではいい仕事をする意欲はわかないのではないかと思い，校長室のリニューアルを行ったというのである．これはほんの一例にすぎないが，学校のパートナーとしての仕事として，このようなやり方もある．もちろん，今はどこも財政難で，経費のかかることはなかなかできにくいかもしれない．大事なことは，そうした教育長の姿勢であり，その姿勢は，学校を「元気にしたい」ということを伝えるメッセージとなるはずである．

　学校に対する支援機構であるために教育委員会にできることは財政的にも大きく制約されている状況にあるが，制約されている中で，使途が自由な学校裁量予算や校長裁量予算に取り組むことはできる．例えば，予算額自体は多くなくても，学校が自由に使える予算枠を用意する．それは，内発的な改善への刺激，誘因になるのではないか．いろいろな制約に取り囲まれていても，学校が主人公で，学校を支援するために教育委員会としてできることをメッセージとして伝えることは重要である．

また，教育指導行政の見直しという場合，市町村教育委員会の教育指導行政が教育事務所によって補完されている現状を考えると，教育事務所が変わる，教育事務所の指導主事が変わっていくことが学校を変える一つの道ではないか．例えば，福岡県のある教育事務所の所長は「支援としての教育指導行政」というコンセプトを打ち出している．教育内容行政にしても研修行政にしても学校訪問にしても指導主事の在り方にしても，基本的な考え方を見直さなくてはならない．学校の組織能力の構築に寄与するような教育指導行政は何だろうかということを教育委員会が真剣に考え，見直しを実践するならば，それは学校現場を大きく変えるかもしれない．

おわりに ―― 教育委員会と学校の互恵的アカウンタビリティ ――

　結局，教育委員会と学校は，互恵的アカウンタビリティ（reciprocal accountability）を果たすべき関係にあり，互いに学校改善のパートナーとして，自らの責務に取り組まなければならない．子どもの「失敗」は，子どものニーズに柔軟に対応できるだけの学校の組織能力の欠如に起因するものであり，学校の「失敗」は，学校のニーズに柔軟に対応できるだけの教育委員会の組織能力の欠如に起因するものであるという命題を正面から受け止めて，それぞれの責務を果たさなければならない．

【注】
1) 本章は，「平成17年度 網走管内総合・教育づくり研究会 夏季研修会」（平成17年9月3日：東京農業大学生物産業学部204号教室）において行った講演「学校改善と教育行政の役割」を基にしているが，本書のテーマの一つでもある，今後の市町村教育委員会の課題に関わるものであることから，基本的な内容を踏襲しつつ大幅な修正を施し，新たに論文として書き下ろしたものである．この機会を提供していただいた教育づくり研究会の方々，特に，瀬戸健一東京農業大学准教授に深く謝意を表したい．
2) 本章の主題に関わる学校改善研究に関しては，欧米で80年代から盛んになってきていることは周知の通りであるが，ここでは，主としてアメリカにおける学校改善研究に依拠しつつ，そこでの研究成果（知見）を基に学校改善をめぐる学校と教育委員会との関係について論ずることにしたい．とはいえ，講演を基にしていることもあり，引用と引用文献についてはきわめて限定されたものであり，包括的なものでも本格的なものでもないことお断りするとともに，そのことについて，ご了承いただきたい．

資料編

教育委員会制度の運用実態に関わる基本統計

資料編では,本書で分析の対象としている調査の一つである,2004年に実施した市区町村教育委員会教育長を対象とする全国調査「自治体教育改革の動向に関するアンケート調査」(サンプル数1407教育委員会,回収率70.4%)[1]の集計結果に基づいて,教育委員会制度の運用実態に関わる基本的データを整理し,提示することにした.これらの基本的な統計データは本編では十分に言及していないものであり,今後,分析的に処理するべき重要なデータも含まれる.ここでは限られた視点からとはいえ,2004年の時点における教育委員会制度の現状を表す統計データであることから,資料編として収録することにした.

内容としては,(1) 教育長のプロフィール,(2) 教育委員会事務局のプロフィール,(3) 自治体教育行政の政策アクターの役割,(4) 領域別に見る教育改革の進展度の四つの柱から構成されている.

(1) 教育長のプロフィール
(a) 教育長の個人的属性
① 年齢および年齢別構成

表1 教育長の年齢

	平均値(歳)	標準偏差	N
年齢	64.0	5.5	1381

表2 年齢段階別に見た教育長数(%)

60歳未満	266 (19.3)
60歳以上～65歳未満	474 (34.3)
65歳以上～70歳未満	433 (31.4)
70歳以上	208 (15.1)
計	1381(100.0)

② 在任期間および在任期間別構成

表3 平均在任期間

	平均値(ヶ月)	標準偏差	N
在任期間	51.7	37.2	1386

表4 教育長の在任期間別構成(%)

24ヶ月以下	360 (26.0)
25ヶ月以上～48ヶ月以下	441 (31.8)
49ヶ月以上～96ヶ月以下	432 (31.2)
97ヶ月以上	153 (11.0)
計	1386(100.0)

③ 主たる経歴

表 5　主たる経歴(%)

教職・教育行政職	959　(70.1)
一般行政職	349　(25.5)
その他	61　(4.5)
計	1369(100.0)

④ 校長会会長の経験(一般行政職出身者を除いて集計)

表 6　校長会会長の経験(%)

ある	551　(57.7)
なし	404　(42.3)
計	955(100.0)

⑤ 全国的な教育行政関連協議会・連絡会の役職経験(一般行政職出身者を除いて集計)

表 7　全国的な教育行政関連の協議会・連絡会の役職経験(%)

ある	178　(18.6)
なし	778　(81.4)
計	956(100.0)

(b) 教育長の関係者との交流
　① 教育関係者との交流および人口規模別の交流度

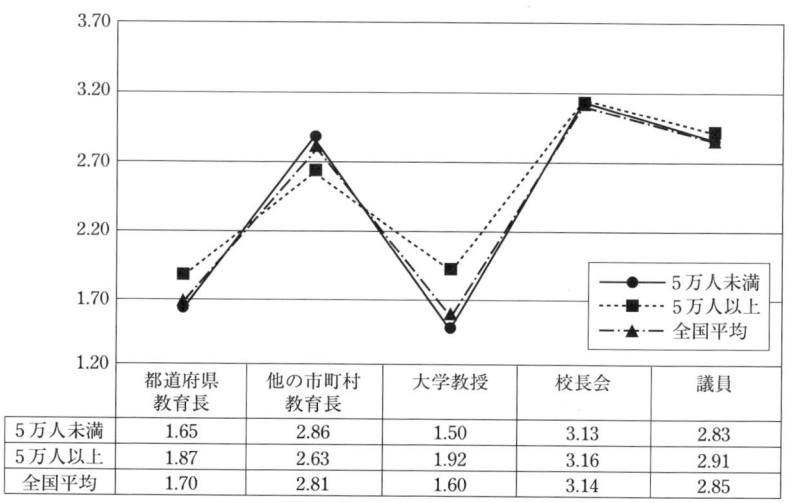

	都道府県教育長	他の市町村教育長	大学教授	校長会	議員
5万人未満	1.65	2.86	1.50	3.13	2.83
5万人以上	1.87	2.63	1.92	3.16	2.91
全国平均	1.70	2.81	1.60	3.14	2.85

図1　人口規模別に見た教育長の交流

② 首長との交流
　②-1　教育委員就任時の首長からの直接の打診

表8　首長打診の有無(%)

あ　る	1253 (90.9)
な　し	126 (9.1)
計	1379(100.0)

②-2　首長部局の幹部会への出席および出席度頻度

表9　首長部局の幹部会への出席(%)

あ　る	1317 (95.9)
な　し	56 (4.1)
計	1373(100.0)

表10　幹部会への出席の頻度(%)

12回以下	512 (39.9)
13回以上〜24回以下	385 (30.0)
25回以上〜36回以下	133 (10.4)
37回以上〜48回以下	81 (6.3)
49回以上	173 (13.5)
計	1284(100.0)

(幹部会への出席が「ある」と回答したケースのみ集計)

(1) 教育長のプロフィール　　227

②-3　首長との個人的親交

表 11　首長との個人的親交(%)

就任以前からある	413 (32.0)
就任以降ある	290 (22.5)
な い	588 (45.5)
計	1291(100.0)

③　地域住民との交流

表 12　住民集会への出席の有無(%)

よく出席する	681 (50.0)
時々出席する	455 (33.4)
あまり出席しない	101 (7.4)
全く出席しない	6 (0.4)
集会がない	120 (8.8)
計	1363(100.0)

④　教員団体との交流

表 13　教員団体との定期的な会議(%)

すべての教員団体とある	300 (22.4)
一部の教員団体とある	372 (27.7)
行っていない	670 (49.9)
計	1342(100.0)

(2) 教育委員会事務局のプロフィール
(a) 組織機構
① 指導主事・社会教育主事の配置
①-1 指導主事・社会教育主事の数および5万人を境とする人口規模別の指導主事・社会教育主事の平均人数

表 14 指導主事(%)

0人	568 (44.4)
1人	302 (23.6)
2人	125 (9.8)
3～5人	135 (10.6)
6～10人	80 (6.3)
11人以上	68 (5.3)
計	1278(100.0)

全国平均 2.7人

表 15 社会教育主事(%)

0人	364 (25.9)
1人	578 (41.1)
2人以上	464 (33.0)
計	1406(100.0)

全国平均 1.3人

表 16 5万人を境として見た一教育委員会当たりの指導主事・社会教育主事数の平均人数

	指導主事	社会教育主事
5万人未満	0.68	1.01
5万人以上	9.17	2.52

①-2 人口規模別の指導主事の配置

表 17 人口規模別に見た指導主事数

		指導主事数						計
		0人	1人	2人	3～5人	6～10人	11人以上	
人口区分	1万人未満	326	104	14	0	0	0	444
		73.4%	23.4%	3.2%	0.0%	0.0%	0.0%	100.0%
	1万人以上～5万人未満	227	175	69	48	5	0	524
		43.3%	33.4%	13.2%	9.2%	1.0%	0.0%	100.0%
	5万人以上～10万人未満	13	21	39	51	32	8	164
		7.9%	12.8%	23.8%	31.1%	19.5%	4.9%	100.0%
	10万人以上	1	1	3	36	43	60	144
		0.7%	0.7%	2.1%	25.0%	29.9%	41.7%	100.0%
計		567*	301*	125	135	80	68	1276
		44.4%	23.6%	9.8%	10.6%	6.3%	5.3%	100.0%

＊この数値が表14の数値と異なっているのは、人口規模が不明のサンプルがあるためである。以下の表において見られるものも、そうした事情による。

(2) 教育委員会事務局のプロフィール

①-3 人口規模別の社会教育主事の設置

表 18 人口規模別に見た社会教育主事数

		社会教育主事数			計
		0人	1人	2人以上	
人口区分	1万人未満	142	251	130	523
		27.2%	48.0%	24.9%	100.0%
	1万人以上～5万人未満	152	237	182	571
		26.6%	41.5%	31.9%	100.0%
	5万人以上～10万人未満	39	54	72	165
		23.6%	32.7%	43.6%	100.0%
	10万人以上	30	36	79	145
		20.7%	24.8%	54.5%	100.0%
計		363	578	463	1404
		25.9%	41.2%	33.0%	100.0%

② 教育研修センターの設置および人口規模別に見た教育研修センターの設置

表 19 教育研修センター設置の有無(%)

あ り	252 (18.5)
な し	1110 (81.5)
計	1362 (100.0)

表 20 人口規模別に見た教育研修センターの設置

		センターの設置の有無		合計
		あ り	な し	
人口区分	1万人未満	13	487	500
		2.6%	97.4%	100.0%
	1万人以上～5万人未満	102	451	553
		18.4%	81.6%	100.0%
	5万人以上～10万人未満	62	101	163
		38.0%	62.0%	100.0%
	10万人以上	74	70	144
		51.4%	48.6%	100.0%
計		251	1109	1360
		18.5%	81.5%	100.0%

③ 教育改革推進組織の設置
　③-1　教育委員会内部の改革検討委員会

表 21　改革検討委員会の設置(%)

教育委員会	100 (7.5)
首長部局	15 (1.1)
両　方	8 (0.6)
な　し	1213 (90.8)
計	1336(100.0)

　③-2　外部有識者会議

表 22　外部有識者会議の設置(%)

あ　り	159 (11.6)
な　し	1207 (88.4)
計	1366(100.0)

④　首長部局との連絡調整委員会の設置

表 23　首長部局との連絡調整委員会の設置(%)

あ　り	114 (8.4)
な　し	1237 (91.6)
計	1351(100.0)

⑤　意見収集窓口の設置

表 24　意見収集窓口の設置(%)

あ　り	363 (27.1)
な　し	978 (72.9)
計	1341(100.0)

(2) 教育委員会事務局のプロフィール

表 25 人口規模別に見た意見収集窓口の設置(%)

		意見収集窓口		計
		あり	なし	
人口区分	1万人未満	66	429	495
		13.3%	86.7%	100.0%
	1万人以上～5万人未満	145	399	544
		26.7%	73.3%	100.0%
	5万人以上～10万人未満	73	85	158
		46.2%	53.8%	100.0%
	10万人以上	79	63	142
		55.6	44.4%	100.0%
計		363	976	1339
		27.1%	72.9%	100.0%

(3) 自治体教育行政における政策アクターの役割
(a) 首　長
① 首長像（首長の教育関心の所在）およびその人口規模別のバリエーション

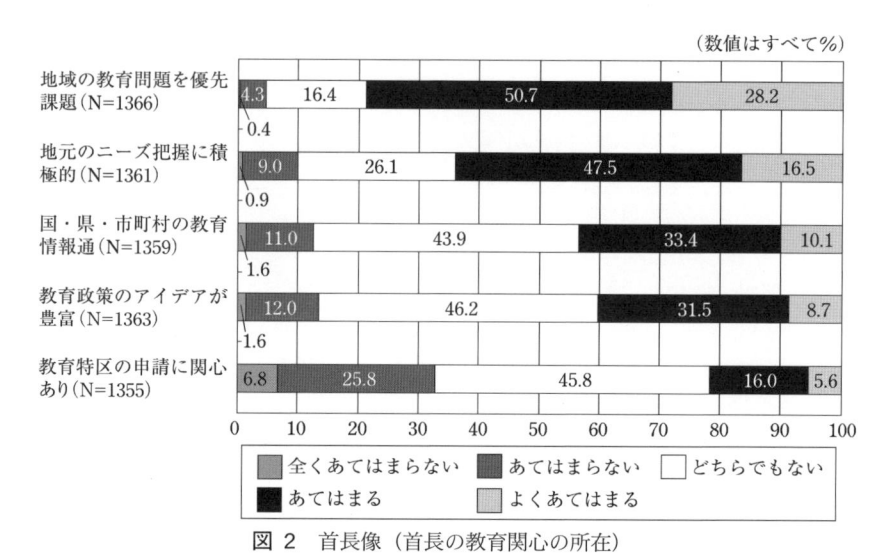

（数値はすべて％）

項目	全くあてはまらない	あてはまらない	どちらでもない	あてはまる	よくあてはまる
地域の教育問題を優先課題（N=1366）	4.3	16.4	50.7		28.2
地元のニーズ把握に積極的（N=1361）	0.4	9.0	26.1	47.5	16.5
国・県・市町村の教育情報通（N=1359）	0.9	11.0	43.9	33.4	10.1
教育政策のアイデアが豊富（N=1363）	1.6	12.0	46.2	31.5	8.7
教育特区の申請に関心あり（N=1355）	6.8	25.8	45.8	16.0	5.6

図2　首長像（首長の教育関心の所在）

	地域の教育問題を優先課題	地元のニーズ把握に積極的	国・県・市町村の教育情報通	教育政策のアイデアが豊富	教育特区の申請に関心あり
5万人未満	3.99	3.68	3.35	3.30	2.78
5万人以上	4.12	3.74	3.54	3.49	3.24
全国平均	4.02	3.70	3.39	3.34	2.88

図3　人口規模別に見た首長像（首長の教育関心の所在）

(3) 自治体教育行政における政策アクターの役割　　233

② 首長の教育政策に対するスタンスおよびその人口規模別のバリエーション

（数値はすべて％）

項目	全くあてはまらない	あてはまらない	どちらでもない	あてはまる	よくあてはまる
教育長への全面委任（N=1366）	0.4	3.4	16.5	48.9	30.8
教育長のアイデアを尊重（N=1365）	0.4	1.0	11.8	59.6	27.2
教育長の政策提言を支援（N=1356）	0.4	2.5	18.1	54.6	24.4
政策についてアイデアを積極的に出す（N=1351）	0.9	9.7	43.8	36.6	9.0
発案するが教育長との事前協議をする（N=1356）	1.8	12.2	30.9	43.1	12.0
政策は首長部局との事前協議が必須（N=1351）	0.6	10.4	25.0	49.0	15.0
頻繁に政策の説明を求め変更もする（N=1353）	6.7	35.2	42.7	13.8	1.6
首長自身の発案を委員会を通して実現（N=1357）	3.5	22.5	38.9	30.0	5.1
具体的な指示をする（N=1353）	5.3	25.4	40.8	26.9	1.6

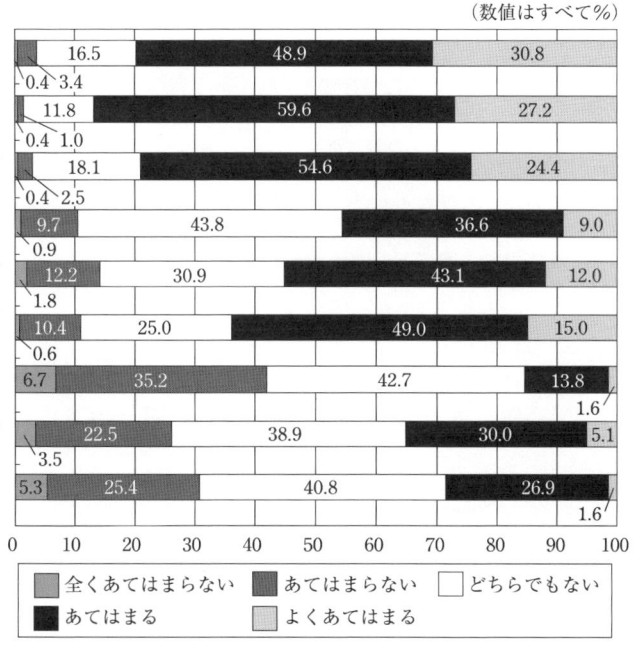

図4　首長の政策スタンス

	教育長への全面委任	教育長のアイデア尊重	教育長の政策提言支援	政策についてアイデアを積極的に出す	発案するが教育長との事前協議をする	政策は首長部局との事前協議が必須	頻繁に政策の説明を求め変更もする	首長自身の発案を委員会を通して実現	具体的な指示をする
5万人未満	4.09	4.11	3.98	3.40	3.49	3.65	2.67	3.07	2.88
5万人以上	3.97	4.16	4.06	3.55	3.59	3.74	2.74	3.23	3.17
全国平均	4.06	4.12	4.00	3.43	3.51	3.67	2.68	3.11	2.94

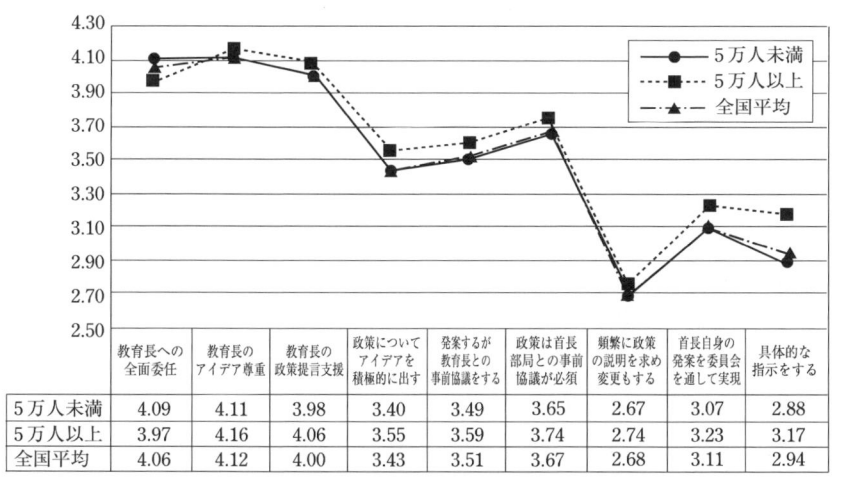

図5　人口規模別に見た首長の政策スタンス

(b) 教育委員

① 教育委員の役割およびその人口規模別のバリエーション

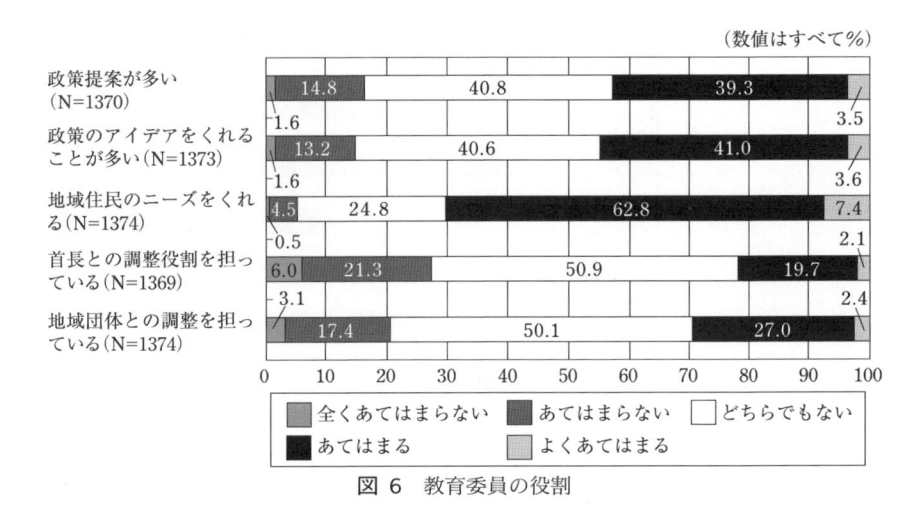

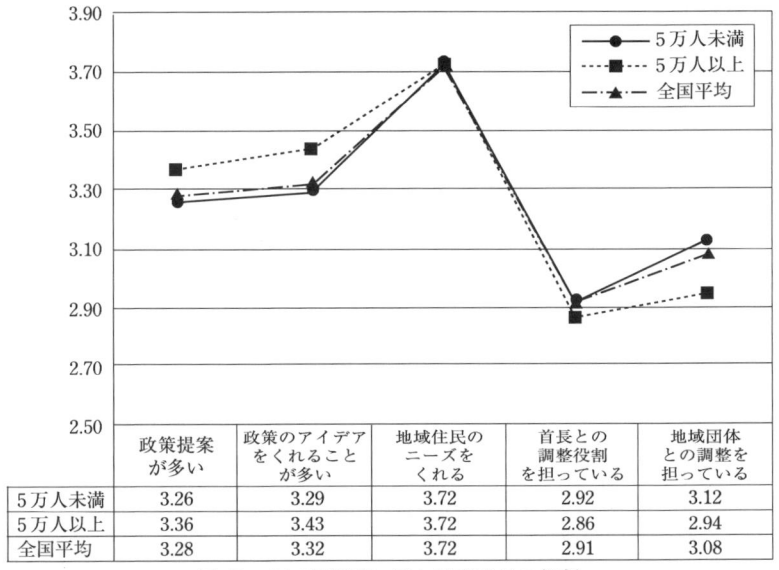

(数値はすべて%)

項目	全くあてはまらない	あてはまらない	どちらでもない	あてはまる	よくあてはまる
政策提案が多い（N=1370）	1.6	14.8	40.8	39.3	3.5
政策のアイデアをくれることが多い（N=1373）	1.6	13.2	40.6	41.0	3.6
地域住民のニーズをくれる（N=1374）	0.5	4.5	24.8	62.8	7.4
首長との調整役割を担っている（N=1369）	6.0	21.3	50.9	19.7	2.1
地域団体との調整を担っている（N=1374）	3.1	17.4	50.1	27.0	2.4

図 6　教育委員の役割

	政策提案が多い	政策のアイデアをくれることが多い	地域住民のニーズをくれる	首長との調整役割を担っている	地域団体との調整を担っている
5万人未満	3.26	3.29	3.72	2.92	3.12
5万人以上	3.36	3.43	3.72	2.86	2.94
全国平均	3.28	3.32	3.72	2.91	3.08

図 7　人口規模別に見た教育委員の役割

(3) 自治体教育行政における政策アクターの役割　　235

② 教育委員会の構成およびその人口規模別のバリエーション

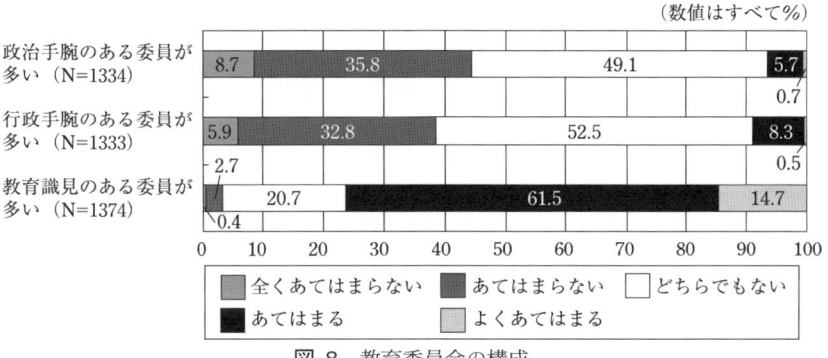

(数値はすべて%)

構成	全くあてはまらない	あてはまらない	どちらでもない	あてはまる	よくあてはまる
政治手腕のある委員が多い（N=1334）	8.7	35.8	49.1	5.7	0.7
行政手腕のある委員が多い（N=1333）	5.9	32.8	52.5	8.3	0.5
教育識見のある委員が多い（N=1374）	0.4	2.7	20.7	61.5	14.7

図 8　教育委員会の構成

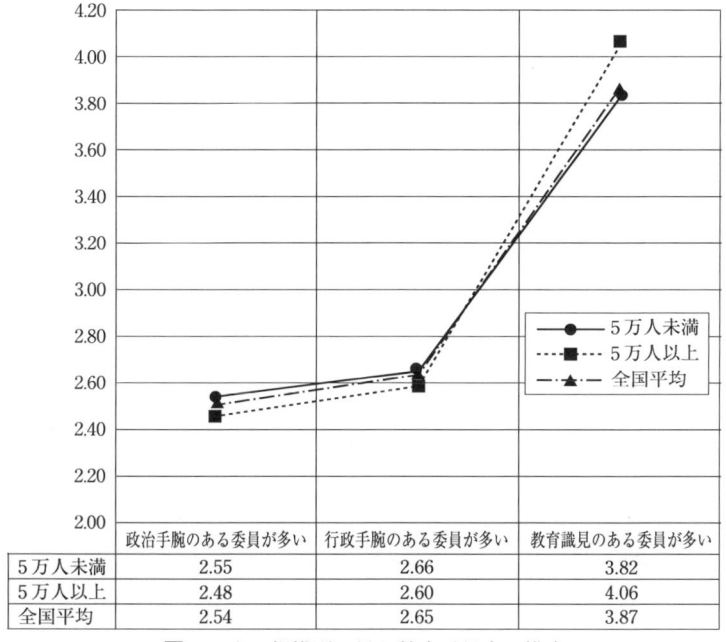

	政治手腕のある委員が多い	行政手腕のある委員が多い	教育識見のある委員が多い
5万人未満	2.55	2.66	3.82
5万人以上	2.48	2.60	4.06
全国平均	2.54	2.65	3.87

図 9　人口規模別に見た教育委員会の構成

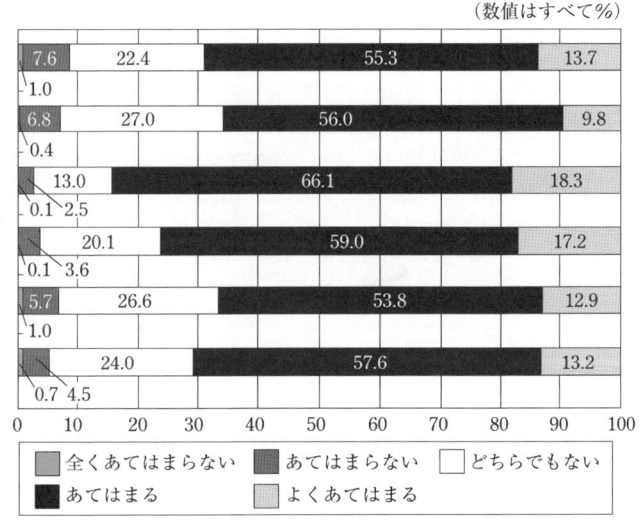

(c) 教育委員会事務局
教育委員会事務局の役割およびその人口規模別のバリエーション

(数値はすべて%)

項目	全くあてはまらない	あてはまらない	どちらでもない	あてはまる	よくあてはまる
政策立案のブレーン (N=1359)	1.0	7.6	22.4	55.3	13.7
実施上の意見を出してくれる (N=1361)	0.4	6.8	27.0	56.0	9.8
政策の具体化に貢献 (N=1358)	0.1	2.5	13.0	66.1	18.3
学校や地域社会のニーズ把握に不可欠 (N=1360)	0.1	3.6	20.1	59.0	17.2
首長との調整 (N=1360)	1.0	5.7	26.6	53.8	12.9
学校との調整 (N=1360)	0.7	4.5	24.0	57.6	13.2

図 10　教育委員会事務局の役割

	政策立案のブレーン	実施上の意見を出してくれる	政策の具体化に貢献	学校や地域社会のニーズ把握に不可欠	首長との調整	学校との調整
5万人未満	3.62	3.59	3.96	3.82	3.64	3.69
5万人以上	4.12	3.97	4.28	4.15	3.99	4.08
全国平均	3.73	3.68	4.03	3.89	3.72	3.78

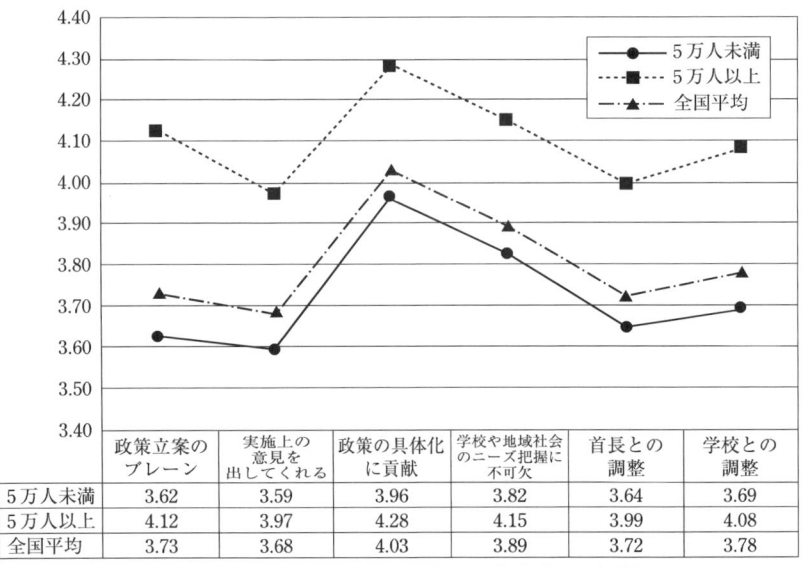

図 11　人口規模別に見た教育委員会事務局の役割

(d) 地域住民
　① 地域住民像(住民の教育関心)およびその人口規模別のバリエーション

（数値はすべて%）

項目	全くあてはまらない	あてはまらない	どちらでもない	あてはまる	よくあてはまる
教育への関心が高い（N=1358）	0.0	1.4	20.9	66.7	11.0
公聴会や集会に参加する住民が多い（N=1349）	0.4	17.7	54.1	26.3	1.5
教育委員会に意見を寄せる人が多い（N=1346）	2.3	32.4	47.6	16.4	1.3
住民団体が多い（N=1354）	0.4	10.9	35.7	45.6	7.4

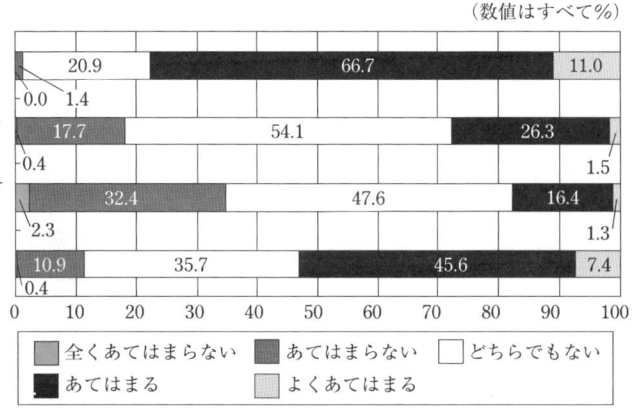

図 12　地域住民像

	教育への関心が高い	公聴会や集会に参加する住民が多い	教育委員会に意見を寄せる人が多い	住民団体が多い
5万人未満	3.84	3.10	2.70	3.42
5万人以上	3.99	3.25	3.25	3.71
全国平均	3.87	3.13	2.82	3.49

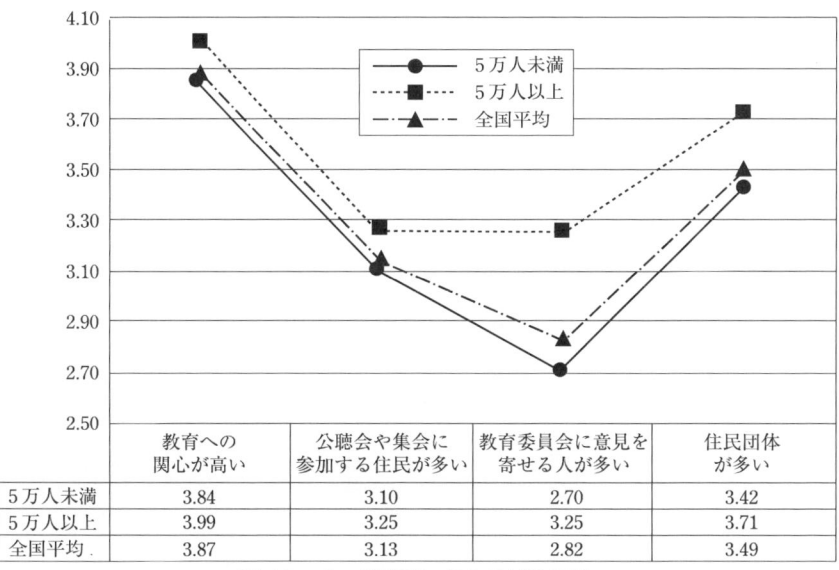

図 13　人口規模別に見た地域住民像

② 住民リーダーの役割およびその人口規模別のバリエーション

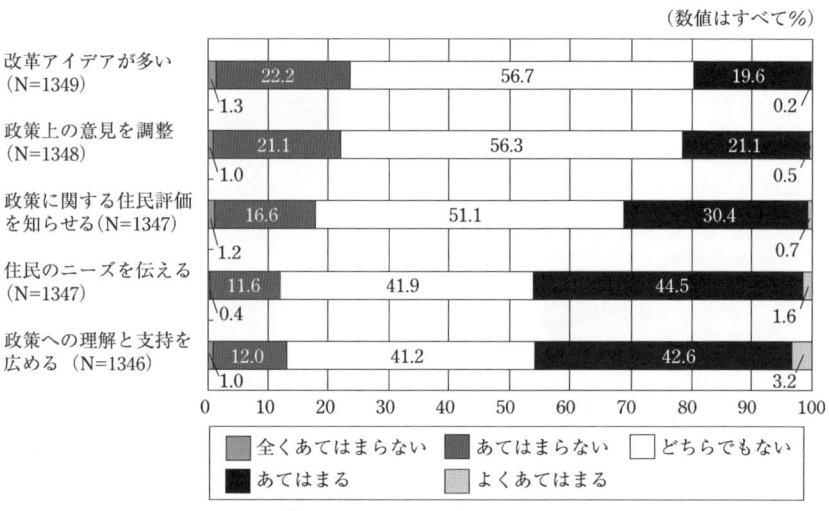

(数値はすべて%)

項目	全くあてはまらない	あてはまらない	どちらでもない	あてはまる	よくあてはまる
改革アイデアが多い（N=1349）	1.3	22.2	56.7	19.6	0.2
政策上の意見を調整（N=1348）	1.0	21.1	56.3	21.1	0.5
政策に関する住民評価を知らせる（N=1347）	1.2	16.6	51.1	30.4	0.7
住民のニーズを伝える（N=1347）	0.4	11.6	41.9	44.5	1.6
政策への理解と支持を広める（N=1346）	1.0	12.0	41.2	42.6	3.2

図 14　住民リーダーの役割

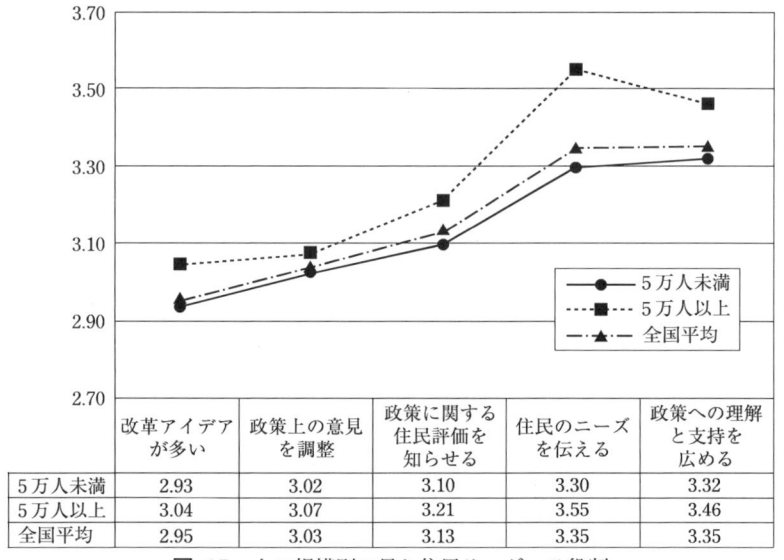

	改革アイデアが多い	政策上の意見を調整	政策に関する住民評価を知らせる	住民のニーズを伝える	政策への理解と支持を広める
5万人未満	2.93	3.02	3.10	3.30	3.32
5万人以上	3.04	3.07	3.21	3.55	3.46
全国平均	2.95	3.03	3.13	3.35	3.35

図 15　人口規模別に見た住民リーダーの役割

(3) 自治体教育行政における政策アクターの役割

(e) 教員団体

教員団体の役割およびその人口規模別のバリエーション

（数値はすべて％）

項目	全くあてはまらない	あてはまらない	どちらでもない	あてはまる	よくあてはまる
教育政策への教員評価がわかる（N=1334）	4.8	22.5	42.1	28.8	1.8
認知していないニーズがわかる（N=1332）	4.1	26.2	46.3	22.7	0.7
政策実施上のアイデアを得られる（N=1334）	5.2	29.5	46.0	18.8	0.5
教員の関心がわかる（N=1334）	3.9	22.3	41.9	30.9	1.0
政策展開上の課題が理解できる（N=1335）	3.8	19.0	37.8	38.0	1.4

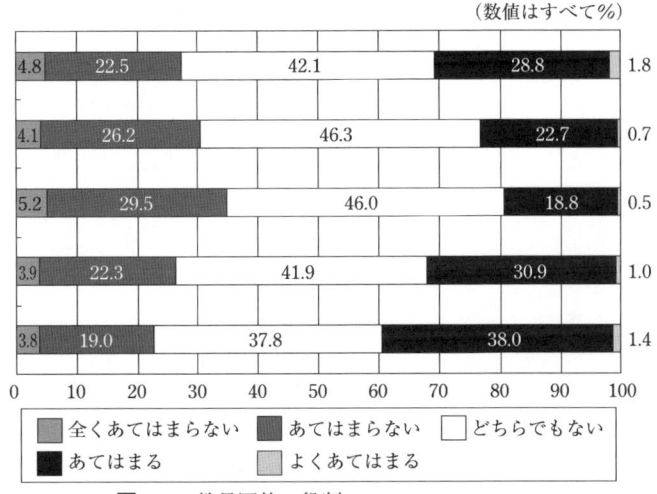

図 16　教員団体の役割

	教育政策への教員評価がわかる	認知していないニーズがわかる	政策実施上のアイデアを得られる	教員の関心がわかる	政策展開上の課題が理解できる
5万人未満	2.96	2.89	2.81	3.01	3.12
5万人以上	3.14	2.91	2.76	3.08	3.21
全国平均	3.00	2.90	2.80	3.03	3.14

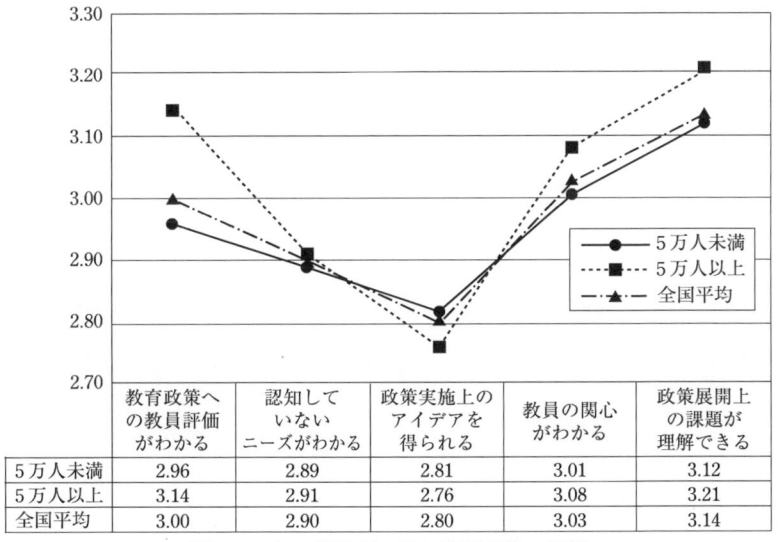

図 17　人口規模別に見た教員団体の役割

(4) 領域別に見る教育改革の進展度
(a) 学校の裁量権限の拡大に関わる改革の進展度

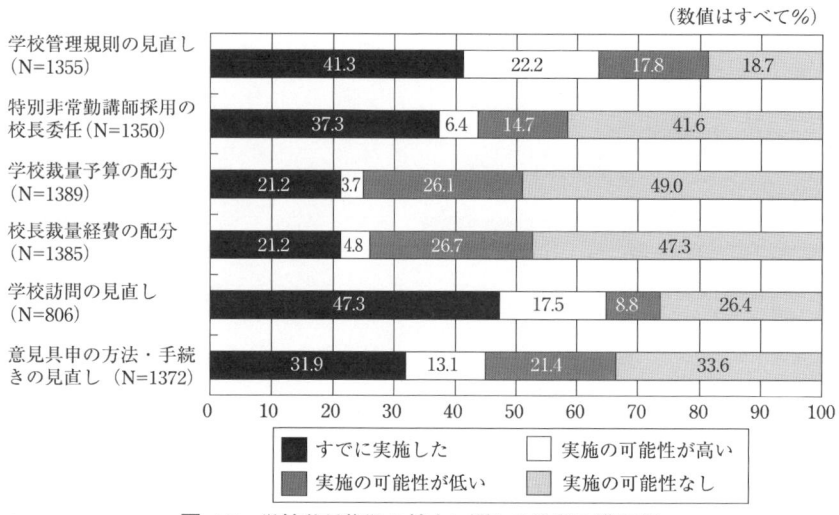

（数値はすべて％）

項目	すでに実施した	実施の可能性が高い	実施の可能性が低い	実施の可能性なし
学校管理規則の見直し（N=1355）	41.3	22.2	17.8	18.7
特別非常勤講師採用の校長委任（N=1350）	37.3	6.4	14.7	41.6
学校裁量予算の配分（N=1389）	21.2	3.7	26.1	49.0
校長裁量経費の配分（N=1385）	21.2	4.8	26.7	47.3
学校訪問の見直し（N=806）	47.3	17.5	8.8	26.4
意見具申の方法・手続きの見直し（N=1372）	31.9	13.1	21.4	33.6

図 18　学校裁量権限の拡大に関わる改革の進展度

(b) ガイドラインの設定等に関わる改革の進展度

（数値はすべて％）

項目	すでに実施した	実施の可能性が高い	実施の可能性が低い	実施の可能性なし
総合的な学習の時間の資料（N=1360）	18.5	7.8	30.9	42.8
個に応じた指導の手引き書（N=1362）	7.4	13.7	37.3	41.6
学力調査（N=1362）	46.1	12.8	18.6	22.5
学力向上プランの作成（N=1359）	19.7	23.5	30.5	26.3
個別指導記録モデルの作成（N=1356）	19.0	18.4	27.7	34.9
学習障害対応の手引き書の作成（N=1355）	10.6	21.5	36.4	31.5
自己点検評価の手引き書の作成（N=1349）	16.7	23.6	32.8	27.0

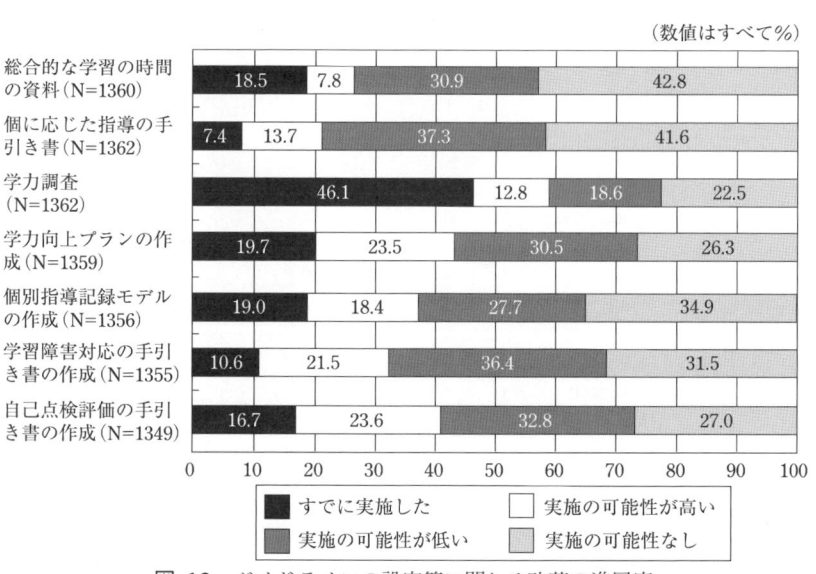

図 19　ガイドラインの設定等に関わる改革の進展度

(4) 領域別に見る教育改革の進展度　241

(c) 学校の組織能力の開発に関わる改革の進展度

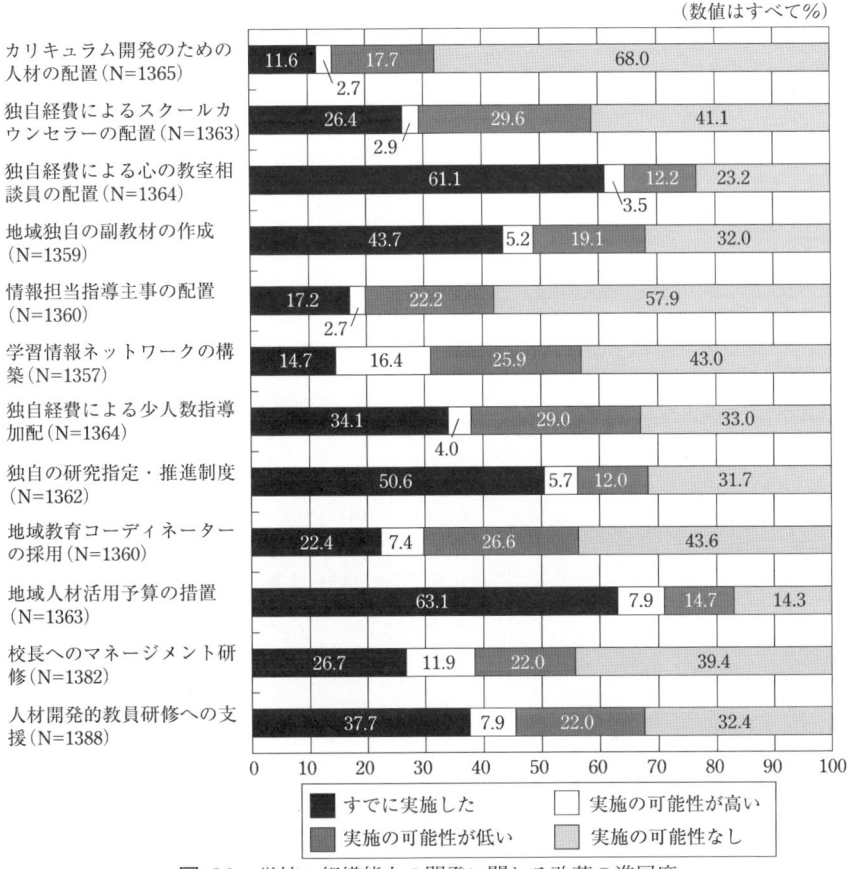

（数値はすべて％）

項目	すでに実施した	実施の可能性が高い	実施の可能性が低い	実施の可能性なし
カリキュラム開発のための人材の配置（N=1365）	11.6	2.7	17.7	68.0
独自経費によるスクールカウンセラーの配置（N=1363）	26.4	2.9	29.6	41.1
独自経費による心の教室相談員の配置（N=1364）	61.1	3.5	12.2	23.2
地域独自の副教材の作成（N=1359）	43.7	5.2	19.1	32.0
情報担当指導主事の配置（N=1360）	17.2	2.7	22.2	57.9
学習情報ネットワークの構築（N=1357）	14.7	16.4	25.9	43.0
独自経費による少人数指導加配（N=1364）	34.1	4.0	29.0	33.0
独自の研究指定・推進制度（N=1362）	50.6	5.7	12.0	31.7
地域教育コーディネーターの採用（N=1360）	22.4	7.4	26.6	43.6
地域人材活用予算の措置（N=1363）	63.1	7.9	14.7	14.3
校長へのマネジメント研修（N=1382）	26.7	11.9	22.0	39.4
人材開発的教員研修への支援（N=1388）	37.7	7.9	22.0	32.4

図 20　学校の組織能力の開発に関わる改革の進展度

［注］
1) サンプルデータの内訳などについては，表2-3 (p.36) を参照のこと．

あとがき

　本書は，この数年取り組んできた分権改革以降のわが国の教育委員会制度の運用実態に関する研究成果を集成したものである．それは，市町村教育長を対象とする2001(平成13)年に実施した全国調査(送付数500)，市区町村教育長を対象に2004(平成16)年に実施した全国調査(送付数1998)，市区町村教育委員長を対象とする2004年に実施した全国調査，そして関東近県の市町村長を対象とする2004年に実施した面接調査という4種類の調査データを分析した研究成果を再構成しつつ，他方で単行本として必要な内容を新たに書き下ろすことにより生まれたものである．

　周知のように，教育委員会制度は教育行政学における基本的な研究テーマである．著者の一人である堀は，教育委員会制度を主要な研究対象とする研究者として，80年代，臨時教育審議会答申の中で提起された，いわゆる「教育委員会の活性化論」が議論された前後から，その運用実態に関するいくつかの実証的な調査研究を試み，その成果を発表してきた．それは，教育委員会制度の基本原理とされる「教育行政の住民統制」の理念が制度運用の中でどれだけ実現しているのかという問題意識に基づく研究であった．そのために，市町村レベルの教育委員(教育長を兼務する教育委員も含む)を対象とする三つの調査研究を実施した．それは，市町村教育委員会の事例調査(1984)，市町村教育委員会の全国調査(1986)および都道府県教育委員会の全国調査(1989)である．これらの調査結果は，共同研究者であった加治佐哲也氏(当時宮崎女子短大，現兵庫教育大)との共著論文として，つぎのような研究成果として発表されている．

(1) 「市町村教育委員会に関する教育政治学的調査研究」西日本教育行政学会『教育行政学研究』第6号，1984．
(2) 「市町村教育委員会に関する実証的研究―「教育行政の住民統制」の理念と現実―」『日本教育行政学会年報』第11号，1985．
(3) 「教育委員会の活性化を支える教育委員像―市町村教育委員会の全国調査から」『日本教育行政学会年報』第14号，1988．

（4）「教育委員・教育長の特性の比較分析―市町村教育委員会の全国調査に基づいて―」『宮崎大学教育学部紀要（教育科学）』第65号，1989．
（5）「都道府県教育委員会に関する実証的研究―教育委員・教育長の意識と行動にみるその運用実態と改革課題―」日本教育学会『教育学研究』第61巻第1号，1994．

　これらの諸研究で明らかにしたことは，端的にいえば，市町村教育委員会が「教育行政の住民統制機構」としての性格を希薄にし，この側面に関する限り名目化している実態であり，教育委員と教育長の関係は，政策過程における「教育長のリーダーシップの確立と教育委員の黙従」の関係と化していることであった（これら一連の研究の分析結果は，市川昭午（監修）・結城忠他編（講座日本の教育第3巻）『岐路に立つ教育行財政』教育開発研究所(1990)所収の「地方における教育と政治―岐路に立つ教育委員会制度」という論文および宮崎大学教育行政学研究室『教育委員会制度に関する実証的研究』(1997)という小冊子にまとめている）。これらの諸研究は，それまで学界において提起されていた，いわゆる「地方教育行政における教育長専決体制」と呼ばれる事象を経験的データによって初めて裏付けたものといってよい。のちに，加治佐氏が『教育委員会の政策過程の実証的研究』（多賀出版，1998）の中で明らかにした「教育長支配」，すなわち，自治体レベルの教育政策過程における教育長の優位性の解明は，こうした研究知見の延長線上に位置付くものである。また，京都大学の研究者を中心とする白石裕（編）『地方政府における教育政策形成・実施過程の総合的研究』（多賀出版，1995）も，堀，加治佐の共同研究の成果とその批判的検討を出発点の一つとしていることもつけ加えてよいであろう。

　その後，在外研究を機に，『アメリカ現代教育行政学の研究』（九州大学出版会，1983）で取り上げたアメリカにおける「教育行政学の科学革命」のその後の展開を追うべく，「アメリカ教育行政学の再構築」をめぐる動向に研究エネルギーを注ぐことになり，教育委員会制度研究に一区切り付けた形になっていた。しかし，分権改革の進展する中で，教育委員会制度が構造改革の対象となるに及んで，筑波大学教育行政学研究室の共同研究として，新たな問題意識の下で教育委員会制度の実証的研究に再びコミットすることになった。それが，平成12・13年度科学研究費補助金による共同研究「教育改革における教育委員会の役割―地方教育行政に関する『中教審答申』以降の動向に注目して―」と，平成16年度文部科学省委嘱研究『教育委員会制度および

県費負担教職員制度の運用実態に関する調査』であった．本書を構成している研究成果の多くは，これらの共同研究の一環として実施した，上記の4種類の調査研究から得られたデータを分析したものである．

　これらの調査を貫く問題意識は，序章で詳しく述べているように，分権改革が推進される中で顕在化してきた教育委員会制度に対する批判—それは，教育委員会(広義)は分権時代における自治体教育行政の組織＝機構としてふさわしいのかという観点からの批判である—と，その廃止論や権限縮小論などを含めてその再編が政策日程に上るという問題状況の中で，教育委員会制度の「制度としての存続可能性」をさぐるには，教育委員会が各自治体において「教育問題の解決機構」としてどのように動いているのか，その運用実態を分析して，制度改善の諸条件を明らかにする必要があるというものであった．

　本書は，このような経緯と研究関心から実施してきた筑波大学での共同研究の成果を集成したものであり，柳林信彦君(当時筑波大学院生，現高知大学准教授)の協力—とりわけ，調査データの統計的処理は彼の協力なしには不可能であった—を得て共著論文として執筆・発表したものに加除・修正を施して再構成した諸章(1章から8章)と，今回新たに書き下ろした諸章(序章，終章，補章)および資料編から構成されている．1章から8章の基になった論文の論題，掲載誌および初出の時期は，つぎの通りである．

序　章　書き下ろし(堀　和郎)
1　章　堀　和郎・柳林信彦「教育改革の進展に影響を及ぼす教育長の特性に関する分析」
　　　　西日本教育行政学会『教育行政学研究』第25号，2004
2　章　堀　和郎・柳林信彦「学校支援の教育改革の規定要因に関する実証的研究—市町村教育委員会教育長に対する全国調査を基に—」
　　　　筑波大学大学院人間総合科学研究科・教育学専攻『教育学論集』創刊号，2005
3　章　柳林信彦・堀　和郎「自治体レベルにおける教育改革の推進要因に関する実証的研究—改革の推進要因の抽出と要因相互の規定力の判別を中心として—」
　　　　日本教育行政学会『日本教育行政学会年報』第32号，2006
4　章　堀　和郎・柳林信彦「自治体レベルにおける教育改革と人口規模—教育委員会設置単位論の実証的考察のために—」

筑波大学大学院人間総合科学研究科・教育学専攻『教育学論集』第
　　　　3号，2007
5　章　堀 和郎・柳林信彦「教育委員会制度の運用実態に関する実証的研究
　　　　―教育委員会会議活性化にかかわる要因の分析を中心に―」
　　　　日本教育制度学会『教育制度学研究』第12号，2005
6　章　堀 和郎・柳林信彦「教育委員会会議の活性化に関する実証的研究
　　　　―人口規模別に見る活性化要因およびその相対的規定力について」
　　　　筑波大学大学院人間総合科学研究科・教育学専攻『教育学論集』第
　　　　2号，2006
7　章　堀 和郎・柳林信彦「自治体教育行政における首長と教育委員会の
　　　　関係構造―市町村長に対する面接調査を基に―」
　　　　日本教育策学会『日本教育政策学会年報』第13号，2006
8　章　柳林信彦・堀 和郎「首長から見た教育委員会制度の諸問題―市町
　　　　村長に対する面接調査を基に―」
　　　　西日本教育行政学会『教育行政学研究』第27号，2006
終　章　書き下ろし(堀 和郎)
補　章　書き下ろし(堀 和郎．今回，書き下ろしたものであるが，その基本
　　　　的構想は，網走市で行った網走管内総合教育づくり研究会・夏期研
　　　　修会の講演記録(2005/9)「学校改善と教育行政の役割」に拠ってい
　　　　る)
資料編　新たに編集(柳林信彦)

　いうまでもないことであるが，これらの論文は，共同研究に参加してくれた筑波大学教育行政学研究室のメンバーの献身的な協力なしには不可能であった．窪田眞二教授には，特に文部科学省委嘱研究では本当にお世話になった．委嘱を受けてから報告書の概要作成まで実質3ヶ月もないという研究日程であった上に，当時，著者の一人である堀は，筑波大学附属小学校校長の兼務が3年目を迎え，東京勤務の疲労がピークに達する時期とも重なっていたので，引き受けるかどうか躊躇したが，窪田氏の協力の約束が最終的な決断を促したといってよい．市区町村教育長を対象とする教育委員会制度の運用実態に関する調査の設計はすでにでき上っていたとはいえ，それに加えて新たな複数の調査もあわせて短期間の間に設計・実施し，分析し，そして報告書を作成するというハードスケジュール(事実，7，8月の夏季休業期間のすべてを委嘱研究のための調査に間断なく費やさなければならなかっ

あとがき

た．今でも思い出すが，報告書の概要を文部科学省に電子ファイルで送付したのは，3日連続の徹夜明けの6時だった）を何とか乗り越えることができたのは，窪田教授のおかげである．特に，教育委員長を対象とする教育委員会会議の実態に関する調査の設計では中心的に動いてくれた．平田敦義君（当時筑波大学准研究員，現比治山大学准教授）も，調査の設計・実施に加えて，共同研究を進める上で不可欠となる実務的な業務を黙々とこなしてくれた．藤田祐介君（当時筑波大学院生，現熊本学園大学准教授）は科学研究費補助金による調査研究への関わりだけであるが，細部へのこだわりにより，調査の設計・分析に貢献してくれた．戸室憲勇君（当時筑波大学院生，現宇都宮大学教育実践センター研究員）は入学したばかりであったが，夏季休業中の自分の研究時間を犠牲にして協力してくれた（おかげで，彼自身は翌年の修士論文の作成に際して苦闘する羽目になった）．これらの研究室のメンバーの献身的な協力がなければ，共同研究が成り立たなかったのはいうまでもない．とりわけ，委嘱研究として求められた全国規模の調査と関東近県の面接調査を短期間で実行することは不可能であったといってよい（実際，面接調査は，8月のもっとも暑い8月初旬の10日間を使って，茨城県の北部，神奈川県の西部，千葉県の南部，埼玉県の西部までをカバーする広範囲にわたる市町村を訪問してデータを集めるという強行軍であった）．これら研究室のメンバーに心からの謝意を表する次第である．

　本書が限られた視点からの教育委員会制度の調査研究を基にしていることは否定できない．しかし，いずれも今日の教育委員会制度に対して問われるべき問いを解明したものであるとのささやかな自負はある．それが研究としてどれだけ実を結んだか，その学問的意味合いや実践的有用性に関する成果については読者の判断に委ねるほかない．永い間，法解釈論ないし政策論的な規範的研究が支配的であった教育委員会制度研究においても，近年になってようやく，経験的データに基づく実証的研究——そうした実証的研究が一般的になることが，著者が教育委員会制度研究を手がけた時からの宿願であったといってもよい——が漸増している流れが見られる．特に，小川正人教授（現放送大学教授）を中心とする東京大学グループによる自治体教育行政の動態に関する研究は注目すべき成果をあげていることは周知の通りである．本書もそうした流れを少しでも促進する研究になれば，著者としては大きな喜びである．

　最後になったが，本書が依拠している経験的データを提供している全国規模の調査の機会を，しかも，寛大にもいかなる研究上の制約を付けない調査

あとがき

の機会を与えてくれた文部科学省の関係者の方々，特に初等中等教育局初等中等教育企画課課長補佐であった角田喜彦氏(現文部科学大臣秘書官事務取扱)に心から深謝の意を表したい．また，多忙な中で面接調査やアンケート調査にご協力いただいた市町村長，教育委員長，教育長をはじめとする関係者の方々に心から感謝を申し上げる．さらに，商業ベースにのりそうもない研究書の出版をあえて引き受けていただいた筑波大学出版会，本書に収められた研究を評価すると同時に厳しいご意見をくださった査読者の方々，そして本書担当の編集委員会メンバーとして催促と激励をいただいた窪田教授，これらの方々に心から感謝したい．

2009年 初夏

堀　　和　郎

著者略歴

堀　和郎（ほり・かずお）

1945年，宮崎県（えびの市）生まれ．1968年，九州大学教育学部卒業，1973年，九州大学大学院博士課程教育学研究科教育行政学専攻単位取得退学，教育学博士．九州大学教育学部助手，宮崎大学教育学部講師，助教授，教授を経て，1997年より筑波大学教育学系（教育行政学）教授，同大学大学院人間総合科学研究科（教育学専攻）教授．2007年，教育学類長，2008年，人間学群長．2009年，筑波大学を定年退職．現在，東京医療保健大学教授．筑波大学名誉教授．
　専門は，教育行政学，教育政治学．
　主な著書・論文に『アメリカ現代教育行政学研究』（九州大学出版会，1983）；「アメリカ教育委員会制度の成立とその観念的基盤」『教育学研究』（日本教育学会）第43巻第1号，1976；「アメリカ教育委員会制度の理念と現実」『日本教育行政学会年報』第9号，1983；「地方における教育と政治－岐路に立つ教育委員会制度」市川昭午監『岐路に立つ教育行財政』（教育開発研究所，1990）所収；「アメリカ教育政治学の新しい動向」中島直忠編『教育行政学の課題』（教育開発研究所，1992）所収；「教育行政研究の政策的有用性を求めて」『筑波大学教育学系論集』25(1)，2000；「教育行政実践と教育行政研究」『日本教育行政学会年報』第27号，2001；『スクールリーダーのための教育政策研究入門 (Policy Studies for Educational Leaders：An Introduction)』（監訳，東信堂，2008）などがある．

柳林信彦（やなぎばやし・のぶひこ）

1973年，静岡県（浜松市）生まれ．1996年，宇都宮大学教育学部卒業，1998年，同大学大学院修士課程教育学研究科を経て，2008年，筑波大学大学院博士課程人間総合科学研究科単位取得退学，修士（教育学）．現在，高知大学教育学部准教授．専門は，教育行政学．
　主な著書・論文に「School-Based Management 政策と学区教育委員会の役割転換－Wohlstetterらの政策評価研究を基にして－」『教育行政学研究』（西日本教育行政学会）第24号，2003；「ケンタッキー教育改革法（KERA）における改革戦略の特徴」『教育制度学研究』（日本教育制度学会）第11号，2004などがある．

教育委員会制度再生の条件
―運用実態の実証的分析に基づいて―

2009年6月30日　初版発行

著作者　堀　和郎
　　　　柳林信彦

発行所　筑波大学出版会
　　　〒305-8577
　　　茨城県つくば市天王台1-1-1
　　　電話（029）853-2050
　　　http://www.press.tsukuba.ac.jp/

発売所　丸善株式会社出版事業部
　　　〒103-8244
　　　東京都中央区日本橋3-9-2
　　　電話（03）3272-0521
　　　http://pub.maruzen.co.jp/

編集・制作協力　丸善プラネット株式会社

© Kazuo Hori, Nobuhiko Yanagibayashi, 2009　　Printed in Japan

組版／有限会社　悠朋舎
印刷・製本／富士美術印刷株式会社
ISBN 978-4-904074-11-4 C 3037